하루 10분 HSK 중국어 단어장

하루 10분 HSK 중국어 단어장

新HSK 중국어 단어장

초판 인쇄 2016년 06월 28일
발행 2018년 01월 23일

지은이 | 김지나
펴낸이 | 양봉숙
디자인 | 김선희
편 집 | 전정원
마케팅 | 이주철

펴낸곳 | 예스북
출판등록 | 제320-2005-25호 2005년 3월 21일
주   소 | 서울시 마포구 서강로 131 신촌 아이스페이스 1107호
전   화 | (02)337-3054
팩   스 | 0504-190-1001
E-mail | yesbooks@naver.com
홈페이지 | www.e-yesbook.co.kr

ISBN 978-89-92197-78-6 13720

들어가며 — 하루 10분 HSK 중국어 단어장

HSK(汉语水平考试)는 제1언어가 중국어가 아닌 학습자가 습득한 중국어 능력을 객관적으로 측정하여 공적으로 평가받게 하기 위한 목적 하에 만들어진 중국 정부 유일의 국제 중국어 능력 표준화 고시로 현재 세계 112개 국가, 860개 지역에서 시행되고 있다.

중국어능력시험은 HSK(필기) 1~6급, HSKK(회화) 초급, 중급, 고급으로 나뉜다.
HSK 난이도는 1급이 가장 쉽고 6급이 가장 어렵다.

HSK 유효기간 : 시험일로부터 2년간 유효

HSK 용도 : 초 · 중 · 고 학생의 특목고 진학, 한국 및 중국 학교 입학, 졸업 시 자격증으로 활용, 한국, 중국 대학(원) 입학, 졸업 시 평가 기준, 중국 정부 장학생 선발 기준, 교양 중국어 학력 평가 기준, 직장인의 경우 채용, 승진 또는 교육 이수의 기준이다.

HSK 급수별 소개

- **1급** 아주 기본적인 단어와 문장을 구사하는 수준이다.
- **2급** 일상생활에서 간단한 회화를 구사하는 수준이다.
- **3급** 생활, 학습, 업무에서 중국어를 사용할 수 있을 만큼의 기초를 갖추고 여행회화가 가능한 수준이다.
- **4급** 비교적 다양한 주제로 중국어로 대화할 수 있고 중국인과 의사소통이 가능한 수준이다.
- **5급** 신문, 잡지를 보고 TV 프로그램을 시청할 수 있는 수준이다.
- **6급** 고급 중국어를 사용할 수 있고 자신의 의견과 생각을 말과 글로 유창하게 표현할 수 있는 수준이다.

HSK 시험을 주관하는 중국 국가한반이 발표한 급수별 필수 단어는 아래와 같다.

HSK 6급	5,000개 이상	HSK 3급	600개
HSK 5급	2,500개	HSK 2급	300개
HSK 4급	1,200개	HSK 1급	100개

2018년 1월
저자 김지나

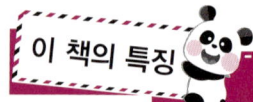

이 책의 특징

하루 10분 HSK 중국어 단어장

1개월에 단어장 한 권으로
중국어 능력시험 공부 땡!

① 명사 · 형용사 · 동사 · 부사 · 접속사 · 양사 · 개사 · 조사

1~4급 필수 단어를 품사별로 정리하여 예문을 통해 품사별 활용을 충분히 익히도록 하였다.

② 여러 의미가 있는 단어의 경우, 의미별 예문 삽입

이미 알고 있던 단어라 하더라도 자신이 알고 있는 의미 외에 다른 의미를 알고 있는지 예문을 보면서 꼼꼼하게 학습하도록 하였다.

③ 유의어, 반의어, 관련 어휘 등 초간단 용법 소개

유의어, 반의어, 중요 표현, 관련 어휘 등을 함께 넣어 효과적으로 학습하도록 하였다.

④ MP3 파일을 들으며 듣기 연습과 암기를 동시에!

원어민 남녀 성우 목소리로 녹음한 MP3 파일을 들으며, 들리는 단어를 메모해가며 암기할 수 있도록 하였다.

이 책의 구성

하루 10분 HSK 중국어 단어장

❶ 파트표시

❷ 품사별 구문

❸ 각 급수에 해당하는 단어를 병음순으로 배열 단어의 가장 기본 뜻을 먼저 제시하고 자주 사용하는 기타 의미도 함께 정리

❹ 단어의 의미에 따라 별도 예문을 제시

❺ 유의어, 반의어, 중요 표현, 관련 어휘 등 다양한 표현 삽입

하루 10분 1~4급
중국어능력시험
HSK 중국어 단어장

CONTENTS

- PART1　동사　009
- PART2　형용사　091
- PART3　부사　123
- PART4　개사　149
- PART5　조사　159
- PART6　접속사　163
- PART7　양사　173
- PART8　수사　185
- PART9　명사　189
- PART10　5급단어 맛보기　257

PART 1
동사

사람이나 사물의 동작, 발전, 변화, 심리, 활동 및 기타 활동을 나타내는 말입니다.

动词

---

001 ☐

爱
ài
사랑하다, 좋아하다,
곧잘~하다

- 我**爱**你。 난 널 사랑해.
  Wǒ ài nǐ
- 他**爱**说话。 그는 말하는 것을 좋아한다.
  Tā ài shuōhuà

반 恨 hèn 싫어하다, 증오하다

---

002 ☐

爱护
àihù
소중히 하다,
사랑하고 보호하다

- 我们应该**爱护**环境。 우리는 환경을 사랑하고 보호해야 한다.
  Wǒmen yīnggāi àihù huánjìng
- 每个人都应该**爱护**自己的身体。
  Měigè rén dōu yīnggāi àihù zìjǐ de shēntǐ
  모든 사람들은 자기 몸을 소중히 해야 한다.

반 损坏 sǔnhuài 손상시키다, 훼손시키다 破坏 pòhuài 파괴하다, 훼손시키다

---

003 ☐

安排
ānpái
(인원, 시간 등을)안배하다,
일을 처리하다

- 我们为留学生**安排**了很多教育课程。
  Wǒmen wèi liúxuéshēng ānpái le hěn duō jiàoyù kèchéng
  우리는 유학생들을 위해 많은 교육 과정을 준비했다.
- 公司给我**安排**了很重要的任务。
  Gōngsī gěi wǒ ānpái le hěn zhòngyào de rènwù
  회사에서 나에게 중요한 임무를 안배했다.

유 部署 bùshǔ 배치하다, 안배하다 布置 bùzhì 안배하다, 계획하다

---

004 ☐

搬
bān
옮기다, 운반하다

- 你什么时候**搬**家呢? 너 언제 집을 옮기니(이사하니)?
  Nǐ shénme shíhou bānjiā ne
- 你能不能帮我**搬**桌子?
  Nǐ néng bù néng bāng wǒ bān zhuōzi
  책상 옮기는 것을 도와줄 수 있니?

10

동사 动词

005 ☐

帮忙
bāngmáng
돕다, 도와주다

- 我**帮**他的**忙**。 나는 그를 도와줬다.
  Wǒ bāng tā de máng
- 他**帮**我的**忙**。 그는 나를 도와줬다.
  Tā bāng wǒ de máng

TIP 이합동사라 뒤에 목적어를 가질 수 없다

006 ☐

帮助
bāngzhù
돕다, 도와주다

- 我们应该**帮助**他们。 우린 반드시 그들을 도와야 한다.
  Wǒmen yīnggāi bāngzhù tāmen
- 他给我们带来很大**帮助**。
  Tā gěi wǒmen dàilái hěn dà bāngzhù
  그는 우리에게 큰 도움을 주었다.

TIP 帮忙과 뜻이 같으나 명사로도 사용된다

007 ☐

包
bāo
(종이 또는 기타 얇은 것으로)
싸다, (모든 책임을)떠맡다

- 妈妈正在**包**饺子。 엄마는 지금 만두를 빚는 중이다.
  Māma zhèngzài bāo jiǎozi
- 这件事**包**在他的身上了。 이 일은 그에게 맡겨졌다.
  Zhè jiàn shì bāo zài tā de shēnshang le

008 ☐

包含
bāohán
포함하다

- 房费里**包含**早餐吗? 방값에 아침 식사가 포함 되나요?
  Fángfèi lǐ bāohán zǎocān ma
- 这个单词**包含**着几种意思。
  Zhège dāncí bāohánzhe jǐ zhǒng yìsi
  이 단어에는 몇 가지 의미가 포함되어 있다.

유 蕴涵 yùnhán 포함하다

009 ☐

保护
bǎohù
보호하다

- 我们要**保护**大自然。 우리는 자연을 보호해야 한다.
  Wǒmen yào bǎohù dàzìrán
- 我永远**保护**你。 내가 영원히 너를 지켜줄게.
  Wǒ yǒngyuǎn bǎohù nǐ

유 维护 wéihù 유지하고 보호하다 지키다

반 破坏 pòhuài 파괴하다 손상시키다

010 □

包括
bāokuò

포함하다, 포괄하다

- 今天与会的人，包括我在内一共20个人。
  Jīntiān yùhuì de rén bāokuò wǒ zàinèi yígòng èrshíge rén
  오늘 회의 참석자는 나를 포함하여 총 20명이다.
- 我付了300块钱，包括服务费。
  Wǒ fù le sānbǎi kuài qián bāokuò fúwùfèi
  서비스 비용을 포함하여 나는 300위안을 지불했다.

유 包含 bāohán 포함하다

011 □

保障
bǎozhàng

보장하다

- 谁都不能保障你的安全。 누구도 너의 안전을 보장할 수는 없어.
  Shéi dōu bù néng bǎozhàng nǐ de ānquán
- 国家制定了各种政策来保障国民的生活。
  Guójiā zhìdìng le gèzhǒng zhèngcè lái bǎozhàng guómín de shēnghuó
  국가가 각종 정책을 제정하여 국민의 생활을 보장한다.

012 □

保证
bǎozhèng

보증하다, 담보하다

- 谁都不能保证你的安全。 누구도 너의 안전을 보증할 수 없어.
  Shéi dōu bùnéng bǎozhèng nǐ de ānquán
- 我保证准时完成任务。 제때에 임무를 완성할 것을 보증합니다.
  Wǒ bǎozhèng zhǔnshí wánchéng rènwù

유 担保 dānbǎo 보증하다, 담보하다

013 □

报名
bàomíng

신청하다, 등록하다

- 我报名参加HSK考试了。 나는 HSK 참가 신청을 했다.
  Wǒ bàomíng cānjiā HSK kǎoshì le
- 报名的时候需要什么? 신청할 때 뭐가 필요하나요?
  Bàomíng de shíhou xūyào shénme

014 □

抱
bào

안다, 껴안다,
(생각, 의견을)마음에 품다

- 妈妈抱着孩子。 엄마가 아이를 안고 있다.
  Māma bàozhe háizi
- 你对我抱有偏见。 넌 나에게 선입견이 있어.
  Nǐ duì wǒ bàoyǒu piānjiàn

동사
动词

---

015 ☐

抱歉
bàoqiàn

미안하다,
미안하게 생각하다

- 真抱歉，让你久等了。 정말 죄송해요. 오래 기다리게 했네요.
  Zhēn bàoqiàn ràng nǐ jiǔ děng le
- 我很抱歉，给你添麻烦了。
  Wǒ hěn bàoqiàn gěi nǐ tiān máfan le
  죄송해요. 제가 당신에게 폐를 끼쳤네요.

---

016 ☐

被
bèi

~에게 ~를 당하다

- 我的钱包被小偷偷了。 내 지갑은 소매치기에게 도둑맞았어.
  Wǒ de qiánbāo bèi xiǎotōu tōu le
- 我被小狗咬了。 나는 강아지에게 물렸어.
  Wǒ bèi xiǎo gǒu yǎo le

 被자문: 주어+(부정사, 조동사)+被+목적어+술어+기타성분

---

017 ☐

比较
bǐjiào

비교하다

- 我跟他的成绩作了比较。 내 성적과 그의 성적을 비교했다.
  Wǒ gēn tā de chéngjì zuò le bǐjiào
- 大城市的生活比较方便。 대도시의 생활은 비교적 편리하다.
  Dàchéngshì de shēnghuó bǐjiào fāngbiàn

 '비교적'이라는 뜻의 부사로 사용되는 경우가 더욱 많다

---

018 ☐

比赛
bǐsài

(체력, 실력을)겨루다,
시합하다

- 我们昨天比赛跑步了。 우리는 어제 달리기 실력을 겨뤘어.
  Wǒmen zuótiān bǐsài pǎobù le

 足球比赛 zúqiú bǐsài 축구시합
观看比赛 guānkàn bǐsài 경기를 보다
参加比赛 cānjiā bǐsài 경기에 참가하다

---

019 ☐

毕业
bìyè

졸업하다

- 你是哪个大学毕业的? 너는 어느 대학을 졸업했니?
  Nǐ shì nǎge dàxué bìyè de
- 我毕业于北京大学。 난 베이징 대학을 졸업했어.
  Wǒ bìyè yú běijīng dàxué

020

变化
biànhuà

변화하다, 바꾸다

- 我们的生活环境不断变化。 우리의 생활환경이 끊임없이 변하고 있다.
  Wǒmen de shēnghuó huánjìng búduàn biànhuà
- 世界经济趋势不断变化。 세계 경제 추세가 끊임없이 변하고 있다.
  Shìjiè jīngjì qūshì búduàn biànhuà

 有变化, 没有变化, 变化很大 등과 같이 '변화'라는 명사형으로도 사용된다

021

表示
biǎoshì

나타내다, 의미하다, 표시하다

- 我向大家表示衷心的感谢。 저는 여러분에게 깊은 감사를 드립니다.
  Wǒ xiàng dàjiā biǎoshì zhōngxīn de gǎnxiè
- 他对我的看法表示反对。 그는 내 의견에 반대의사를 표했다.
  Tā duì wǒ de kànfǎ biǎoshì fǎnduì

022

表演
biǎoyǎn

공연하다, 연기하다

- 他表演了许多精彩的节目。
  Tā biǎoyǎn le xǔduō jīngcǎi de jiémù
  그는 수많은 훌륭한 프로그램을 공연했었다.
- 昨天晚上我看了一场杂技表演。 어제 저녁 나는 서커스 공연을 봤다.
  Zuótiān wǎnshang wǒ kàn le yìchǎng zájì biǎoyǎn

 '연기', '공연'이라는 명사로 사용되기도 한다

023

表扬
biǎoyáng

칭찬하다, 표창하다

- 很多人都表扬他。 많은 사람들이 다 그를 칭찬한다.
  Hěn duō rén dōu biǎoyáng tā
- 我受到了老师的表扬。 난 선생님께 칭찬을 받았어.
  Wǒ shòudào le lǎoshī de biǎoyáng

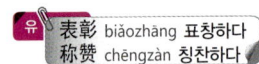

024

不管
bùguǎn

상관하지 않다, 돌보지 않다

- 我不管他。 난 그를 상관하지 않는다.
  Wǒ bù guǎn tā
- 作为父母, 我怎么能不管孩子呢?
  Zuòwéi fùmǔ wǒ zěnme néng bùguǎn háizi ne
  부모로서 내가 어찌 아이를 돌보지 않을 수 있겠니?

동사 动词

---

025 □

擦
cā
닦다, 문지르다, 바르다

- 我用毛巾擦窗户。 나는 수건으로 창문을 닦는다.
  Wǒ yòng máojīn cā chuānghu
- 我给孩子擦了眼泪。 나는 아이의 눈물을 닦아 주었다.
  Wǒ gěi háizi cā le yǎnlèi

---

026 □

猜
cāi
추측하다, 추정하다

- 你猜猜吧。 너 한번 알아맞춰 봐.
  Nǐ cāicāi ba
- 我猜出来了。 내가 알아맞혔어.
  Wǒ cāi chūlái le

---

027 □

采访
cǎifǎng
인터뷰하다, 취재하다

- 我昨天采访了韩国总统。 나는 어제 한국 대통령을 취재했다.
  Wǒ zuótiān cǎifǎng le Hánguó zǒngtǒng
- 他接受了我的采访。 그는 나의 인터뷰를 받아들였다.
  Tā jiēshòu le wǒ de cǎifǎng

---

028 □

参观
cānguān
참관하다, 견학하다

- 我明天要参观展览会。 난 내일 전시회에 참관할 거야.
  Wǒ míngtiān yào cānguān zhǎnlǎnhuì
- 通过参观博物馆，可以学到很多东西。
  Tōngguò cānguān bówùguǎn kěyǐ xué dào hěn duō dōngxi
  박물관 견학을 통해서 많은 것을 배울 수 있다.

---

029 □

参加
cānjiā
참가하다, 참석하다

- 你这次参加足球比赛吗？ 너 이번 축구시합에 참가하니?
  Nǐ zhè cì cānjiā zúqiú bǐsài ma
- 我可能不能参加。 나 아마 참석 못할 것 같아.
  Wǒ kěnéng bù néng cānjiā

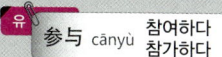

030

差 chà
부족하다, 모자라다

- 差一刻12点。 12시 15분 전.(11시 45분)
  Chà yí kè shí'èr diǎn
- 我的汉语水平还差得远呢。 나의 중국어 실력은 아직도 멀었어.
  Wǒ de hànyǔ shuǐpíng hái chà de yuǎn ne

031

尝 cháng
맛 보다, 시식하다

- 你尝一尝吧。 한 번 맛보세요.
  Nǐ cháng yī cháng ba
- 我尝了尝他为我做的泡菜汤。
  Wǒ cháng le cháng tā wèi wǒ zuò de pàocàitāng
  난 그가 나를 위해 만든 김치찌개를 맛보았다.

032

唱歌 chànggē
노래 부르다

- 我不会唱歌。 나는 노래를 못 한다.
  Wǒ búhuì chànggē
- 他唱歌唱得很好听。 그는 노래를 잘 부른다.
  Tā chànggē chàng de hěn hǎotīng

033

超过 chāoguò
초과하다, 추월하다

- 她的身高超过一米七。 그녀의 키는 170센티미터가 넘는다.
  Tā de shēngāo chāoguò yì mǐ qī
- 今年的公司业绩超过了预期。
  Jīnnián de gōngsī yèjì chāoguò le yùqī
  올해 회사 실적은 예상을 초과하였다.

> 유 超越 chāoyuè 넘다, 초월하다 超出 chāochū (일정한 범위, 수량을)뛰어넘다

034

超越 chāoyuè
넘다, 능가하다, 초월하다

- 超越极限的感觉真好。 한계를 뛰어넘은 느낌은 정말 좋다.
  Chāoyuè jíxiàn de gǎnjué zhēn hǎo
- 他们的爱情超越了国境。 그들의 사랑은 국경을 뛰어넘었다.
  Tāmen de àiqíng chāoyuè le guójìng

동사
动词

035

成功
chénggōng
성공하다

- 我终于获得成功了。 나는 마침내 성공을 얻었다.
  Wǒ zhōngyú huòdé chénggōng le
- 失败是成功之母。 실패는 성공의 어머니다.
  Shībài shì chénggōng zhī mǔ

036

成为
chéngwéi
~가 되다, ~이 되다

- 他已经成为明星了。 그는 이미 스타가 되었다.
  Tā yǐjīng chéngwéi míngxīng le
- 我希望我们将成为好朋友。
  Wǒ xīwàng wǒmen jiāng chéngwéi hǎopéngyou
  난 우리가 좋은 친구가 되길 바란다.

037

乘坐
chéngzuò
(자동차, 비행기, 배 등을)
타다

- 感谢大家乘坐此次航班。
  Gǎnxiè dàjiā chéngzuò cǐcì hángbān
  여러분 이번 항공편을 이용해 주셔서 매우 감사드립니다.
- 乘坐地铁1号线，到东大门站下车吧。
  Chéngzuò dìtiě yīhàoxiàn dào dōngdàmén zhàn xiàchē ba
  지하철 1호선을 타고 가다 동대문역에서 내리세요.

038

吃
chī
먹다

- 我喜欢吃烤肉。 난 불고기 먹는 걸 좋아한다.
  Wǒ xǐhuan chī kǎo ròu
- 冬冬不能吃辣的。 동동이는 매운 것을 못 먹는다.
  Dōngdong bù néng chī là de

> 표현 吃+대상(목적어)

039

吃惊
chī jīng
놀라다

- 听了他的消息，我很吃惊。
  Tīng le tā de xiāoxi wǒ hěn chījīng
  그의 소식을 듣고 난 매우 놀랐다.
- 真让人吃惊。 정말 놀랍군요.
  Zhēn ràng rén chījīng

040

迟到
chídào
지각하다

- 你别迟到了! 너 지각하지마!
  Nǐ bié chídào le
- 你怎么又迟到了? 너 어째서 또 지각했니?
  Nǐ zěnme yòu chídào le

041

抽烟
chōuyān
담배를 피우다, 흡연하다

- 你会抽烟吗? 너 담배 피우니?
  Nǐ huì chōuyān ma
- 最近越来越多的女生抽烟。
  Zuìjìn yuè lái yuè duō de nǚshēng chōuyān
  요즘 점점 많은 여자들이 담배를 피운다.

유 吸烟 xīyān 담배를 피우다

042

出
chū
나가다, 떠나다, 발산하다

- 出门时一定要小心。 외출할 때는 반드시 조심해야 한다.
  Chūmén shí yídìng yào xiǎoxīn
- 全身出汗。 온몸에 땀이 나다.
  Quánshēn chūhàn

반 进 jìn 들어가다

043

出差
chūchāi
출장가다

- 我去上海出差了。 난 상하이에 출장을 갔다.
  Wǒ qù Shànghǎi chūchāi le
- 你什么时候去出差? 넌 언제 출장을 가니?
  Nǐ shénme shíhou qù chūchāi

044

出发
chūfā
출발하다

- 我们什么时候出发? 우리 언제 출발하니?
  Wǒmen shénme shíhou chūfā
- 晚上8点之前一定要出发。 저녁 여덟시 전에는 반드시 출발해야 해.
  Wǎnshang bā diǎn zhī qián yídìng yào chūfā

유 动身 dòngshēn 출발하다 起程 qǐchéng 출발하다, 길을 나서다

동사 动词

045 ☐

出口
chūkǒu
수출하다

- 我国主要**出口**农产品。 우리 국가는 주로 농산품을 수출한다.
  Wǒ guó zhǔyào chūkǒu nóngchǎnpǐn
- 中国是韩国的第二大**出口**国。
  Zhōngguó shì Hánguó de dì èr dà chūkǒuguó
  중국은 한국의 제2대 수출국이다.

[반] 进口 jìnkǒu 수입하다

046 ☐

出生
chūshēng
출생하다, 태어나다

- 我**出生**在美国。 난 미국에서 태어났다.
  Wǒ chūshēng zài Měiguó
- 你是哪年**出生**的? 넌 어느 해에 태어났니?
  Nǐ shì nǎ nián chūshēng de

[유] 诞生 dànshēng 탄생하다, 생기다

047 ☐

出现
chūxiàn
출현하다, 나타내다

- 最近学校里**出现**了很多问题。 최근 학교 내에서 많은 문제가 나타났다.
  Zuìjìn xuéxiào lǐ chūxiàn le hěn duō wèntí
- 你怎么突然**出现**在我的面前?
  Nǐ zěnme tūrán chūxiàn zài wǒ de miànqián
  너 어째서 갑자기 내 앞에 나타난 거야?

[유] 呈现 chéngxiàn 나타나다   [반] 消失 xiāoshī 사라지다, 모습을 감추다

048 ☐

穿
chuān
(옷, 신발, 양말을)입다, 신다,
(구멍, 틈을)통과하다

- 你平时喜欢**穿**连衣裙吗? 너 평소에 원피스 입는 걸 좋아하니?
  Nǐ píngshí xǐhuan chuān liányīqún ma

[표현] 穿+衣服 yīfu 옷   裙子 qúnzi 치마   裤子 kùzi 바지

[반] 脱 tuō 벗다

049 ☐

存
cún
존재하다, 보존하다,
저축하다

- 他平时不**存**钱。 그는 평소에 저축을 하지 않는다.
  Tā píngshí bù cún qián
- 我每月**存**工资的一半。 난 매달 월급의 절반을 저축하고 있다.
  Wǒ měiyuè cún gōngzī de yíbàn

[유] 蓄 xù 모아 두다   储 chǔ 저축하다   [반] 亡 wáng 잃다, 없어지다

050

打扮
dǎban
화장하다, 단장하다, 꾸미다

- 她打扮得很漂亮。 그녀는 곱게 화장을 했다.
  Tā dǎban de hěn piàoliang
- 很多女人都喜欢打扮自己。
  Hěn duō nǚrén dōu xǐhuan dǎban zìjǐ
  많은 여자들은 스스로를 꾸미는 것을 좋아한다.

유 化妆 huàzhuāng 화장하다

051

错
cuò
틀리다, 나쁘다

- 他说的一点也没错。 그의 말은 조금도 틀리지 않는다.
  Tā shuōde yìdiǎn yě méicuò
- 这些都是我的错。 이거 다 내 잘못이야.
  Zhèxiē dōu shì wǒ de cuò

TIP '错'는 '허물, 잘못'이라는 명사로도 된다

반 对 duì 맞다

052

打
dǎ
(손이나 기구로)때리다, 치다

- 昨天哥哥打我了一吨。 어제 형이 날 때렸다.
  Zuótiān gēge dǎ wǒ le yídùn
- 昨天我挨了哥哥的一吨打。 어제 난 형에게 얻어 맞았다.
  Zuótiān wǒ ái le gēge de yídùn dǎ

표현 挨打 áidǎ 얻어맞다(피동)

053

打电话
dǎ diànhuà
전화를 걸다

- 我每天给他打电话。 난 매일 그에게 전화를 건다.
  Wǒ měitiān gěi tā dǎ diànhuà
- 谁给我打电话了？ 누가 나에게 전화를 걸었니?
  Shéi gěi wǒ dǎ diànhuà le

반 接电话 jiē diànhuà 전화를 받다

054

打篮球
dǎ lánqiú
농구를 하다

- 我很喜欢打篮球。 나는 농구하는 것을 좋아한다.
  Wǒ hěn xǐhuan dǎ lánqiú

표현 打+乒乓球 pīngpāngqiú 탁구 羽毛球 yǔmáoqiú 배드민턴
高尔夫球 gāo'ěrfūqiú 골프 网球 wǎngqiú 테니스

动词

055 ☐

诞生
dànshēng

태어나다, 탄생하다, 나오다

- 最近，网络上<u>诞生</u>了很多流行语。
  Zuìjìn wǎngluò shàng dànshēng le hěnduō liúxíngyǔ
  최근 인터넷에서 많은 유행어가 탄생하였다.

- 今天是耶稣<u>诞生</u>的日子。 오늘은 예수가 탄생한 날이다.
  Jīntiān shì Yēsū dànshēng de rìzi

056 ☐

打扰
dǎrǎo

방해하다, 지장을 주다, 폐를 끼치다.

- 别<u>打扰</u>我了! 제발 날 귀찮게 하지 마!
  Bié dǎrǎo wǒ le

- <u>打扰</u>一下。 실례합니다.
  Dǎrǎo yíxià

057 ☐

打扫
dǎsǎo

청소하다, 깨끗하게 정리하다

- 我每天<u>打扫</u>房间。 나는 매일 방을 청소한다.
  Wǒ měitiān dǎsǎo fángjiān

- 妈妈<u>打扫</u>得干干净净。 엄마는 깨끗하게 청소를 하신다.
  Māma dǎsǎo de gānganjìngjìng

058 ☐

打算
dǎsuan

~할 생각이다, ~하려고 하다

- 我<u>打算</u>去中国留学。 나는 중국으로 유학갈 생각이야.
  Wǒ dǎsuan qù Zhōngguó liúxué

- 你有什么<u>打算</u>? 너 무슨 계획 있니?
  Nǐ yǒu shénme dǎsuan

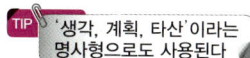
TIP '생각, 계획, 타산'이라는 명사형으로도 사용된다

유 计划 jìhuà ~할 계획이다 계획하다

059 ☐

打印
dǎyìn

인쇄하다, 프린트하다

- 能不能把这个文件<u>打印</u>一下? 이 서류 좀 인쇄해줄래?
  Néng bù néng bǎ zhège wénjiàn dǎyìn yíxià

- 需要<u>打印</u>出来吗? 프린트 해야 하나요?
  Xūyào dǎyìn chūlái ma

060
打招呼
dǎzhāohu
(말이나 행동으로)인사하다,
(사전 또는 사후에)알리다

- 他怎么没跟我**打招呼**呢? 그는 왜 나에게 인사를 하지 않지?
  Tā zěnme méi gēn wǒ dǎzhāohu ne
- 需要帮助的时候，你先跟我**打招呼**吧。
  Xūyào bāngzhù de shíhou nǐ xiān gēn wǒ dǎzhāohu ba
  도움이 필요할 때는 저에게 먼저 말하세요.

061
打折
dǎzhé
할인하다, 가격을 깎다

- 现在有**打折**吗? 지금 할인 하나요?
  Xiànzài yǒu dǎzhé ma
- 衣服都在**打**三**折**。 옷은 전부 70% 할인 중이예요.
  Yīfu dōu zài dǎ sān zhé

062
打针
dǎzhēn
주사를 놓다, 주사를 맞다

- 我去医院**打针**了。 나는 병원에 가서 주사를 맞았다.
  Wǒ qù yīyuàn dǎzhēn le
- 孩子害怕**打针**，哭了起来。
  Háizi hàipà dǎzhēn kūle qǐlái
  아이는 주사 맞는 것이 무서워 울기 시작했다.

063
带
dài
(몸에)지니다,
휴대하다, 인솔하다

- 他平时**带**着平板电脑。 그는 항상 태블릿 PC를 가지고 다닌다.
  Tā píngshí dàizhe píngbǎn diànnǎo
- 我**带**着孩子一起去公园玩儿。
  Wǒ dàizhe háizi yìqǐ qù gōngyuán wánr
  나는 아이를 데리고 함께 공원에 가서 놀았다.

  유 携 xié 휴대하다, 지니다

064
戴
dài
(머리, 얼굴, 손 등에) 착용하다,
쓰다, 몸에 지니다

- 我喜欢**戴**太阳镜。 나는 선글라스 쓰는 것을 좋아한다.
  Wǒ xǐhuan dài tàiyángjìng
- 他**戴**着很大的帽子。 그는 큰 모자를 쓰고 있다.
  Tā dàizhe hěn dà de màozi

동사
动词

065
代表
dàibiǎo
대표하다, 대신하다

- 他**代表**韩国参加了国际比赛。
  Tā dàibiǎo Hánguó cānjiāle guójì bǐsài
  그는 한국을 대표하여 국제시합에 참가했다.
- 我**代表**全体中国人民，对各国的支持表示衷心的感谢。
  Wǒ dàibiǎo quántǐ Zhōngguó rénmín duì gèguó de zhīchí biǎoshì zhōngxīn de gǎnxiè
  중국 전 국민을 대표하여 각국의 지원에 대해 진심으로 감사드립니다.

066
代替
dàitì
대체하다, 대신하다

- 我**代替**她参加今天的会议。
  Wǒ dàitì tā cānjiā jīntiān de huìyì
  나는 그녀를 대신하여 오늘 회의에 참가한다.
- 没有人**代替**你做这件事。
  Méiyǒu rén dàitì nǐ zuò zhè jiàn shì
  너를 대신하여 이 일을 해 줄 사람은 없다.

067
当
dāng
~가 되다, 담당하다, 감당하다

- 我想**当**一名老师。 나는 선생님이 되고 싶다.
  Wǒ xiǎng dāng yìmíng lǎoshī
- 你过奖了，我实在**不敢当**。
  Nǐ guòjiǎng le wǒ shízài bù gǎndāng
  너무 과분한 칭찬을 하셔서 정말 몸 둘 바를 모르겠습니다.

068
担心
dānxīn
걱정하다, 염려하다

- 别**担心**我了! 내 걱정 하지마!
  Bié dānxīn wǒ le
- 你不用**担心**那件事。 넌 그 일을 걱정할 필요가 없다.
  Nǐ bú yòng dānxīn nà jiàn shì

069
到
dào
도착하다, ~까지 오다,
(동사 뒤 보어로 사용)
목적 도달 또는
결과가 있음을 나타냄

- 你什么时候**到**呢? 너 언제 도착하니?
  Nǐ shénme shíhou dào ne
- 没有做**不到**的事情。 할 수 없는 일은 없다.
  Méi yǒu zuò bú dào de shìqíng

표현 听到 tīngdào 들었다   看到 kàndào 보았다   找到 zhǎodào 찾았다

070

道歉
dàoqiàn

사과하다, 사죄하다

- 对于那件事，我向他表示道歉。
  Duìyú nà jiàn shì wǒ xiàng tā biǎoshì dàoqiàn
  그 일에 대해 나는 그에게 사과를 했다.
- 你不必道歉了。 너 사과할 필요 없어.
  Nǐ búbì dàoqiàn le

071

打印
dǎyìn

인쇄하다, 프린트하다

- 能不能把这个资料打印一下？
  Néng bù néng bǎ zhège zīliào dǎyìn yíxià
  이 자료 인쇄 좀 해줄 수 있나요?
- 还没打印出来吗？ 아직 프린트 안 했나요?
  Hái méi dǎyìn chūlái ma

072

等
děng

기다리다,
~까지 기다리다

- 稍微等一下。 잠시만 기다리세요.
  Shāowēi děng yí xià
- 我等你回来。 난 네가 올 때까지 기다릴게.
  Wǒ děng nǐ huílái

073

调查
diàochá

조사하다

- 他让我对这件事进行调查。
  Tā ràng wǒ duì zhè jiàn shì jìnxíng diàochá
  그는 나에게 이 일에 대해 조사하도록 했다.
- 据调查结果显示，很多中国人为了购物选择来韩国旅游。
  Jù diàochá jiéguǒ xiǎnshì hěnduō zhōngguórén wèile gòuwù xuǎnzé lái Hánguó lǚyóu
  조사 결과, 많은 중국인들은 쇼핑을 위하여 한국 여행을 선택한다.

074

掉
diào

떨어지다, 잃어버리다,
~해 버리다
(타동사 뒤에서 제거함을 나타냄)

- 我好象掉什么东西了。 난 뭔가를 잃어버린 듯하다.
  Wǒ hǎoxiàng diào le shénme dōngxi le
- 他一下子喝掉了汤。 그는 단숨에 국을 다 마셔버렸다.
  Tā yíxiàzi hē diào le tāng

동사
动词

---

075 ☐

丢
diū
잃다, 잃어버리다

- 我昨天丢了钱包。 나는 어제 지갑을 잃어버렸다.
  Wǒ zuótiān diū le qiánbāo
- 请不要乱丢垃圾。 쓰레기를 함부로 버리지 마세요.
  Qǐng bú yào luàn diū lājī

---

076 ☐

懂
dǒng
알다, 이해하다

- 这小孩子懂礼貌。 이 아이는 예의가 바르다.
  Zhè xiǎo háizi dǒng lǐmào
- 你不懂我的意思。 넌 나의 (말)뜻을 모른다.
  Nǐ bù dǒng wǒ de yìsi

---

077 ☐

读
dú
보다, 읽다, 공부하다

- 你读完了那本书吗? 넌 그 책을 다 읽었니?
  Nǐ dú wán le nà běn shū ma
- 我在读大学的时候认识了他。 나는 대학 다닐 때 그를 알았다.
  Wǒ zài dú dàxué de shíhou rènshi le tā

---

078 ☐

锻炼
duànliàn
(몸을)단련하다,
(일의 능력이나 마음을)단련하다

- 你平时锻炼身体吗? 너 평소에 신체 단련을 하니?
  Nǐ píngshí duànliàn shēntǐ ma
- 我从明天开始锻炼身体。 나는 내일부터 신체 단련할 거야.
  Wǒ cóng míngtiān kāishǐ duànliàn shēntǐ

유 磨练 móliàn 단련하다, 연마하다

---

079 ☐

堵车
dǔchē
교통이 체증되다

- 今天堵车堵得很严重。 오늘 교통 체증이 매우 심하다.
  Jīntiān dǔchē dǔ de hěn yánzhòng
- 他还没到，看来路上堵车了。
  Tā háiméi dào kànlái lùshang dǔchē le
  그가 아직 도착하지 않았는데 보기에 길이 막히는 것 같아.

080
对不起
duìbuqǐ
미안하다, 죄송하다

- **对不起**，我迟到了。 죄송해요, 제가 늦었어요.
  Duìbuqǐ wǒ chídào le
- **对不起**，这都是我的错误。 죄송해요, 모두 저의 잘못이에요.
  Duìbuqǐ zhè dōu shì wǒ de cuòwù

081
对话
duìhuà
대화하다, 담판하다

- 通过**对话**，我们能够深入了解对方。
  Tōngguò duìhuà wǒmen nénggòu shēnrù liǎojiě duìfāng
  대화를 통해 우리는 서로에 대해 깊이 이해하게 되었다.
- 父母一定要每天跟孩子进行**对话**。
  Fùmǔ yídìng yào měitiān gēn háizi jìnxíng duìhuà
  부모는 매일 아이와 함께 대화를 해야만 한다.

082
饿
è
굶주리다

- 你不要**饿**肚子了。 너 끼니 거르지 마.
  Nǐ bú yào è dùzi le
- 我**饿**了好几天，全身没力气。
  Wǒ è le hǎo jǐ tiān quánshēn méi lìqì
  며칠 굶었더니 온 몸에 힘이 없어.

유 饥 jī 배가 고프다, 굶주리다 반 饱 bǎo 부르다

083
发
fā
보내다, 발급하다,
발사하다, 감정을 드러내다

- 我已经给你**发**邮件了。 나는 이미 너에게 이메일을 보냈어.
  Wǒ yǐjing gěi nǐ fā yóujiàn le
- 你不要随时**发**脾气。 아무때나 화를 내지 마세요.
  Nǐ bú yào suíshí fā píqì

표현
发货 fāhuò 물건을 보내다   发工资 fāgōngzī 임금을 지급하다
发红包 fāhóngbāo 상여금을 지급하다   发火 fāhuǒ 화를 내다

084
发烧
fāshāo
열이 나다

- 你发不**发烧**？ 너 열이 나니 안 나니?
  Nǐ fā bu fāshāo
- 我得了感冒，还在**发烧**。 나 감기에 걸려서 아직도 열이 난다.
  Wǒ dé le gǎnmào háizài fāshāo

유 发热 fārè 열이 나다

동사
动词

085 ☐

发生
fāshēng
발생하다, 일어나다

- 刚才发生了什么事情? 방금 무슨 일이 일어났니?
  Gāngcái fāshēng le shénme shìqing
- 昨天我们小区发生了火灾。
  Zuótiān wǒmen xiǎoqū fāshēng le huǒzāi
  어제 우리 아파트 단지에서 화재가 발생했다.

086 ☐

发现
fāxiàn
발견하다, 알아차리다

- 我发现他今天心情不好。
  Wǒ fāxiàn tā jīntiān xīnqíng bù hǎo
  난 그가 오늘 기분이 안 좋다는 걸 알아차렸다.
- 我害怕被别人发现。 나는 다른 사람에게 발견될까 봐 두렵다.
  Wǒ hàipà bèi biérén fāxiàn

087 ☐

发展
fāzhǎn
발전하다,
확대(발전)시키다

- 中国经济发展迅猛。 중국 경제는 급속히 발전한다.
  Zhōngguó jīngjì fāzhǎn xùnměng
- 世界各国都关注中国经济发展走向。
  Shìjiè gèguó dōu guānzhù Zhōngguó jīngjì fāzhǎn zǒuxiàng
  세계 각국 모두 중국 경제발전 추세에 주목하고 있다.

  반 停滞 tíngzhì 정체되다　倒退 dǎotuì 후퇴하다

088 ☐

翻译
fānyì
번역하다, 통역하다

- 我把韩文翻译成中文。 나는 한국어를 중국어로 번역했다.
  Wǒ bǎ hánwén fānyìchéng zhōngwén
- 我今天给他做翻译。 나는 오늘 그를 위해 통역을 한다.
  Wǒ jīntiān gěi tā zuò fānyì

089 ☐

反映
fǎnyìng
반영하다, 보고하다

- 他向公司反映了员工的意见。
  Tā xiàng gōngsī fǎnyìng le yuángōng de yìjiàn
  그는 회사에 직원들의 의견을 보고했다.
- 这部小说反映了韩国的社会现状。
  Zhè bù xiǎoshuō fǎnyìng le Hánguó de shèhuì xiànzhuàng
  이 소설은 한국 사회의 현 상황을 반영했다.

090 反对 fǎnduì
반대하다, 찬성하지 않다

- 我**反对**你的意见。 나는 네 의견에 반대한다.
  Wǒ fǎnduì nǐ de yìjiàn
- 父母强烈**反对**我去留学。
  Fùmǔ qiángliè fǎnduì wǒ qù liúxué
  부모님은 내가 유학가는 것을 극심하게 반대하신다.

반 支持 zhīchí 지지하다　赞同 zàntóng 찬성하다　赞成 zànchéng 찬성하다

091 放 fàng
(어떤 위치에)놓다, 풀어 주다, (학교, 직장이)파하다

- 我把衣服**放**在桌子上了。 난 옷을 책상에게 올려놓았다.
  Wǒ bǎ yīfu fàngzài zhuōzi shàng le
- **放**学后我跟朋友们一起去图书馆。
  Fàngxué hòu wǒ gēn péngyoumen yìqǐ qù túshūguǎn
  학교가 파한 후 나는 친구들과 함께 도서관에 갔다.

092 访问 fǎngwèn
방문하다, 회견하다

- 你什么时候方便**访问**我们公司呢?
  Nǐ shénme shíhou fāngbiàn fǎngwèn wǒmen gōngsī ne
  너는 언제 우리 회사를 방문하는 것이 편하니?
- 最近美国总统对韩国进行了国事**访问**。
  Zuìjìn Měiguó zǒngtǒng duì Hánguó jìnxíng le guóshì fǎngwèn
  최근 미국 대통령은 한국을 국빈방문했다.

093 放弃 fàngqì
(권리, 주장 등을)버리다, 포기하다

- 你不要**放弃**! 너 포기하지 마!
  Nǐ búyào fàngqì
- 他**放弃**原来的计划，选择找工作。
  Tā fàngqì yuánlái de jìhuà xuǎnzé zhǎo gōngzuò
  그는 원래 계획을 포기하고 일자리를 찾는 것을 선택했다.

094 放松 fàngsōng
정신적 긴장을 풀다, 늦추다

- 我明天还有考试，不能**放松**下来。
  Wǒ míngtiān háiyǒu kǎoshì bùnéng fàngsōng xiàlái
  나는 내일도 시험이 있어서 긴장을 늦출 수가 없다.
- 他们已经**放松**警惕了。 그들은 이미 경계를 늦추었다.
  Tāmen yǐjīng fàngsōng jǐngtì le

반 抓紧 zhuājǐn 꽉 쥐다, 단단히 잡다

095

放心
fàngxīn
마음을 놓다, 안심하다

- 你放心，有我啊! 넌 안심해. 내가 있잖아!
  Nǐ fàngxīn yǒu wǒ a
- 他放心地松了一口气。 그는 안도의 한숨을 내쉬었다.
  Tā fàngxīn de sōng le yì kǒu qì

유 安心 ānxīn 안심하다, 마음놓다

096

符合
fúhé
부합하다, 들어맞다

- 这个方案不符合规定。 이 방안은 규정에 부합하지 않는다.
  Zhège fāng'àn bù fúhé guīdìng
- 其实我不符合公司要求的条件。
  Qíshí wǒ bù fúhé gōngsī yāoqiú de tiáojiàn
  사실 나는 회사가 요구하는 조건에 맞지 않는다.

반 违反 wéifǎn 위반하다

097

付款
fùkuǎn
돈을 지불하다

- 需要另外付款吗? 별도로 돈을 지불해야 하나요?
  Xūyào lìngwài fùkuǎn ma
- 可以分期付款吗? 분할 납부 가능한가요?
  Kěyǐ fēnqī fùkuǎn ma

098

负责
fùzé
책임지다

- 这件事由我来负责! 이 일은 내가 책임질게!
  Zhè jiàn shì yóu wǒ lái fùzé
- 他负责现场管理。 그는 현장 관리를 책임진다.
  Tā fùzé xiànchǎng guǎnlǐ

099

复习
fùxí
복습하다

- 他每天认真复习。 그는 매일 열심히 복습을 한다.
  Tā měitiān rènzhēn fùxí
- 为了考上大学，我每天认真复习功课。
  Wèi le kǎoshàng dàxué wǒ měitiān rènzhēn fùxí gōngkè
  대학에 가기 위하여 나는 매일 수업내용을 복습한다.

반 预习 yùxí 예습하다

100
复印 fùyìn
복사하다

- 我可以**复印**资料吗? 저 복사 좀 할 수 있을까요?
  Wǒ kěyǐ fùyìn zīliào ma
- 我需要**复印**这些资料。 저는 이 자료를 복사하려고 해요.
  Wǒ xūyào fùyìn zhèxiē zīliào

101
改变 gǎibiàn
변하다, 고치다, 달라지다

- 你应该**改变**以前的坏习惯。
  Nǐ yīnggāi gǎibiàn yǐqián de huài xíguàn
  너는 이전의 나쁜 습관을 바꿔야만 한다.
- 考虑现状，我们**改变**了原来的计划。
  Kǎolǜ xiànzhuàng wǒmen gǎibiàn le yuánlái de jihuà
  현황을 고려하여 우리는 계획을 변경했다.

102
干杯 gānbēi
건배하다, 잔을 비우다

- 为我们的友谊，**干杯**! 우리의 우정을 위하여 건배!
  Wèi wǒmen de yǒuyì gānbēi
- 为大家的身体健康，**干杯**! 여러분의 건강을 위하여 건배!
  Wèi dàjiā de shēntǐ jiànkāng gānbēi

103
赶 gǎn
뒤쫓다, 따라가다, 서두르다

- 我的汉语水平**赶**不上她。
  Wǒ de hànyǔ shuǐpíng gǎnbúshàng tā
  나의 중국어 실력은 그녀를 따라가지 못한다.
- 天都黑了，他**赶**回家去。
  Tiān dōu hēi le tā gǎn huíjiā qù
  날이 어두워지자 그는 서둘러 집으로 돌아갔다.

104
敢 gǎn
용기를 내다, 자신 있게~하다

- 我**不敢**直接跟她说。
  Wǒ bùgǎn zhíjiē gēn tā shuō
  나는 그녀에게 직접 얘기 할 자신이 없다.
- 你怎么**敢**跟我作对? 너 감히 나한테 맞서는 거야?
  Nǐ zěnme gǎn gēn wǒ zuòduì

동사
动词

105 □

感动
gǎndòng
감동하다, 감동시키다

- 他给我礼物，我很**感动**。
  Tā gěi wǒ lǐwù wǒ hěn gǎndòng
  그가 나에게 선물을 줘서 정말 감동했어.
- 这部电影真让人**感动**。 이 영화는 정말 감동적이야.
  Zhè bù diànyǐng zhēn ràng rén gǎndòng

106 □

感觉
gǎnjué
느끼다, 여기다, 생각하다

- 我**感觉**有点不舒服，想要回家。
  Wǒ gǎnjué yǒudiǎn bù shūfu xiǎng yào huíjiā
  몸이 좀 안 좋다고 느껴져서 나는 집에 가고 싶다.
- 我对他没什么**感觉**。
  Wǒ duì tā méi shénme gǎnjué
  나는 그에게 어떠한 느낌이 없어(끌리지가 않아).

107 □

感冒
gǎnmào
감기에 걸리다,
~에 흥미를 느끼다

- 这几天很冷，我**感冒**了。 요 며칠 날이 추워서 난 감기에 걸렸다.
  Zhè jǐ tiān hěn lěng wǒ gǎnmào le
- 她对名牌包**不感冒**。 그녀는 명품가방에 관심이 없다.
  Tā duì míngpáibāo bù gǎnmào

> 유 着凉 zháoliáng 감기에 걸리다

108 □

感谢
gǎnxiè
감사하다, 고맙다

- 我向大家表示衷心的**感谢**。 여러분께 깊이 감사를 드립니다.
  Wǒ xiàng dàjiā biǎoshì zhōngxīn de gǎnxiè
- 我真不知道怎么**感谢**你才好。
  Wǒ zhēn bùzhīdào zěnme gǎnxiè nǐ cái hǎo
  제가 정말 어떻게 감사드려야 좋을지 모르겠어요.

109 □

干
gàn
일을 하다, 종사하다,
담당하다

- 你现在**干**什么? 너 지금 뭐하고 있었니?
  Nǐ xiànzài gàn shénme
- 她不喜欢**干**家务。 그녀는 집안일하는 것을 좋아하지 않는다.
  Tā bù xǐhuan gàn jiāwù

110 □

告诉
gàosu
알리다, 말하다

- 我**告诉**你一件事。 내가 너에게 한 가지 일을 **알려줄게**.
  Wǒ gàosu nǐ yí jiàn shì
- 千万不要**告诉**别人。 절대 다른 사람에게 **말하지** 마.
  Qiānwàn bú yào gàosu biéren

111 □

给
gěi
주다, ~에게 ~를 주다

- 妈妈，**给**我钱吧。 엄마, 저에게 돈을 **주세요**.
  Māma gěi wǒ qián ba
- 朋友**给**我一份礼物。 친구가 나에게 선물 하나를 **줬다**.
  Péngyou gěi wǒ yí fèn lǐwù

TIP 이중 목적어 동사: 동사+목적어1(사람, 대상)+목적어2(일반 명사)

112 □

工作
gōngzuò
일하다

- 你在哪儿**工作**？ 넌 어디에서 **일하니**?
  Nǐ zài nǎr gōngzuò
- 我在图书馆**工作**。 난 도서관에서 **일한다**.
  Wǒ zài túshūguǎn gōngzuò

TIP '没有工作, 找工作' 등과 같이 '일'이라는 명사형으로도 사용된다

113 □

购物
gòuwù
물건을 사다,
물건을 구입하다

- 很多年轻人喜欢上网**购物**。
  Hěn duō niánqīngrén xǐhuan shàngwǎng gòuwù
  많은 젊은이들은 온라인 **구매**를 좋아한다.
- 这个周末我们一起去逛街**购物**吧。
  Zhè ge zhōumò wǒmen yìqǐ qù guàngjiē gòuwù ba
  이번 주말에 우리 함께 길거리 **쇼핑**가자.

114 □

估计
gūjì
예측하다, 추측하다,
짐작하다

- **估计**明天他会来的。 그는 아마 내일 돌아올 **것이다**.
  Gūjì míngtiān tā huì lái de
- 我**估计**不会发生任何问题。
  Wǒ gūjì búhuì fāshēng rènhé wèntí
  나는 어떠한 문제도 발생하지 않을 것이라 **추측해**.

유 估量 gūliáng 추측하다

115
鼓励
guǐlì
격려하다, 용기를 북돋우다

- 同事们给我带来很大的鼓励。
  Tóngshìmen gěi wǒ dàilái hěn dà de gǔlì
  동료들이 나에게 용기를 많이 북돋아주었다.
- 父母应该多鼓励孩子，不要常常责怪孩子。
  Fùmǔ yīnggāi duō gǔlì háizi búyào chángcháng zéguài háizi
  부모는 아이를 많이 격려해야지 자주 꾸짖어서는 안 된다.

반 责怪 zéguài 꾸짖다, 원망하다

116
挂
guà
(고리, 못 등에)걸다, 걸리다, 등록하다, 전화를 끊다

- 我想把这条横幅挂在墙上。
  Wǒ xiǎng bǎ zhè tiáo héngfú guà zài qiáng shang
  나는 이 포스터를 벽에 걸어 둘 생각이야.
- 那家餐厅昨天挂牌子了。 그 식당은 어제 간판을 걸었다.
  Nà jiā cāntīng zuótiān guà páizi le

117
刮风
guāfēng
바람이 불다

- 今天刮大风。 오늘 바람이 많이 분다.
  Jīntiān guā dà fēng
- 虽然今天刮风，但不怎么冷。
  Suīrán jīntiān guāfēng dàn bù zěnme lěng
  오늘 바람이 불긴 하지만 그다지 춥지 않다.

118
关
guān
닫다, 끄다, 가두다

- 我把门关上了。 난 문을 닫았다.
  Wǒ bǎ mén guān shàng le
- 请大家下班时，关掉电脑电源。
  Qǐng dàjiā xiàbān shí guāndiào diànnǎo diànyuán
  여러분 퇴근할 때 컴퓨터 전원을 꺼주세요.

유 闭 bì 닫다   **반** 开 kāi 열다

119
关心
guānxīn
관심을 갖다,
관심을 기울이다

- 我不关心国家政治。 나는 국가 정치에 관심이 없다.
  Wǒ bù guānxīn guójiā zhèngzhì
- 新的智能手机引起了人们的关心。
  Xīn de zhìnéng shǒujī yǐnqǐ le rénmen de guānxīn
  새로운 스마트폰은 사람들의 관심을 끌었다.

유 关怀 guānhuái (주로 윗사람이 아랫사람에)관심을 가지고 보살피다

120 ☐

管理
guǎn l ǐ

관리하다,
(어떤 일을)맡아서 처리하다

- 谁来管理公司仓库呢? 누가 회사 창고를 관리하니?
  Shéi lái guǎnlǐ gōngsī cāngkù ne
- 企业的经营管理模式日益完善。
  Qǐyè de jīngyíng guǎnlǐ móshì rìyì wánshàn
  기업의 경영관리 모델은 점차 개선되고 있다.

---

121 ☐

广播
guǎngbō

방송하다

- 现在很多电视台都广播地震新闻。
  Xiànzài hěn duō diànshìtái dōu guǎngbō dìzhèn xīnwén
  지금 많은 방송국들이 모두 지진 뉴스를 방송하고 있어.
- 爸爸一边听广播一边做运动。 아빠는 라디오를 들으면서 운동을 하신다.
  Bàba yìbiān tīng guǎngbō yìbiān zuò yùndòng

TIP '广播'는 '방송하다'라는 뜻 외에도 '방송 프로그램' 특히 '라디오 방송'으로 쓰이는 경우가 많다

---

122 ☐

逛
guàng

거닐다, 돌아다니다,
구경하다

- 我们下午一起去逛街吧。 우리 오후에 함께 쇼핑을 가자.
  Wǒmen xiàwǔ yìqǐ qù guàngjiē ba
- 我昨天逛了几个小时,今天累得慌。
  Wǒ zuótiān guàng le jǐge xiǎoshí jīntiān lèi de huāng
  나 어제 몇 시간을 돌아다녔더니 오늘 피곤해 죽겠어.

---

123 ☐

过
guò

가다, (지점을)지나다,
(시점을)경과하다

- 我来中国已经过了两年的时间。
  Wǒ lái Zhōngguó yǐjīng guò le liǎngnián de shíjiān
  내가 중국에 온 지 이미 2년이 지났다.
- 你怎么过圣诞节呢? 너 크리스마스 어떻게 보내니?
  Nǐ zěnme guò shèngdànjié ne

표현 过马路 guò mǎlù 길을 건너다　过年 guònián 설을 쇠다
过生日 guò shēngrì 생일을 보내다

---

124 ☐

过去
guòqù

(시점, 지점을)지나가다,
(어떤 상황, 시기가)지나가다

- 我过去一下。 저 좀 지나갈게요.
  Wǒ guòqù yíxià
- 我突然晕过去了。 난 갑자기 기절했다.
  Wǒ tūrán yūn guòqù le

TIP '과거'라는 명사 외에도 동사 뒤에 쓰여 사람이나 사물이 동작에 따라 다른 곳으로 움직이거나 원래의 정상적인 상태를 잃는 것을 나타낸다

125

鼓掌
gǔzhǎng
박수치다, 손뼉을 치다

- 请大家为他鼓掌。 여러분 그에게 박수를 쳐 줍시다.
  Qǐng dàjiā wèi tā gǔzhǎng
- 为别人鼓掌是一种美德。
  Wèi biérén gǔzhǎng shì yìzhǒng měidé
  다른 사람에게 박수를 보내주는 일은 미덕이다.

유 拍手 pāishǒu 손뼉을 치다

126

害怕
hàipà
무섭다, 두려워하다

- 她非常害怕一个人在家。
  Tā fēicháng hàipà yígèrén zài jiā
  그녀는 혼자 집에 있는 것을 매우 무서워한다.
- 我常常感到害怕。 나는 자주 두려움을 느낀다.
  Wǒ chángcháng gǎndào hàipà

유 恐惧 kǒngjù 겁먹다, 두려워하다 畏惧 wèijù 두려워하다, 무서워하다

127

害羞
hàixiū
부끄러워하다, 수줍어하다

- 你不要害羞! 너 부끄러워하지 마!
  Nǐ búyào hàixiū
- 我性格比较内向，一见到陌生人就感到害羞。
  Wǒ xìnggé bǐjiào nèixiàng yí jiàndào mòshēngrén jiù gǎndào hàixiū
  난 내성적인 성격이라 모르는 사람을 만나기만 하면 수줍음을 느낀다.

유 怕羞 pàxiū 부끄러워하다

128

喝
hē
마시다

- 你想喝什么? 너 뭐 마시고 싶니?
  Nǐ xiǎng hē shénme
- 我想喝一杯咖啡。 난 커피 한 잔 마시고 싶어.
  Wǒ xiǎng hē yìbēi kāfēi

표현 喝+대상(목적어) 喝+酒 jiǔ 술 水 shuǐ 물
红酒 hóngjiǔ 와인 果汁 guǒzhì 주스

129

后悔
hòuhuǐ
후회하다, 뉘우치다

- 现在后悔有什么用? 지금 후회하는 게 무슨 소용이 있니?
  Xiànzài hòuhuǐ yǒu shénme yòng
- 你想好了告诉我吧，吃后悔药也没用。
  Nǐ xiǎng hǎo le gàosu wǒ ba chī hòuhuǐ yào yě méi yòng
  후회해도 소용없으니 잘 생각한 후에 나에게 알려줘.

130 ☐

花
huā
쓰다, 소비하다, 소모하다

- 你平时一个月花多少钱呢? 너 평소에 한 달에 얼마 정도 쓰니?
  Nǐ píngshí yīgèyuè huā duōshǎo qián ne
- 处理这件事需要花很多时间和经费。
  Chǔlǐ zhè jiàn shì xūyào huā hěn duō shíjiān hé jīngfèi
  이 일을 처리하는 데는 많은 시간과 경비가 든다.

131 ☐

怀疑
huáiyí
의심하다, 추측하다, 짐작하다

- 我对这些方案感到怀疑。
  Wǒ duì zhèxiē fāng'àn gǎndào huáiyí
  나는 이 방안들에 대해 의구심을 가지고 있다.
- 你不要怀疑他的真心。 너 그의 진심을 의심하지는 마.
  Nǐ búyào huáiyí tā de zhēnxīn

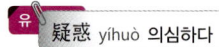 疑惑 yíhuò 의심하다   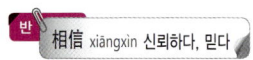 相信 xiāngxìn 신뢰하다, 믿다

132 ☐

坏
huài
나쁘게 하다, 탈나다, 고장나다

- 我的手机坏了。 내 휴대폰은 고장이 났다.
  Wǒ de shǒujī huài le
- 电视坏了。 텔레비전이 고장났다.
  Diànshì huài le

TIP '(품질이나 성격이)나쁘다, 불량하다'라는 뜻을 가진 형용사로 사용되기도 한다

표현 坏人 huài rén 나쁜 사람   坏习惯 huài xíguàn 나쁜 습관

133 ☐

欢迎
huānyíng
환영하다, 기쁘게 맞이하다

- 欢迎光临。 어서오세요.
  Huānyíng guānglín
- 请大家用热烈的掌声欢迎他们。
  Qǐng dàjiā yòng rèliè de zhǎngshēng huānyíng tāmen
  여러분 뜨거운 박수로 그들을 맞아주세요.

134 ☐

还
huán
돌려주다, (원상태로)되돌아가다

- 你什么时候还给我? 너 언제 나에게 돌려줄 거니?
  Nǐ shénme shíhou huán gěi wǒ
- 我把这本书还给你。 이 책을 너에게 돌려줄게.
  Wǒ bǎ zhè běn shū huán gěi nǐ

 借 jiè 빌리다

135 □

换
huàn

바꾸다, 교환하다

- 你为什么换衣服呢? 너 왜 옷을 갈아입었니?
  Nǐ wèishénme huàn yīfu ne
- 你们俩换位子吧。너희 둘 자리를 서로 바꿔라.
  Nǐmen liǎ huàn wèizi ba

유 改 gǎi 고치다, 달라지다   更 gèng 변경하다, 바꾸다

---

136 □

化妆
huàzhuāng

화장하다

- 我早上没时间化妆。나는 아침에 화장할 시간이 없다.
  Wǒ zǎoshang méi shíjiān huàzhuāng
- 她今天化妆化得太浓了。그녀는 오늘 화장이 매우 진하다.
  Tā jīntiān huàzhuāng huà de tài nóng le

반 卸妆 xièzhuāng 화장을 지우다

---

137 □

回答
huídá

대답하다, 응답하다

- 他没有回答。그는 대답이 없다.
  Tā méiyǒu huídá
- 这个问题我很难回答。이 문제에 대해 난 대답하기 힘들다.
  Zhè ge wèntí wǒ hěn nán huídá

유 答复 dáfù 회답하다, 답변하다   반 提问 tíwèn 질문하다

---

138 □

回忆
huíyì

추억하다, 회상하다

- 我真的忘不了小时候的回忆。
  Wǒ zhēn de wàngbuliǎo xiǎoshíhou de huíyì
  난 어린 시절의 추억을 절대 잊을 수 없다.
- 希望今天的活动会给大家留下美好的回忆。
  Xīwàng jīntiān de huódòng huì gěi dàjiā liúxià měihǎo de huíyì
  오늘 행사가 여러분에게 좋은 추억이 되기를 바랍니다.

TIP '회상', '추억'이라는 뜻의 명사형으로도 사용된다

유 回顾 huígù 뒤돌아보다, 회상하다

---

139 □

获得
huòdé

얻다, 획득하다, 취득하다

- 通过不断的努力, 他终于获得了成功。
  Tōngguò búduàn de nǔlì tā zhōngyú huòdé le chénggōng
  끊임없는 노력을 통해 그는 마침내 성공을 얻었다.
- 我们从经验上可以获得很多东西。
  Wǒmen cóng jīngyàn shang kěyǐ huòdé hěnduō dōngxi
  우리는 경험에서 많은 것을 얻을 수 있다.

반 剥夺 bōduó 빼앗다, 박탈하다

140 获悉 huòxī
(어떤 소식, 상황을) 알게 되다

- 最近我获悉他生병了。
  Zuìjìn wǒ huòxī tā shēngbìng le
  최근 나는 그가 아프다는 것을 알게 되었다.
- 近日我获悉他已经结婚了。
  Jìnrì wǒ huòxī tā yǐjīng jiéhūn le
  최근 나는 그가 이미 결혼했다는 것을 알게 되었다.

141 降低 jiàngdī
내리다, 낮추다

- 最近半导体价格降低了很多。 최근 반도체 가격은 많이 떨어졌다.
  Zuìjìn bàndǎotǐ jiàgé jiàngdī le hěn duō
- 为了降低制作成本，我们付出了很多努力。
  Wèile jiàngdī zhìzuò chéngběn wǒmen fùchū le hěn duō nǔlì
  제조 원가를 낮추기 위하여 우리는 많은 노력을 하고 있다.

반 提高 tígāo 제고하다

142 积累 jīlěi
쌓이다, 축적되다, 누적되다

- 我已经积累了巨大的财产。 나는 이미 막대한 재산을 모았다.
  Wǒ yǐjīng jīlěi le jùdà de cáichǎn
- 她通过不断的挑战，积累了丰富的经验。
  Tā tōngguò búduàn de tiǎozhàn jīlěi le fēngfù de jīngyàn
  그녀는 끊임없는 도전을 통하여 다양한 경험을 쌓았다.

유 积聚 jījù 모으다, 축적되다

143 激动 jīdòng
감격하다, 흥분하다, 감동시키다

- 他激动得热泪盈眶。 그는 감격에 겨워 눈물을 글썽거렸다.
  Tā jīdòng de rèlèiyíngkuàng
- 爸爸平时容易激动。 아빠는 평소에 쉽게 흥분을 하신다.
  Bàba píngshí róngyì jīdòng

144 集合 jíhé
집합하다

- 几点集合？ 몇 시에 집합이니?
  Jǐ diǎn jíhé
- 他们到训练场集合了。 그들은 훈련장에서 집합했다.
  Tāmen dào xùnliànchǎng jíhé le

반 分散 fēnsàn 분산하다

동사
动词

145 ☐

计划
jìhuà

~할 계획이다, 꾸미다

- 你计划什么时候跟他结婚呢? 너 언제 그와 결혼할 계획이니?
  Nǐ jìhuà shénme shíhou gēn tā jiéhūn ne
- 我计划下个月去中国留学。
  Wǒ jìhuà xiàgèyuè qù Zhōngguó liúxué
  난 다음 달에 중국으로 유학 갈 계획이야.

유 | 打算 dǎsuan ~할 생각이다, 계획이다   规划 guīhuà 계획이다, 기획하다

146 ☐

记得
jìde

기억하고 있다

- 你还记得我吗? 너 아직 나 기억하니?
  Nǐ hái jìde wǒ ma
- 我记得清清楚楚。 나는 똑똑히 기억하고 있다.
  Wǒ jìde qīngqīngchǔchǔ

반 | 记不得 jìbude 기억할 수 없다, 기억하지 못하다

147 ☐

寄
jì

(우편으로)보내다,
송달하다, 맡기다

- 我要寄包裹。 저 소포 좀 보내려고 하는데요.
  Wǒ yào jì bāoguǒ
- 男朋友把礼物寄给我了。 남자친구가 나에게 선물을 보냈다.
  Nánpéngyou bǎ lǐwù jì gěi wǒ le

148 ☐

加班
jiābān

초과 근무를 하다,
잔업하다

- 你平时常常加班吗? 너는 평소에 자주 초과 근무를 하니?
  Nǐ píngshí chángcháng jiābān ma
- 我昨天晚上加班加到很晚。
  Wǒ zuótiān wǎnshang jiābān jiā dào hěn wǎn
  나는 어제 저녁에 늦게까지 잔업을 했다.

149 ☐

检查
jiǎnchá

검사하다, 점검하다,
조사하다

- 他对这件事进行过检查。 그는 이 일에 대해서 조사를 진행했었다.
  Tā duì zhè jiàn shì jìnxíng guo jiǎnchá
- 我去医院做视力检查。 나는 병원에 가서 시력검사를 한다.
  Wǒ qù yīyuàn zuò shìlì jiǎnchá

39

150 坚持
jiānchí
견지하다, 유지하다, 고수하다

- 只要**坚持**，没有实现不了的事。
  Zhǐyào jiānchí méiyǒu shíxiàn bùliǎo de shì
  견지해나가기만 한다면 이루지 못하는 일은 없다.

- 虽然很多人批评他，但他依然**坚持**自己的想法。
  Suīrán hěn duō rén pīpíng tā dàn tā yīrán jiānchí zìjǐ de xiǎngfǎ
  비록 많은 사람들이 그를 비난하지만 그는 여전히 자신의 생각을 **고수하고 있다**.

151 减肥
jiǎnféi
다이어트를 하다, 체중을 줄이다

- 我从今天开始要**减肥**。 나 오늘부터 **다이어트** 시작할 거야.
  Wǒ cóng jīntiān kāishǐ yào jiǎnféi

- 为了**减肥**，她平时不吃晚饭。
  Wèile jiǎnféi tā píngshí bùchī wǎnfàn
  체중감량을 위해서 그녀는 평소에 저녁을 안 먹는다.

152 见面
jiànmiàn
만나다, 대면하다

- 初次**见面**。 처음 뵙겠습니다.(인사말)
  Chūcì jiànmiàn

- 不知道我们什么时候能**见面**。
  Bù zhīdào wǒmen shénme shíhou néng jiànmiàn
  우리가 언제 **만날 수** 있을지 모르겠다.

153 建议
jiànyì
(주장, 의견을)제기하다, 건의하다

- 我们接纳了他的**建议**。 우리는 그의 **제안**을 받아들였다.
  Wǒmen jiēnà le tā de jiànyì

- 有没有其他的**建议**? 다른 **제안**이 있으신가요?
  yǒuméiyǒu qítā de jiànyì

154 讲
jiǎng
말하다, 이야기하다, 중시하다

- 爷爷每天给我**讲**故事。
  Yéye měitiān gěi wǒ jiǎng gùshi
  할아버지는 매일 나에게 이야기를 **들려주신다**.

- 爸爸非常**讲**礼貌。 아빠는 예의를 매우 **중시하신다**.
  Bàba fēicháng jiǎng lǐmào

동사
动词

---

155 ☐

降低
jiàngdī
내리다, 인하하다,
줄이다

- 我们已经大幅**降低**了成本。 우리는 이미 원가를 대폭 줄였다.
  Wǒmen yǐjīng dàfú jiàngdī le chéngběn
- 怎么能**降低**污水排放量？ 어떻게 폐수 배출량을 줄일 수 있을까?
  Zěnme néng jiàngdī wūshuǐ páifàngliàng

| 반 | 提高 tígāo 제고하다, 향상시키다 |

---

156 ☐

降落
jiàngluò
내려오다, 착륙하다

- 飞机快要**降落**了。 비행기가 곧 착륙할 예정입니다.
  Fēijī kuàiyào jiàngluò le
- 他坐的飞机什么时候**降落**呢？
  Tā zuò de fēijī shénme shíhou jiàngluò ne
  그가 탄 비행기는 언제 착륙하니?

| 반 | 起飞 qǐfēi 이륙하다 |

---

157 ☐

交
jiāo
건네다, 제출하다,
사귀다

- 我已经把申请书**交**给他了。 나 이미 그에게 신청서를 제출했다.
  Wǒ yǐjīng bǎ shēnqǐngshū jiāo gěi tā le
- 我很不容易**交**新的朋友。
  Wǒ hěn bù róngyì jiāo xīn de péngyou
  나는 새로운 친구를 사귀는 게 정말 쉽지 않다.

| 반 | 接 jiē 인수하다, 받다 |

---

158 ☐

交流
jiāoliú
서로 소통하다, 교류하다

- 我跟他用汉语来**交流**。 나와 그는 중국어로 서로 소통을 한다.
  Wǒ gēn tā yòng hànyǔ lái jiāoliú
- 最近中韩两国进行各种各样的文化**交流**。
  Zuìjìn zhōnghán liǎngguó jìnxíng gèzhǒnggèyàng de wénhuà jiāoliú
  최근 중한 양국은 다양한 문화 교류를 진행하고 있다.

---

159 ☐

教
jiāo
(지식 또는 기술을)
전수하다, 가르치다

- 我**教**你说汉语。 내가 너에게 중국어를 가르쳐줄게.
  Wǒ jiāo nǐ shuō hànyǔ
- **教**别人是很不容易的事情。
  Jiāo biérén shì hěn bù róngyì de shìqíng
  다른 사람을 가르치는 것은 쉽지 않은 일이다.

| 반 | 学 xué 배우다 |

160 ☐

叫
jiào
~라고 부르다,
~하게 하다

- 你**叫**什么名字？ 네 이름이 **뭐니**?
  Nǐ jiào shénme míngzi
- 你**叫**他过来吃饭。 그에게 와서 밥 먹**으라고 해**.
  Nǐ jiào tā guòlái chīfàn

161 ☐

接
jiē
연결하다, 이어받다,
(손으로)받다

- 我**接**了他的电话。 나는 그의 전화를 **받았다**.
  Wǒ jiē le tā de diànhuà
- **接**一下这个。 이거 **받으세요**.
  Jiē yíxià zhè ge

162 ☐

接受
jiēshòu
받아들이다, 받다,
접수하다

- 我不能**接受**他的要求。 나는 그의 요구를 **받아들일 수** 없다.
  Wǒ bùnéng jiēshòu tā de yāoqiú
- 他因车祸而去医院**接受**治疗。
  Tā yīn chēhuò ér qù yīyuàn jiēshòu zhìliáo
  그는 교통사고 때문에 병원에 가서 치료를 **받았다**.

유 接收 jiēshōu 받다, 받아들이다
接纳 jiēnà 받아들이다, 채택하다
반 拒绝 jùjué 거절하다

163 ☐

节约
jiéyuē
절약하다, 줄이다,
아끼다

- 我们平时要**节约**能源。 우리는 평소에 에너지를 **절약해야** 한다.
  Wǒmen píngshí yào jiéyuē néngyuán
- 他从小时候养成了**节约**的好习惯。
  Tā cóng xiǎoshíhou yǎngchéng le jiéyuēde hǎo xíguàn
  그는 어렸을 때부터 **절약하는** 좋은 습관을 길렀다.

반 浪费 làngfèi 낭비하다, 헛되이 쓰다

164 ☐

结束
jiéshù
끝나다, 마치다,
종료하다

- 会议什么时候**结束**呢？ 회의는 언제 **끝나요**?
  Huìyì shénme shíhou jiéshù ne
- 我的发表到此**结束**。 저의 발표는 이것으로 **마치겠습니다**.
  Wǒ de fābiǎo dàocǐ jiéshù

유 完毕 wánbì 끝내다, 종료하다
반 开始 kāishǐ 시작하다

동사
动词

165

解决
jiějué

해결하다, 없애다

- 这个问题很难解决。 이 문제는 해결하기 힘들다.
  Zhè ge wèntí hěn nán jiějué
- 这些问题需要立刻解决。 이 문제들은 즉시 해결해야만 한다.
  Zhè xiē wèntí xūyào lìkè jiějué

166

解释
jiěshì

해석하다,
(원인, 이유 등을)설명하다

- 其实我不能解释这个问题。
  Qíshí wǒ bùnéng jiěshì zhège wèntí
  사실 나는 이 문제에 대해 설명할 수 없다.
- 我解释了半天，但爸爸还不同意我的意见。
  Wǒ jiěshì le bàntiān dàn bàba hái bù tóngyì wǒ de yìjiàn
  내가 한참을 설명했지만 아빠는 여전히 나의 의견에 동의하지 않는다.

167

介绍
jièshào

소개하다, 설명하다,
안내하다

- 我来自我介绍一下。 제 소개를 하도록 하겠습니다.
  Wǒ lái zìwǒ jièshào yíxià
- 他给我介绍一个好医生。
  Tā gěi wǒ jièshào yígè hǎo yīshēng
  그는 나에게 좋은 의사 선생님 한 분을 소개해줬다.

168

借
jiè

빌리다, 빌려주다

- 我去图书馆借书了。 나는 도서관에 가서 책을 빌렸다.
  Wǒ qù túshūguǎn jièshū le
- 你能不能借钱给我? 너 나에게 돈을 빌려 줄 수 있니?
  Nǐ néngbùnéng jiè qián gěi wǒ

 还 huán 돌려주다

169

戒烟
jièyān

담배를 끊다

- 戒烟不是一件容易的事情。
  Jièyān búshì yíjiàn róngyì de shìqing
  담배를 끊는 것은 쉬운 일이 아니다.
- 戒烟后，身体会变健康。
  Jièyān hòu shēntǐ huì biàn jiànkāng
  담배를 끊은 이후 몸이 건강해질 것이다.

170
进 jìn
들어가다, 나아가다

- 你什么时候进公司的? 넌 회사에 언제 들어왔니?
  Nǐ shénme shíhou jìn gōngsī de
- 我们不断向前进吧! 우리 끊임없이 앞을 향해 나아가도록 하자!
  Wǒmen búduàn xiàng qiánjìn ba

반 出 chū 나가다

171
进口 jìnkǒu
수입하다

- 我们从美国进口原材料。 우리는 미국에서 원자재를 수입한다.
  Wǒmen cóng Měiguó jìnkǒu yuáncáiliào
- 这家公司从韩国进口了一些化妆品。
  Zhèjiā gōngsī cóng Hánguó jìnkǒu le yìxiē huàzhuāngpǐn
  이 회사는 한국에서 일부 화장품을 수입하였다.

유 入口 rùkǒu 수입하다   반 出口 chūkǒu 수출하다

172
进行 jìnxíng
앞으로 나아가다, 진행하다, 종사하다

- 对于这件事, 我们进行调查。
  Duìyú zhè jiàn shì wǒmen jìnxíng diàochá
  이 사건에 대하여 우리는 조사를 진행했다.
- 韩中两国就北核问题进行了讨论。
  Hánzhōng liǎngguó jiù běihé wèntí jìnxíng le tǎolùn
  한중 양국은 북핵문제에 대해 논의를 진행했다.

173
禁止 jìnzhǐ
금지하다, 불허하다

- 现在很多餐厅都禁止抽烟。
  Xiànzài hěn duō cāntīng dōu jìnzhǐ chōuyān
  현재 많은 음식점에서 흡연을 금지하고 있다.
- 我们应该遵守禁止拍照的规定。
  Wǒmen yīnggāi zūnshǒu jìnzhǐ pāizhào de guīdìng
  우리는 사진 촬영 금지 규정을 반드시 준수해야만 한다.

반 容许 róngxǔ 윤허하다   准许 zhǔnxǔ 허가하다

174
经过 jīngguò
경유하다, (시간이)흐르다, (사건을)경험하다

- 经过两年的时间, 我终于找到工作了。
  Jīngguò liǎngnián de shíjiān wǒ zhōngyú zhǎodào gōngzuò le
  2년의 시간이 걸려 나는 마침내 일자리를 얻었다.
- 经过讨论, 我们决定去中国旅游。
  Jīngguò tǎolùn wǒmen juédìng qù Zhōngguó lǚyóu
  토론을 거쳐 우리는 중국 여행을 가기로 결정했다.

유 通过 tōngguò 건너가다, 통과되다, ~를 통해

동사
动词

175

经历
jīnglì
몸소 겪다, 체험하다, 경험하다

- 他过去经历了很多困难。 그는 과거에 많은 어려움을 겪었다.
  Tā guòqù jīnglì le hěn duō kùnnán
- 尽管我经历很多困难，但不会放弃。
  Jǐnguǎn wǒ jīnglì hěn duō kùnnán dàn búhuì fàngqì
  나는 많은 시련을 겪었지만 포기하지 않았다.

> 유   阅历 yuèlì 경험하다, 겪다

176

经验
jīngyàn
경험하다, 직접 체험하다

- 我经验过战争。 나는 전쟁을 직접 겪었다.
  Wǒ jīngyàn guo zhànzhēng
- 通过很多困难，我积累了丰富的经验。
  Tōngguò hěn duō kùnnán Wǒ jīlěi le fēngfù de jīngyàn
  많은 시련을 통하여 나는 다양한 경험을 쌓았다.

> TIP   '경험', '체험'이라는 명사형으로 더욱 많이 사용한다.

177

竞争
jìngzhēng
경쟁하다

- 最近半导体企业之间展开了激烈的竞争。
  Zuìjìn bàndǎotǐ qǐyè zhījiān zhǎnkāi le jīliè de jìngzhēng
  최근 반도체 업체 간에 치열한 경쟁을 벌어지고 있다.
- 为了在生存竞争中存活下去，我们应该不断进行革新。
  Wèile zài shēncún jìngzhēng zhōng cúnhuó xiàqù wǒmen yīnggāi búduàn jìnxíng géxīn
  생존 경쟁에서 살아남기 위하여 우리는 반드시 끊임없이 혁신해야 한다.

178

举
jǔ
들다, 제기하다, 제시하다

- 若有问题的话，请举手。 문제가 있으면 손을 들어주세요.
  Ruò yǒu wèntí de huà qǐng jǔ shǒu
- 我举个例子来说明我的看法。
  Wǒ jǔ ge lìzi lái shuōmíng wǒ de kànfǎ
  나는 예를 들어 나의 의견을 설명했다.

179

举办
jǔbàn
거행하다, 개최하다

- 这次哪座城市举办奥运会呢?
  Zhècì nǎ zuò chéngshì jǔbàn àoyùnhuì ne
  이번에 어느 도시에서 올림픽을 개최하나요?
- 很多国民都希望举办世界杯。
  Hěn duō guómín dōu xīwàng jǔbàn shìjièbēi
  많은 국민들이 월드컵을 개최하길 희망하고 있다.

180 □

举行 jǔxíng
거행하다

- 今天下午将**举行**会议。 오늘 오후에 회의가 열릴 거야.
  Jīntiān xiàwǔ jiāng jǔxíng huìyì
- 我们今天**举行**了隆重的婚礼。
  Wǒmen jīntiān jǔxíng le lóngzhòng de hūnlǐ
  우리는 오늘 성대한 결혼식을 거행했다.

181 □

拒绝 jùjué
(부탁, 의견 등을)거절하다, 거부하다

- 他断然**拒绝**我的要求。 그는 단호하게 나의 요구를 거절했다.
  Tā duànrán jùjué wǒ de yāoqiú
- 我不能**拒绝**他的请求。 나는 그의 부탁을 거절할 수 없다.
  Wǒ bùnéng jùjué tā de qǐngqiú

 回绝 huíjué 거절하다
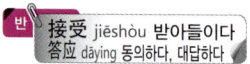 接受 jiēshòu 받아들이다
答应 dāying 동의하다, 대답하다

182 □

决定 juédìng
결정하다, 결심하다

- 我**决定**离开公司。 나는 회사를 떠나기로 결심했다.
  Wǒ juédìng líkāi gōngsī
- 大家没有意见，就这么**决定**吧。
  Dàjiā méiyǒu yìjiàn jiù zhème juédìng ba
  다들 의견이 없으니 이렇게 결정합시다.

유 确定 quèdìng 확정하다, 확실히 결정을 하다

183 □

觉得 juéde
～라고 여기다(생각하다), ～라고 느끼다

- 我**觉得**这部电影很无聊。 나는 이 영화가 재미없다고 생각한다.
  Wǒ juéde zhè bù diànyǐng hěn wúliáo
- 你**觉得**怎么样? 너는 어떻게 생각하니?
  Nǐ juéde zěnmeyàng

184 □

开 kāi
열다, 켜다, (꽃이)피다, (자동차 등을)운전하다

- **开**一下空调吧。 에어컨 좀 켜주세요.
  Kāi yíxià kōngtiáo ba
- 春暖花**开**。 봄이 되어 날씨가 따뜻해지고 꽃이 피다.
  Chūnnuǎnhuākāi

표현 开门 kāimén 문을 열다 开灯 kāidēng 불을 켜다
开车 kāichē 차를 운전하다

동사
动词

185 ☐

开始 kāishǐ

시작하다, 개시하다

- 我从大学一年级开始学习汉语。
Wǒ cóng dàxué yīniánjí kāishǐ xuéxí hànyǔ
나는 대학교 1학년 때부터 중국어를 배우기 시작했다.

- 开始就是成功的一半。 시작이 반이다.
Kāishǐ jiùshì chénggōng de yībàn

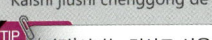 '시작'이라는 명사로 사용됨 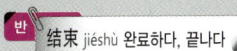 结束 jiéshù 완료하다, 끝나다

186 ☐

开玩笑 kāiwánxiào

농담하다, 웃기다, 장난으로 여기다

- 别开玩笑! 농담하지 마!
Bié kāiwánxiào

- 我只是在开玩笑。 나 그냥 농담하는 거야.
Wǒ zhǐshì zài kāiwánxiào

187 ☐

看 kàn

보다, 방문하다, 진찰하다

- 她经常看韩国电视剧。 그녀는 자주 한국 드라마를 본다.
Tā jīngcháng kàn Hánguó diànshìjù

- 我要去医院看病。 나는 병원에 가서 진찰을 받으려 한다.
Wǒ yào qù yīyuàn kànbìng

유 观 guān 보다, 살피다 见 jiàn 보다, 만나다

188 ☐

看见 kànjiàn

보다, 보이다, 눈에 띄다

- 我最近一直没有看见他。 최근 나는 계속 그를 보질 못했다.
Wǒ zuìjìn yìzhí méiyǒu kànjiàn tā

- 前面能看见什么? 앞에 뭐가 보이나요?
Qiánmiàn néng kànjiàn shénme

189 ☐

考虑 kǎolǜ

고려하다, 생각하다

- 我考虑了很长时间。 나는 오랜 시간을 생각했다.
Wǒ kǎolǜ le hěn cháng shíjiān

- 请你考虑一下。 한 번 고려해주세요.
Qǐng nǐ kǎolǜ yíxià

190
咳嗽
késou
기침하다

- 他感冒了，总咳嗽。 그는 감기에 걸려 계속 기침을 한다.
  Tā gǎnmào le zǒng késou
- 你一直在咳嗽，看来感冒还没好转。
  Nǐ yìzhí zài késou kànlái gǎnmào hái méi hǎozhuǎn
  너 계속 기침을 하는 게 보아하니 아직 호전되지 않았구나.

191
可以
kěyǐ
~할 수 있다(가능, 능력),
~해도 된다(허가)

- 你可以跟我一起去吗？ 나와 함께 갈 수 있나요?
  Nǐ kěyǐ gēn wǒ yìqǐ qù ma
- 这里可以抽烟吗？ 여기서 담배를 피워도 되나요?
  Zhèlǐ kěyǐ chōuyān ma

유 能够 nénggòu ~할 수 있다, ~해도 된다

192
哭
kū
(소리내어)울다

- 你哭了没有？ 너 안 울었니?
  Nǐ kū le méiyǒu
- 孩子大声哭了起来。 아이가 큰 소리로 울기 시작했다.
  Háizi dàshēng kū le qǐlái

반 笑 xiào 웃다

193
扩大
kuòdà
(범위나 규모를)확대하다,
넓히다

- 我们公司的业务范围不断扩大。
  Wǒmen gōngsī de yèwù fànwéi búduàn kuòdà
  우리 회사의 업무범위는 끊임없이 확대되고 있다.
- 如果想扩大视野，趁年轻的时候出去走走吧。
  Rúguǒ xiǎng kuòdà shìyě chèn niánqīng de shíhou chūqù zǒuzǒu ba
  만약 시야를 넓히고 싶으면 젊었을 때 나가서 좀 다녀라.

반 缩小 suōxiǎo 작게하다, 줄이다

194
拉
lā
끌다, 당기다,
연주하다

- 请拉好扶手。 손잡이를 꽉 붙잡으시기 바랍니다.
  Qǐng lā hǎo fúshou
- 箱子很重，我拉的很吃力。
  Xiāngzi hěn zhòng wǒ lā de hěn chīlì
  상자가 너무 무거워서 내가 끌기가 너무힘들다.

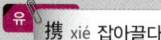 유 携 xié 잡아끌다   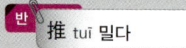 반 推 tuī 밀다

동사
动词

---

195 ☐

来
오다, ~해 보다,
(어떤 동작을)하다

- 今天**来**的人不多。 오늘 **온** 사람이 많지 않다.
  Jīntiān lái de rén bù duō
- 我**来**介绍一下。 제 소개를 하겠습니다.
  Wǒ lái jièshào yíxià

TIP 동사 앞에 쓰여 능동적으로 어떤 일을 시도함을 나타낸다

반 去 qù 가다

---

196 ☐

来得及
láidejí
늦지 않다,
(시간이 있어서)돌볼 수가 있다

- 现在出发的话，肯定**来得及**。
  Xiànzài chūfā de huà kěndìng láidejí
  지금 출발한다면 확실히 늦지 않을 거야.

유 赶得及 gǎndejí 시간에 댈 수 있다

반 赶不及 gǎnbují ~할 시간이 없다 来不及 láibují 돌볼 틈이 없다

---

197 ☐

来不及
láibují
(시간이 부족하여)
돌볼 틈이 없다,
미처~못하다

- 我今天很忙，**来不及**去机场送你了。
  Wǒ jīntiān hěn máng láibují qù jīchǎng sòng nǐ le
  나는 오늘 너무 바빠서 공항에 가서 너를 배웅할 틈이 없었어.
- 到那时，后悔也**来不及**了。 그때가 돼서 후회해도 소용없다.
  Dào nàshí hòuhuǐ yě láibují le

반 赶得及 gǎndejí 시간에 댈 수 있다 来得及 láidejí 늦지 않다

---

198 ☐

浪费
làngfèi
낭비하다, 헛되이 쓰다

- 天天玩游戏，简直太**浪费**时间了。
  Tiāntiān wányóuxì jiǎnzhí tài làngfèi shíjiān le
  날마다 게임을 하는 것은 정말이지 시간을 낭비하는 거야.
- 不要把你的感情**浪费**在他的身上了。
  Búyào bǎ nǐ de gǎnqíng làngfèi zài tā de shēnshang le
  너의 감정을 그 사람한테 낭비하지 마라.

반 珍惜 zhēnxī 소중히 여기다 节约 jiéyuē 절약하다

---

199 ☐

离开
líkāi
떠나다, 벗어나다,
헤어지다

- 他昨天**离开**公司了。 그는 어제 회사를 떠났다.
  Tā zuótiān líkāi gōngsī le
- 她已经**离开**韩国了。 그녀는 이미 한국을 벗어났다.
  Tā yǐjīng líkāi Hánguó le

유 脱离 tuōlí 벗어나다

49

200
理发
lǐfà
이발하다, 머리를 깎다

- 头发太长了，我们一起去理发吧。
  Tóufa tài cháng le wǒmen yìqǐ qù lǐfà ba
  머리가 자랐으니 우리 함께 이발하러 가자.
- 听说，这理发师理发技术一流。
  Tīngshuō zhè lǐfàshī lǐfà jìshù yīliú
  듣자 하니 이 미용사의 미용 실력이 뛰어나다더라.

201
理解
lǐjiě
알다, 이해하다

- 你好象理解错了。 너 잘못 이해를 하고 있는 것 같다.
  Nǐ hǎoxiàng lǐjiě cuò le
- 我很理解妈妈的心情。 나는 엄마의 마음을 이해한다.
  Wǒ hěn lǐjiě māma de xīnqíng

202
练习
liànxí
연습하다, 익히다

- 我每天练习口语。 나는 매일 회화 연습을 한다.
  Wǒ měitiān liànxí kǒuyǔ
- 我平时不怎么练习。 나 평소에 그다지 연습을 하지 않는다.
  Wǒ píngshí bù zěnme liànxí

203
联系
liánxì
연락하다, 연결하다

- 我每天跟男朋友联系。 나는 매일 남자친구와 연락을 한다.
  Wǒ měitiān gēn nánpéngyou liánxì
- 你跟我联系吧。 너 나에게 연락해!
  Nǐ gēn wǒ liánxì ba

유 联络 liánluò 연락하다

204
聊天
liáotiān
이야기를 나누다, 한담하다

- 能跟你这样聊天，我感到非常高兴。
  Néng gēn nǐ zhèyàng liáotiān wǒ gǎndào fēicháng gāoxìng
  너와 이렇게 이야기 할 수 있어서 매우 기뻐.
- 昨天我跟很久没见的朋友聊天，一直聊到晚上11点。
  Zuótiān wǒ gēn hěnjiǔ méijiàn de péngyou liáotiān yìzhí liáodào wǎnshang shíyī diǎn
  어제 오랫동안 보지 못한 친구와 이야기를 나누다 보니
  밤 11시까지 이야기를 계속했다.

205
了解
liǎojiě

이해하다, 자세하게 알다, 조사하다

- 我不了解你。 난 너를 잘 모른다.
  Wǒ bù liǎojiě nǐ
- 我已经了解现在的情况。 나는 이미 현재의 상황을 알고 있다.
  Wǒ yǐjīng liǎojiě xiànzài de qíngkuàng

유 熟悉 shúxī 분명하게 이해하다, 잘 알다

206
留
liú

머무르다, 묵다, 남기다, 전하다

- 别把他一个人留在家。 그를 혼자 집에 머무르게 하지 마라.
  Bié bǎ tā yígèrén liú zài jiā
- 你给我留个电话号码吧。 너 나에게 전화번호 좀 남겨줘.
  Nǐ gěi wǒ liú ge diànhuà hàomǎ ba

유 剩 shèng 남다, 남기다

207
留念
liúniàn

기념으로 남기다, 기념으로 삼다

- 我们在这儿合影留念吧。
  Wǒmen zài zhèr héyǐng liúniàn ba
  우리 여기에서 함께 기념촬영을 하자.

표현 合影留念 héyǐng liúniàn 拍照留念 pāizhào liúniàn
照相留念 zhàoxiàng liúniàn 사진을 찍어 기념으로 남기다

208
流泪
liúlèi

눈물을 흘리다

- 我感动得流泪了。 나는 감동을 해서 눈물을 흘렸다.
  Wǒ gǎndòng de liúlèi le
- 人在开心的时候也会流泪。 사람이 기쁠 때에도 눈물을 흘린다.
  Rén zài kāixīn de shíhou yě huì liúlèi

209
留学
liúxué

유학하다

- 我想去中国留学。 나는 중국 유학을 가고 싶어.
  Wǒ xiǎng qù Zhōngguó liúxué
- 现在很多孩子都选择早期留学。
  Xiànzài hěn duō háizi dōu xuǎnzé zǎoqī liúxué
  현재 많은 아이들이 조기유학을 선택하고 있다.

210

旅游
lǚyóu
여행하다, 관광하다

- 我想去中国旅游。 나는 중국 여행을 가고 싶어.
  Wǒ xiǎng qù Zhōngguó lǚyóu
- 最近去济州岛旅游的中国人很多。
  Zuìjìn qù jìzhōudǎo lǚyóu de zhōngguórén hěn duō
  최근 제주도 여행을 가는 중국인들이 많다.

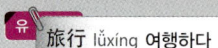 旅行 lǚxíng 여행하다 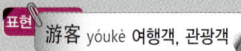 游客 yóukè 여행객, 관광객

211

麻烦
máfan
귀찮게(번거롭게)하다,
폐를 끼치다

- 麻烦你，能帮我一个忙吗?
  Máfan nǐ, néng bāng wǒ yígè máng ma
  실례합니다. 부탁 하나 드려도 될까요?
- 真不好意思。 我给你添麻烦了。
  Zhēn bùhǎoyìsi Wǒ gěi nǐ tiān máfan le
  죄송합니다. 당신에게 폐를 끼쳤습니다.

212

买
mǎi
사다, 구매하다

- 你想买什么? 너 뭐 사고 싶니?
  Nǐ xiǎng mǎi shénme
- 我喜欢买包。 나는 가방 사는 것을 좋아해.
  Wǒ xǐhuan mǎi bāo

 卖 mài 팔다

213

卖
mài
팔다, 판매하다

- 怎么卖? 어떻게 파나요?
  Zěnme mài
- 这家商店卖手机的。 이 상점은 휴대폰을 판매한다.
  Zhèjiā shāngdiàn mài shǒujī de

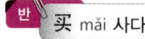 买 mǎi 사다

214

没有
méiyǒu
없다, 부족하다,
~에 미치지 못하다

- 我还没有自己的房子。 나는 아직 내 집을 장만하지 못했다.
  Wǒ hái méiyǒu zìjǐ de fángzi
- 没有人告诉我那件事。 나에게 그 일을 알려주는 사람이 없었다.
  Méiyǒu rén gàosu wǒ nà jiàn shì

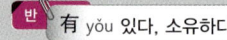 有 yǒu 있다, 소유하다

동사
动词

215 ☐

明白
míngbai

이해하다, 알다

- 你**明白**我说的意思吗? 너 내가 말한 뜻을 이해하겠니?
  Nǐ míngbai wǒ shuō de yìsi ma
- 我**不明白**他说的话。 나는 그의 말이 잘 이해가 안 된다.
  Wǒ bù míngbai tā shuō de huà

 清楚 qīngchu 이해하다, 알다
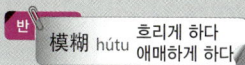 模糊 húhu 흐리게 하다, 애매하게 하다

216 ☐

拿
ná

잡다, (방법을)생각해내다, 받다

- 他手里**拿**着手机。 그는 손에 휴대폰을 쥐고 있다.
  Tā shǒu li ná zhe shǒujī
- 这件事怎么处理, 你来**拿**主意。
  Zhè jiàn shì zěnme chǔlǐ nǐ lái ná zhǔyi
  이 일을 어떻게 처리해야 할지 네가 방법을 생각해 봐.

 放 fàng 놓다

217 ☐

弄
nòng

(방법을 강구하여)손에 넣다, 하다, 만들다, 다루다

- 请帮我**弄**一下这个资料。
  Qǐng bāng wǒ nòng yíxià zhè ge zīliào
  저를 도와서 이 자료 좀 만들어주시겠어요?
- 你上次拜托我的事情, 我已经**弄好**了。
  Nǐ shàngcì bàituō wǒ de shìqing wǒ yǐjīng nòng hǎo le
  네가 지난번에 부탁했던 일 이미 다 했어.

218 ☐

努力
nǔ lì

노력하다, 힘쓰다

- 我们共同**努力**吧。 우리 함께 노력하자.
  Wǒmen gòngtóng nǔlì ba
- 我每天**努力**学习。 나는 매일 열심히 공부를 한다.
  Wǒ měitiān nǔlì xuéxí

TIP '노력하다'라는 이합동사 외에도 '노력하다, 열심이다'라는 형용사로 사용되기도 한다

219 ☐

爬山
páshān

등산하다

- 我一般每个周末都**爬山**。 나는 보통 주말마다 등산을 한다.
  Wǒ yìbān měige zhōumò dōu páshān
- **爬**高**山**时一定要注意安全。
  Pá gāoshān shí yídìng yào zhùyì ānquán
  높은 산에 오를 때는 반드시 안전에 주의해야 한다.

 登山 dēngshān 등산하다

220 排队 páiduì
줄을 서다, 순서대로 정렬하다

- 我们都要按顺序排队。 우리는 순서에 따라 줄을 서야 한다.
  Wǒmen dōu yào àn shùnxù páiduì
- 在排队的时候，插队的行为是最讨厌的。
  Zài páiduì de shíhou chāduì de xíngwéi shì zuì tǎoyàn de
  줄을 설 때 새치기 하는 것이 가장 싫다.

221 排列 páiliè
배열하다, 정렬하다

- 按顺序排列吧。 순서에 따라 배열하세요.
  àn shùnxù páiliè ba
- 按分数的高低顺序排列。
  àn fēnshù de gāodī shùnxù páiliè
  점수의 높고 낮은 순서에 따라 배열을 하다.

222 判断 pànduàn
판단하다, 판정하다

- 你怎么判断真假呢？ 너는 어떻게 진위를 판단하니?
  Nǐ zěnme pànduàn zhēnjiǎ ne
- 千万不要凭外表轻易判断别人。
  Qiānwàn búyào wàibiǎo qīngyì pànduàn biérén
  절대 겉모습을 보고 다른 사람을 쉽게 판단하지 마라.

223 跑步 pǎobù
달리다

- 我喜欢跑步。 난 달리기를 좋아해.
  Wǒ xǐhuan pǎobù
- 外边下雨，但他还在跑步。
  Wàibian xiàyǔ dàn tā hái zài pǎobù
  밖에 비가 오는데 그는 아직 달리고 있다.

224 陪 péi
모시다, 동반하다, 수행하다

- 我陪老板一起去韩国出差。
  Wǒ péi lǎobǎn yìqǐ qù Hánguó chūchāi
  난 사장님을 모시고 함께 한국 출장을 갔다.
- 你能不能陪父母一起来学校呢？
  Nǐ néng bù néng péi fùmǔ yìqǐ lái xuéxiào ne
  너 부모님을 모시고 함께 학교에 올 수 있니?

동사
动词

225

骗 piàn
속다, 기만하다

- 我们被他骗了。 우리는 그에게 속았다.
  Wǒmen bèi tā piàn le
- 你千万不要骗我! 너 절대로 나를 속이지 마!
  Nǐ qiānwàn búyào piàn wǒ

유 欺 qī 속이다

226

品尝 pǐncháng
맛보다, 시식하다

- 请大家品尝一下。 여러분 맛 한 번 보세요.
  Qǐng dàjiā pǐncháng yíxià
- 我品尝了中国各地的美食。
  Wǒ pǐncháng le Zhōngguó gèdì de měishí
  나는 중국 각지의 맛있는 음식을 맛보았다.

유 品味 pǐnwèi 맛을 보다

227

批评 pīpíng
비판하다, 지적하다

- 老师强烈批评他。 선생님은 강력하게 그를 비판했다.
  Lǎoshī qiángliè pīpíng tā
- 我受到批评之后，太伤心了。 비판을 받고 나서 나는 크게 상심했다.
  Wǒ shòudào pīpíng zhīhòu tài shāngxīn le

유 批判 pīpàn 비평하다, 비난하다
반 赞扬 zànyáng 夸奖 kuājiǎng 表扬 biǎoyáng 칭찬하다

228

破 pò
파손되다, 망가지다,
(기존 제한, 기록 등을)
타파하다

- 袜子破了个洞。 양말에 구멍이 하나 뚫렸다.
  Wàzi pò le ge dòng
- 他破了跑步纪录。 그는 달리기 기록을 깼다.
  Tā pò le pǎobù jìlù

229

骑 qí
(동물, 자전거 등에)타다

- 这个周末我们一起骑自行车吧。
  Zhège zhōumò wǒmen yìqǐ qí zìxíngchē ba
  이번 주말에 우리 같이 자전거 타자.
- 他最大的爱好是骑马。 그의 가장 큰 취미는 승마이다.
  Tā zuì dà de àihào shì qímǎ

230

起床
qǐ chuáng
(잠자리에서)일어나다

- 我刚刚**起床**。 나 방금 일어났어.
  Wǒ gānggāng qǐchuáng
- 你一般几点**起床**? 너 보통 몇 시에 일어나니?
  Nǐ yìbān jǐdiǎn qǐchuáng

231

起飞
qǐ fēi
(비행기 등이)이륙하다,
(사업 등이)급속히 발전하다

- 这个航班什么时候**起飞**呢? 이 항공편 몇 시에 이륙하나요?
  Zhège hángbān shénme shíhou qǐfēi ne
- 中国经济开始进入**起飞**阶段。
  Zhōngguó jīngjì kāishǐ jìnrù qǐfēi jiēduàn
  중국 경제는 급속한 발전 단계에 들어섰다.

| 반 | 降落 jiàngluò 내려오다, 착륙하다 |

232

起来
qǐ lái
(잠자리에서)일어나다,
일어서다

- 周末可以晚点儿**起来**。 주말에는 좀 늦게 일어날 수 있다.
  Zhōumò kěyǐ wǎn diǎnr qǐlái
- 我一看到他就**起来**了。 나는 그를 보자마자 일어섰다.
  Wǒ yíkàn dào tā jiù qǐlái le

233

敲
qiāo
치다, 두드리다

- 我**敲**了几次门，但没人回应。
  Wǒ qiāo le jǐ cì mén dàn méi rén huíyìng
  내가 몇 차례 문을 두드렸지만 응답하는 사람이 없었다.
- 他一**敲**门就进去了。 그는 문을 두드리고 바로 들어갔다.
  Tā yí qiāomén jiù jìnqù le

234

清楚
qīngchu
이해하다, 알다

- 这件事我不太**清楚**。 이 일에 대해 난 잘 알지 못한다.
  Zhè jiàn shì wǒ bú tài qīngchu
- 警察应该**弄清楚**事故的真相。
  Jǐngchá yīnggāi nòng qīngchu shìgù de zhēnxiàng
  경찰은 사고의 진상을 잘 규명해야 한다.

동사
动词

---

235 ☐

请
qǐng

요청하다, 부탁하다, 초청하다, ~하세요

- 今天我请你吃饭。 오늘 제가 식사대접 하겠습니다.
  Jīntiān wǒ qǐng nǐ chīfàn
- 请这边坐。 이쪽으로 와서 앉으세요.
  Qǐng zhè biān zuò

> 표현 请进 qǐngjìn 안으로 들어오세요 请慢用 qǐng mànyòng 천천히 드세요

---

236 ☐

请假
qǐngjià

(휴가, 조퇴 등 허락을) 신청하다

- 他因生病请假了。 그는 병에 걸려 휴가를 신청했다.
  Tā yīn shēngbìng qǐngjià le
- 在春节时很多员工都请假回老家。
  Zài chūnjié shí hěn duō yuángōng dōu qǐngjià huí lǎojiā
  설날 때 많은 직원들은 휴가를 내고 고향으로 돌아간다.

---

237 ☐

请客
qǐngkè

초대하다, 한턱내다

- 你们想吃什么? 我请客! 너희 뭐 먹고 싶니? 내가 살게!
  Nǐmen xiǎng chī shénme wǒ qǐngkè
- 今天谁来请客? 오늘은 누가 한턱 쏘는 거야?
  Jīntiān shéi lái qǐng kè

> 반 做客 zuòkè 손님이 되다

---

238 ☐

取
qǔ

가지다, 취하다, 얻다

- 在哪儿可以取行李呢? 어디에서 짐을 찾을 수 있나요?
  Zài nǎr kěyǐ qǔ xíngli ne
- 我今天要去银行取存款。
  Wǒ jīntiān yào qù yínháng qǔ cúnkuǎn
  나는 오늘 은행에 가서 예금을 찾으려고 한다.

---

239 ☐

去
qù

가다

- 你想去哪儿? 너 어디에 가고 싶니?
  Nǐ xiǎng qù nǎr
- 我去还是你去? 내가 갈까 아니면 네가 갈래?
  Wǒ qù háishi nǐ qù

> 반 来 lái 오다

240

区别
qūbié
구분하다, 나누다

- 你用什么样的标准区别不同等级呢?
  Nǐ yòng shénmeyàng de biāozhǔn qūbié bùtóng děngjí ne
  너는 어떠한 기준으로 다른 등급을 구분하니?

- 他怎么能区别正品和假冒品?
  Tā zěnme néng qūbié zhèngpǐn hé jiǎmàopǐn
  그는 어떻게 정품과 위조품을 구분할 수 있니?

> 유 辨别 biànbié 판별하다   区分 qūfēn 구분하다

241

缺乏
quēfá
결핍되다, 결여되다

- 我们都缺乏经验。 우리 모두는 경험이 부족하다.
  Wǒmen dōu quēfá jīngyàn

- 看来他们俩之间缺乏信任。
  Kànlái tāmen liǎ zhījiān quēfá xìnrèn
  보기에 그들 둘 사이에는 믿음이 부족하다.

> 유 缺少 quēshǎo 부족하다

242

缺少
quēshǎo
부족하다, 모자라다

- 这部电影虽然震撼但缺少乐趣。
  Zhè bù diànyǐng suīrán zhènhàn dàn quēshǎo lèqù
  이 영화는 스케일이 크지만 재미는 없어.

- 那家工厂缺少生产设备。 그 공장은 생산설비가 부족하다.
  Nà jiā gōngchǎng quēshǎo shēngchǎn shèbèi

> 유 缺乏 quēfá 결핍하다

243

让
ràng
~하게 하다,
~하도록 시키다

- 你让他过来吃饭。 그에게 와서 밥 먹으라고 해.
  Nǐ ràng tā guòlái chīfàn

- 不要让我失望。 나를 실망하게 만들지 마.
  Bú yào ràng wǒ shīwàng

244

忍不住
rěnbúzhù
견딜 수 없다,
참을 수 없다

- 他忍不住流下了眼泪。 그는 참지 못하고 눈물을 흘렸다.
  Tā rěnbúzhù liú xià le yǎnlèi

- 我忍不住笑了起来。 나는 참지 못하고 웃기 시작했다.
  Wǒ rěnbúzhù xiào le qǐlái

동사
动词

245 ☐

认识
rènshi

알다, 인식하다

- 认识你我很高兴。 만나서 반갑습니다.
  Rènshi nǐ wǒ hěn gāoxìng
- 他认识到自己的错误。 그는 자신의 잘못을 깨달았다.
  Tā rènshi dào zìjǐ de cuòwù

246 ☐

认为
rènwéi

여기다, 생각하다

- 我认为他喜欢你。 나는 그가 널 좋아한다고 생각해.
  Wǒ rènwéi tā xǐhuan nǐ
- 我认为我们可以克服现在的困难。
  Wǒ rènwéi wǒmen kěyǐ kèfú xiànzài de kùnnan
  나는 우리가 현재의 어려움을 극복할 수 있을 것이라 생각한다.

 以为 yǐwéi 여기다

247 ☐

扔
rēng

던지다, 포기하다, 내던지다

- 请不要乱扔垃圾。 쓰레기를 함부로 버리지 마세요.
  Qǐng búyào luàn rēng lājī
- 这张桌子虽然很破,但这是奶奶给我的。你不要扔!
  Zhè zhāng zhuōzi suīrán hěn pò dàn zhèshì nǎinai gěi wǒ de nǐ búyào rēng
  이 테이블은 망가졌지만 할머니가 나에게 준 거니 버리지 마라!

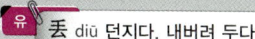 丢 diū 던지다, 내버려 두다

248 ☐

散步
sànbù

산보하다, 산책을 하다

- 我们吃晚饭以后一起散步吧。
  Wǒmen chī wǎnfàn yǐhòu yìqǐ sànbù ba
  우리 저녁밥 먹고 나서 함께 산책 하자.
- 他每天去散步吗? 그는 매일 산책을 하니?
  Tā měitiān qù sànbù ma

249 ☐

删除
shānchú

빼다, 삭제하다, 지우다

- 我一不小心就按下删除键。
  Wǒ yí bù xiǎoxīn jiù àn xià shānchújiàn
  나는 조심하지 않아 삭제키를 눌렀다.
- 我可以删除这些文件吗? 이 파일들을 삭제해도 되나요?
  Wǒ kěyǐ shānchú zhèxiē wénjiàn ma

250 伤心
shāngxīn
마음아파하다, 상심하다

- 听了他说的话，我很伤心。 그의 말을 듣고 나는 매우 상심했다.
  Tīng le tā shuō de huà wǒ hěn shāngxīn
- 他伤心得说不出话来。 그는 마음이 아파서 말을 할 수 없었다.
  Tā shāngxīn de shuō bùchū huà lái

 痛心 tòngxīn 몹시 상심하다

251 商量
shāngliang
상의하다, 의논하다

- 你应该跟父母商量一下。 너는 부모님과 상의를 해야만 한다.
  Nǐ yīnggāi gēn fùmǔ shāngliang yí xià
- 这件事别急，我们再商量商量吧。
  Zhè jiàn shì bié jí wǒmen zài shāngliang shāngliang ba
  이 일은 급하지 않으니 우리 다시 의논해 보자.

252 上
shàng
타다, ~하기 시작하다
(동사 뒤에 쓰여 시작과 동시에 지속함을 나타냄)
~하게 되다(동사 뒤에 쓰여 어떤 목적에 도달함을 나타냄)

- 在哪儿上车? 어디에서 차를 타야 하나요?
  Zài nǎr shàng chē
- 我一看到你就爱上你了。 나는 널 보자마자 사랑에 빠졌어.
  Wǒ yíkàn dào nǐ jiù ai shàng nǐ le

253 上班
shàngbān
출근하다

- 你一般什么时候上班? 너 보통 언제 출근하니?
  Nǐ yìbān shénme shíhou shàngbān
- 你怎么上班呢? 너 어떻게 출근하니?
  Nǐ zěnme shàngbān ne

254 上网
shàngwǎng
인터넷을 하다

- 他每天下课后都去网吧上网。
  Tā měitiān xiàkè hòu dōu qù wǎngbā shàngwǎng
  그는 매일 수업이 끝나면 PC방에 가서 인터넷을 한다.
- 他用智能手机来上网。 그는 스마트폰으로 인터넷을 한다.
  Tā yòng zhìnéng shǒujī lái shàngwǎng

255
申请
shēnqǐng
신청하다

- 到什么时候要**申请**? 언제까지 신청하면 되나요?
  Dào shénme shíhou yào shēnqǐng
- 我想**申请**中国旅游签证。 나는 중국 여행 비자를 신청하고 싶다.
  Wǒ xiǎng shēnqǐng Zhōngguó lǚyóu qiānzhèng

256
生病
shēngbìng
병이 나다, 병에 걸리다

- 我**生病**了,要去医院看病。
  Wǒ shēngbìng le yào qù yīyuàn kànbìng
  나는 병에 걸려 병원에 가서 진료를 받으려 한다.
- 孩子**生病**,我不能出去。 아이가 병에 걸려 나갈 수가 없다.
  Háizi shēngbìng wǒ bùnéng chūqù

257
生活
shēnghuó
살다, 생존하다

- 现在我在中国**生活**。 지금 나는 중국에서 산다.
  Xiànzài wǒ zài Zhōngguó shēnghuó
- 我从大学一年级开始独立**生活**。
  Wǒ cóng dàxué yīniánjí kāishǐ dúlì shēnghuó
  나는 대학교 1학년 때부터 혼자 살았다.

258
生气
shēngqì
화내다, 성질을 내다

- 爸爸非常**生气**。 아빠는 매우 화가 나셨어.
  Bàba fēicháng shēngqì
- 你不要让我**生气**。 너 나를 화나게 하지 마라.
  Nǐ búyào ràng wǒ shēngqì

반  消气 xiāoqì 화를 풀다

259
省
shěng
아끼다, 절약하다, 줄이다

- 他帮了我的忙,让我**省**了很多时间。
  Tā bāng le wǒ de máng ràng wǒ shěng le hěn duō shíjiān
  그가 나를 도와줘서 많은 시간을 아꼈다.
- 为了**省**钱,他平时走路回家。
  Wèile shěngqián tā píngshí zǒulù huíjiā
  돈을 아끼기 위해 그는 평소에 걸어서 집으로 돌아간다.

반  费 fèi 쓰다, 소비하다

260

剩 shèng
남다, 남기다

- 现在**剩**了几个? 지금 몇 개가 남았니?
  Xiànzài shèng le jǐ ge
- 现在只**剩**了三瓶啤酒。 현재 맥주 세 병만 남았다.
  Xiànzài zhǐ shèng le sān píng píjiǔ

261

失败 shībài
실패하다, 패배하다

- **失败**是成功之母。 실패는 성공의 어머니다.
  Shībài shì chénggōng zhī mǔ
- 他这次又**失败**了, 但他不会放弃。
  Tā zhè cì yòu shībài le dàn tā búhuì fàngqì
  그는 이번에 또 실패했지만 포기하지 않을 거야.

반 成功 chénggōng 성공하다　胜利 shènglì 승리하다

262

失望 shīwàng
실망하다, 희망을 잃다

- 我听他的说话, 感到很**失望**。 나는 그의 말을 듣고 실망했다.
  Wǒ tīng tā de shuōhuà gǎndào hěn shīwàng
- 看到我的成绩单, 父母很**失望**。
  Kàndào wǒ de chéngjīdān fùmǔ hěn shīwàng
  나의 성적표를 보고 부모님은 실망하셨다.

반 希望 xīwàng 희망하다

263

使 shǐ
~하게 하다, ~시키다

- 他的言行**使**人感动。 그의 언행은 사람들을 감동시켰다.
  Tā de yánxíng shǐ rén gǎndòng
- 读书**使**我感到快乐。 독서는 나에게 즐거움을 느끼게 한다.
  Dúshū shǐ wǒ gǎndào kuàilè

264

使用 shǐyòng
사용하다, 쓰다

- 我可以**使用**你的手机吗? 제가 당신 휴대폰을 사용해도 될까요?
  Wǒ kěyǐ shǐyòng nǐde shǒujī ma
- 爸爸平时不**使用**电脑。 아빠는 평소에 컴퓨터를 사용하지 않으신다.
  Bàba píngshí bù shǐyòng diànnǎo

동사 动词

265
试 shì
시험하다, 시험삼아 해 보다

- 我来试一试。 제가 한 번 해 볼게요.
  Wǒ lái shì yí shì
- 我想试试另外的方法。 제가 다른 방법을 한 번 시도해 볼게요.
  Wǒ xiǎng shìshi lìngwài de fāngfǎ

266
是 shì
~이다, ~라 할 수 있다.

- 你是哪国人? 너는 어느 나라 사람이니?
  Nǐ shì nǎ guó rén
- 这是什么? 이것은 무엇이니?
  Zhè shì shénme

267
适合 shìhé
적합하다, 알맞다, 어울리다

- 这件衣服非常适合你。 이 옷은 너랑 정말 잘 어울려.
  Zhè jiàn yīfu fēicháng shìhé nǐ
- 这个款式不太适合我。 이 디자인은 나랑 별로 어울리지 않아.
  Zhè ge kuǎnshì bútài shìhé wǒ

268
失望 shīwàng
실망하다, 희망을 잃다

- 我对他非常失望。 나는 그에게 매우 실망했다.
  Wǒ duì tā fēicháng shīwàng
- 你别让我失望! 너 나 실망하게 하지 마!
  Nǐ bié ràng wǒ shīwàng

반  希望 xīwàng 희망하다

269
适应 shìyìng
적응하다

- 他很快就适应了中国生活。 그는 중국 생활에 금방 적응했다.
  Tā hěn kuài jiù shìyìng le Zhōngguó shēnghuó
- 我们应该适应时代潮流。 우리는 시대 흐름에 적응해야만 한다.
  Wǒmen yīnggāi shìyìng shídài cháoliú

270 ☐

收
shōu

받다, 접수하다, 회수하다

- 昨天我发的邮件你**收**到了吗? 어제 내가 보낸 메일 받았니?
  Zuótiān wǒ fā de yóujiàn nǐ shōudào le ma
- 我**收**到了你寄给我的快递。 네가 나에게 보낸 택배 받았어.
  Wǒ shōudào le nǐ jì gěi wǒ de kuàidì

반 送 sòng 보내다, 주다 보내다 发 fā 발송하다

271 ☐

收拾
shōushi

정리하다, 정돈하다, 수리하다

- 我每天都**收拾**房间。 나는 매일 방을 청소한다.
  Wǒ měitiān dōu shōushi fángjiān
- 你吃晚饭以后**收拾收拾**吧。 저녁 먹고나서 정리 좀 해라.
  Nǐ chī wǎnfàn yǐhòu shōushi shōushi ba

유 整理 zhěnglǐ 정리하다

272 ☐

受不了
shòubuliǎo

견딜 수 없다, 참을 수 없다.

- 邻居的夫妇天天吵架，我真**受不了**。
  Línjū de fūfù tiāntiān chǎojià wǒ zhēn shòubuliǎo
  이웃집 부부가 매일같이 싸워서 정말이지 참을 수 없다.
- 你的脾气不好，我**受不了**。
  Nǐ de píqi bù hǎo wǒ shòubuliǎo
  네 성질이 좋지 않아 난 정말 견딜 수 없다.

273 ☐

受到
shòudào

얻다, 받다, 견디다

- 现在很多人都**受到**很大的工作压力。
  Xiànzài hěn duō rén dōu shòudào hěn dà de gōngzuò yālì
  현재 많은 사람들은 심한 업무 스트레스를 받고 있다.
- 苹果公司的新产品**受到**了很多人的关注。
  Píngguǒ gōngsī de xīn chǎnpǐn shòudào le hěn duō rén de guānzhù
  애플사의 신제품은 많은 사람들의 관심을 받았다.

274 ☐

输
shū

지다, 패하다

- 你**输**了吗? 너 졌니?
  Nǐ shū le ma
- 日本队**输**给了韩国队。 일본팀은 한국팀에 패배했다.
  Rìběn duì shū gěi le Hánguó duì

반 赢 yíng 이기다, 승리하다

동사
动词

275

锁
suǒ
잠그다, 채우다

- 出去的时候，别忘记锁门！ 나갈 때 문 잠그는 거 잊지 마!
  Chūqù de shíhou bié wàngjì suǒmén
- 你又没把门锁好！ 너 또 문을 잠그지 않았구나!
  Nǐ yòu méi bǎ mén suǒ hǎo

276

熟悉
shúxī
분명하게 이해하다,
충분히 알다

- 他非常熟悉演艺界的事情。
  Tā fēicháng shúxī yǎnyìjiè de shìqing
  그는 연예계 일을 매우 잘 알고 있다.
- 老师很熟悉中国文化。 선생님은 중국 문화를 잘 알고 계신다.
  Lǎoshī hěn shúxī Zhōngguó wénhuà

277

刷牙
shuāyá
양치질 하다

- 睡觉之前一定要刷牙。 잠을 자기 전에 양치질 꼭 해야 한다.
  Shuìjiào zhīqián yídìng yào shuāyá
- 孩子爱刷牙，牙齿变得更白。
  Háizi ài shuāyá yáchǐ biàn de gèng bái
  아이가 양치질을 좋아해서 치아가 더 하얗게 변했다.

278

睡觉
shuì jiào
잠을 자다

- 我很喜欢睡觉之前听音乐。
  Wǒ hěn xǐhuan shuìjiào zhīqián tīng yīnyuè
  나는 잠자기 전에 음악 듣는 것을 좋아한다.
- 他今天睡懒觉，还没来。
  Tā jīntiān shuì lǎn jiào hái méi lái
  그는 오늘 늦잠을 자서 아직 오지 않았다.

279

说
shuō
말하다, 이야기하다

- 我都跟你说了三遍了，你怎么还不明白！
  Wǒ dōu gēn nǐ shuō le sān biàn le nǐ zěnme hái bù míngbai
  내가 너에게 세 번이나 말했잖아, 어떻게 아직도 이해를 못하니!
- 妈妈说她很爱我。 엄마는 나에게 나를 사랑한다고 말했다.
  Māma shuō tā hěn ài wǒ

65

280
说话
shuōhuà
말하다, 이야기하다

- 他是个爱说话的人。 그는 말하기를 좋아하는 사람이다.
  Tā shì ge ài shuōhuà de rén
- 老板很会说话。 사장님은 말솜씨가 좋다.
  Lǎobǎn hěn huì shuōhuà

281
死
sǐ
죽다, 버리다, 없애다

- 他昨天死了。 그는 어제 죽었다.
  Tā zuótiān sǐ le
- 我养的小狗死了，我很伤心。
  Wǒ yǎng de xiǎogǒu sǐ le wǒ hěn shāngxīn
  내가 기른 강아지가 죽어서 매우 슬프다.

282
送
sòng
보내다, 전달하다, 데려다 주다

- 我把他送到医院。 나는 그를 병원에 데려다 줬다.
  Wǒ bǎ tā sòng dào yīyuàn
- 现在可以送外卖吗？ 지금 배달 가능한가요?
  Xiànzài kěyǐ sòng wàimài ma

283
缩小
suōxiǎo
축소하다, 줄이다

- 为了缩小贫富差距，国家制定了很多政策。
  Wèile suōxiǎo pínfù chājù guójiā zhìdìng le hěn duō zhèngcè
  빈부격차를 줄이기 위해서 국가는 많은 정책을 제정했다.
- 怎么才能缩小我们之间的差距呢？
  Zěnme cái néng suōxiǎo wǒmen zhījiān de chājù ne
  어떻게 해야 우리 사이의 격차를 줄일 수 있나요?

반 扩大 kuòdà 확대하다, 넓히다 放大 fàngdà 확대하다, 크게 하다

284
算
suàn
계산하다, 포함하다, 따지지 않다, 넘기다

- 妈妈算很快。 엄마는 계산이 빠르다
  Māma suàn de hěn kuài
- 你算一下，一共多少钱。
  Nǐ suàn yīxià yīgòng duōshǎo qián
  다 포함해서 얼마인지 네가 계산 한 번 해봐.
- 他不想来就算了！ 그가 오고 싶지 않으면 그만이다.
  Tā bù xiǎng lái jiù suàn le

동사
动词

285

抬
tái
맞들다, 함께 들다, 들어올리다

- 我抬不起头来。 나는 고개를 들 수 없다.
  Wǒ tái bù qǐ tóu lái
- 我们一起抬这张桌子吧。 우리 함께 이 책상을 들자.
  Wǒmen yìqǐ tái zhè zhāng zhuōzi ba

286

谈
tán
말하다, 이야기하다

- 我想和你谈一谈。 나는 너와 이야기를 하고 싶어.
  Wǒ xiǎng hé nǐ tán yi tán
- 他们正在谈着呢。 그들은 지금 이야기를 하고 있다.
  Tāmen zhèngzài tán zhe ne

287

谈得来
tándelái
말이 서로 통하다

- 我们俩真的很谈得来。 우리 둘은 정말 말이 잘 통한다.
  Wǒmen liǎ zhēn de hěn tándelái
- 我跟她谈不来。 나는 그녀와 말이 통하지 않아.
  Wǒ gēn tā tánbùlái

288

弹纲琴
tángāngqín
피아노를 치다

- 她从小时候开始弹纲琴的。
  Tā cóng xiǎoshíhou kāishǐ tángāngqín de
  그녀는 어렸을 때부터 피아노를 시작했다.
- 会弹吉他的男人很受女人的欢迎。
  Huì tán jítā de nánrén hěn shòu nǚrén de huānyíng
  기타를 칠 수 있는 남자는 여자에게 인기가 많다.

289

躺
tǎng
눕다, 드러눕다

- 我想躺在床上休息一会儿。 나는 침대에 누워 조금 쉬고 싶다.
  Wǒ xiǎng tǎng zài chuáng shàng xiūxi yíhuìr
- 爸爸喜欢躺在沙发上看电视。
  Bàba xǐhuan tǎng zài shāfā shàng kàn diànshì
  아빠는 쇼파에 누워 텔레비전 보는 것을 좋아하신다.

67

290

讨论
tǎolùn
토론하다

- 我们讨论了很长时间。 우리는 오랜 시간동안 토론을 했다.
  Wǒmen tǎolùn le hěn cháng shíjiān
- 这个问题不必再讨论了。 이 문제는 다시 논의할 필요가 없다.
  Zhè ge wèntí búbì zài tǎolùn le

유 议论 yìlùn 의논하다

291

讨厌
tǎoyàn
싫어하다, 미워하다

- 我真讨厌这样的人! 나는 이런 사람이 너무 싫어!
  Wǒ zhēn tǎoyàn zhèyàng de rén
- 他从小时候开始就一直讨厌我。
  Tā cóng xiǎoshíhou kāishǐ jiù yīzhí tǎoyàn wǒ
  그는 어렸을 때부터 계속 나를 싫어했다.

유 厌恶 yànwù 몹시 싫어하다, 혐오하다 반 喜欢 xǐhuan 좋아하다

292

疼
téng
몹시 귀여워하다,
끔찍이 아끼다

- 我最疼的是女儿。 내가 가장 사랑하는 것은 딸이다.
  Wǒ zuì téng de shì nǚ'ér
- 我肚子疼。 배가 심하게 아프다.
  Wǒ dùzi téng

표현 '疼'이 '아프다'라는 형용사로 사용되는 경우가 더욱 많다

293

踢足球
tī zúqiú
축구를 하다

- 我喜欢踢足球。 나는 축구하는 것을 좋아한다.
  Wǒ xǐhuan tī zúqiú
- 今天我们一起去踢足球吧。 오늘 우리 함께 축구 하자.
  Jīntiān wǒmen yìqǐ qù tī zúqiú ba

294

提
tí
끌어올리다, 들다,
언급하다

- 那件事你不必再提。 너 그 일은 다시 언급할 필요 없어.
  Nà jiàn shì nǐ búbì zài tí
- 她手里提着包。 그녀는 손에 가방을 들고 있다.
  Tā shǒuli tí zhe bāo

동사
动词

295 ☐

提高
tígāo
제고하다, 향상시키다

- 随着科学的发展，人们的生活水平也提高了很多。
  Suízhe kēxué de fāzhǎn rénmen de shēnghuó shuǐpíng yě tígāo le hěn duō
  과학이 발전함에 따라 사람들의 생활수준도 크게 제고되었다.

- 为了提高我的汉语水平，我们每天认真学习。
  Wèile tígāo wǒ de hànyǔ shuǐpíng wǒmen měitiān rènzhēn xuéxí
  중국어 실력을 향상시키기 위해서 우리는 매일 열심히 공부한다.

  반 下降 xiàjiàng 하강하다, 떨어지다 降低 jiàngdī 내려가다

296 ☐

提供
tígōng
제공하다, 내놓다

- 我给他提供了很多资料。 나는 그에게 많은 자료를 제공했다.
  Wǒ gěi tā tígōng le hěn duō zīliào

- 你能给我们提供什么样的服务?
  Nǐ néng gěi wǒmen tígōng shénmeyàng de fúwù
  넌 우리에게 어떠한 서비스를 제공할 수 있니?

297 ☐

提前
tíqián
(예정된 시간, 위치 등을)
앞당기다

- 你们提前准备吧。 너희 미리 준비를 하렴.
  Nǐmen tíqián zhǔnbèi ba

- 我今天有事情，要提前下班。
  Wǒ jīntiān yǒu shìqing yào tíqián xiàbān
  나는 오늘 일이 있어서 미리 퇴근을 하려 한다.

  유 提早 tízǎo 앞당기다   반 推迟 tuīchí 뒤로 미루다

298 ☐

提醒
tíxǐng
일깨우다, 깨우치다,
상기시키다

- 到天安门，你再提醒我吧。
  Dào tiānānmén nǐ zài tíxǐng wǒ ba
  천안문에 도착하면 저에게 다시 말씀해 주세요.

- 你为什么之前没提醒我? 너 왜 이전에 나에게 알려주지 않았니?
  Nǐ wèishénme zhīqián méi tíxǐng wǒ

  유 提示 tíshì 제시하다, 알려 주다

299 ☐

跳舞
tiàowǔ
춤을 추다

- 她非常喜欢跳舞。 그녀는 춤추는 것을 매우 좋아한다.
  Tā fēicháng xǐhuan tiàowǔ

- 我真的不会跳舞。 나는 정말 춤을 못 춘다.
  Wǒ zhēnde búhuì tiàowǔ

  유 舞蹈 wǔdǎo 춤추다, 무용하다

300

听
tīng

듣다,
(의견, 권고 등을)받아들이다

- 妈妈正在听音乐。 엄마는 음악을 듣고 계신다.
  Māma zhèngzài tīng yīnyuè
- 你应该听父母的话。 너는 부모님 말씀을 들어야만 한다.
  Nǐ yīnggāi tīng fùmǔ de huà

301

停
tíng

정지하다, 서다, 머물다

- 雪已经停了。 눈이 이미 그쳤다.
  Xuě yǐjing tíng le
- 我在韩国停了一个星期。 나는 한국에서 일주일간 머물렀다.
  Wǒ zài Hánguó tíng le yígè xīngqī

> 유 休 xiū 정지하다, 쉬다

302

通过
tōngguò

건너가다, 통과하다,
가결되다

- 我通过了这次面试。 나는 이번 면접을 통과했다.
  Wǒ tōngguò le zhècì miànshì
- 国会一致通过了新法案。
  Guóhuì yízhì tōngguò le xīn fǎ'àn
  국회에서 새로운 법안을 만장일치로 통과시켰다.

303

通知
tōngzhī

통지하다, 알리다

- 没有人通知我。 아무도 나에게 알려주지 않았다.
  Méiyǒu rén tōngzhī wǒ
- 我想打电话来通知他。
  Wǒ xiǎng dǎ diànhuà lái tōngzhī tā
  나는 전화를 해서 그에게 통지할 생각이다.

304

同情
tóngqíng

동정하다, 공감하다

- 很多人都同情灾区居民。
  Hěn duō rén dōu tóngqíng zāiqū jūmín
  많은 사람들이 재해지역 주민을 동정하고 있다.
- 他的遭遇让人感到同情。
  Tā de zāoyù ràng rén gǎndào tóngqíng
  그의 처지는 많은 사람들로 하여금 동정심을 느끼게 한다.

동사
动词

305 同意 tóngyì
동의하다, 찬성하다, 허락하다

- 我同意你的意见。 나는 너의 의견에 동의한다.
  Wǒ tóngyì nǐ de yìjiàn
- 你同意不同意，快点说吧。 너 동의하는지 안 하는지 빨리 말해 봐.
  Nǐ tóngyì bù tóngyì kuàidiǎn shuō ba

유 赞同 zàntóng 찬성하다,
赞成 zànchéng 찬성하다, 동의하다 认可 rènkě 허락하다

306 通话 tōnghuà
통화하다

- 我在通话呢。 저는 통화 중이예요.
  Wǒ zài tōnghuà ne
- 他用手机跟我通话。 그는 휴대폰으로 나와 통화했다.
  Tā yòng shǒujī gēn wǒ tōnghuà

307 推 tuī
밀다, 추천하다

- 你用力推一下门。 힘을 내서 문을 한 번 밀어 봐라.
  Nǐ yònglì tuī yíxià mén
- 他推着婴儿车去公园散步。
  Tā tuīzhe yīng'érchē qù gōngyuán sànbù
  그는 유모차를 끌고 공원에 가서 산책을 한다.

반 拉 lā 당기다

308 推迟 tuīchí
늦추다, 연기하다

- 因烟雾很浓，飞机推迟起飞。
  Yīn yānwù hěn nóng fēijī tuīchí qǐfēi
  안개가 짙어 비행기의 이륙이 늦어지고 있다.
- 会议时间可以推迟一个小时吗? 회의시간을 한 시간 늦춰도 될까요?
  Huìyì shíjiān kěyǐ tuīchí yígè xiǎoshí ma

반 提前 tíqián (예정된 시간, 위치를)앞당기다

309 脱 tuō
(몸에서)벗다, (머리털, 피부 등이)빠지다, 벗겨지다

- 他很累，没脱衣服就睡觉了。
  Tā hěn lèi méi tuō yīfu jiù shuìjiào le
  그는 너무 피곤해서 옷을 벗지도 않고 잠이 들었다.
- 房间很干，手都脱皮了。 방이 너무 건조해서 손의 피부가 벗겨졌다.
  Fángjiān hěn gàn shǒu dōu tuōpí le

반 穿 chuān (옷, 신발, 양말 등을)입다

310
完
wán
완성하다, (예정대로)끝내다, 완수하다

- 什么时候能完? 언제 완성할 수 있나요?
  Shénme shíhou néng wán
- 已经完了，你后悔也没用。 이미 끝났어, 너 후회해도 소용없어.
  Yǐjing wán le nǐ hòuhuǐ yě méi yòng

311
完成
wánchéng
완성하다, (예정대로)끝내다

- 我终于完成了作业。 나는 마침내 작업을 끝마쳤다.
  Wǒ zhōngyú wánchéng le zuòyè
- 很多人帮助我，让我顺利完成了这个项目。
  Hěnduō rén bāngzhù wǒ ràng wǒ shùnlì wánchéng le zhège xiàngmù
  많은 사람들이 나를 도와줘서 순조롭게 이 프로젝트를 완성할 수 있었다.

312
玩
wán
놀다, 장난하다

- 周末我们一起去外边玩儿吧。
  Zhōumò wǒmen yìqǐ qù wàibiān wánr ba
  주말에 우리 함께 밖에 나가서 놀자.
- 儿子很喜欢玩网络游戏。
  érzi hěn xǐhuan wán wǎngluò yóuxì
  아들은 온라인 게임 하는 것을 너무 좋아한다.

313
忘记
wàngjì
잊어버리다, 잊다

- 你不要忘记我! 너 나를 잊지 마!
  Nǐ búyào wàngjì wǒ
- 我怎么能忘记你的帮助呢?
  Wǒ zěnme néng wàngjì nǐ de bāngzhù ne
  내가 어떻게 너의 도움을 잊어버릴 수 있겠니?

유 遗忘 yíwàng 잊어버리다 忘掉 wàngdiào 잊어버리다

314
污染
wūrǎn
오염시키다, 오염되다

- 乱扔垃圾会污染环境。
  Luànrēng lājī huì wūrǎn huánjìng
  쓰레기를 함부로 버리는 것은 환경을 오염시킨다.
- 汽车尾气是空气污染的主要原因。
  Qìchē wěiqì shi kōngqì wūrǎn de zhǔyào yuányīn
  자동차 배기가스는 대기오염의 주요 원인이다.

동사
动词

315 ☐

误会
wùhuì
오해하다

- 你不要**误会**我! 너 나 오해하지 마!
  Nǐ búyào wùhuì wǒ
- 通过对话，他们消除了**误会**。
  Tōngguò duìhuà tāmen xiāochú le wùhuì
  대화를 통해서 그들은 오해를 풀었다.

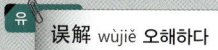 误解 wùjiě 오해하다
 谅解 liàngjiě 이해하여 주다 양해하다

316 ☐

误解
wùjiě
오해하다

- 我**误解**了他说的话。 나는 그의 말을 오해했다.
  Wǒ wùjiě le tā shuō de huà
- 我没想到你居然会**误解**我。
  Wǒ méixiǎngdào nǐ jūrán huì wùjiě wǒ
  나는 네가 뜻밖에 나를 오해할 것이라고 생각하지 못했어.

유 误会 wùhuì 오해하다, 오해

317 ☐

吸引
xīyǐn
잡아끌다, 유인하다,
매혹시키다

- 新产品**吸引**了很多人的关注。
  Xīn chǎnpǐn xīyǐn le hěn duō rén de guānzhù
  신제품은 많은 사람들의 관심을 끌었다.
- 我被他的外貌完全**吸引**住了。
  Wǒ bèi tā de wàimào wánquán xīyǐn zhù le
  나는 그의 외모에 완전히 매료되었다.

318 ☐

希望
xīwàng
희망하다, 바라다

- 我**希望**你的家人都身体健康! 나는 너의 가족의 건강을 바래!
  Wǒ xīwàng nǐ de jiārén dōu shēntǐ jiànkāng
- 我**希望**找到理想的男朋友。
  Wǒ xīwàng zhǎo dào lǐxiǎng de nánpéngyou
  나는 이상적인 남자친구를 만나길 희망한다.

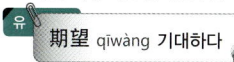 期望 qīwàng 기대하다
 失望 shīwàng 실망하다 희망을 잃다

319 ☐

习惯
xíguàn
습관이 되다, 적응하다,
익숙하다

- 我已经**习惯**了中国的留学生活。
  Wǒ yǐjing xíguàn le Zhōngguó de liúxué shēnghuó
  나는 이미 중국 유학생활에 적응했다.
- 慢慢就**习惯**了。 천천히 적응이 될 거야.
  Mànmàn jiù xíguàn le

320 洗
xǐ
씻다, 빨다, 인화하다

- 妈妈正在洗碗。 엄마는 설거지를 하고 계신다.
  Māma zhèngzài xǐ wǎn
- 我再怎么洗都洗不掉。 내가 아무리 씻어도 씻어지지 않는다.
  Wǒ zài zěnme xǐ dōu xǐbudiào

표현 洗照片 xǐ zhàopiàn 사진을 현상하다

321 洗碗
xǐwǎn
설거지를 하다

- 爸爸正在洗碗。 아버지는 설거지를 하고 계신다.
  Bàba zhèngzài xǐwǎn
- 我真的很讨厌洗碗。 나는 설거지 하는 것을 정말 싫어한다.
  Wǒ zhēn de hěn tǎoyàn xǐwǎn

322 信任
xìnrèn
믿다, 신뢰하다

- 朋友之间应该互相信任。 친구 사이에는 반드시 서로 신뢰해야 한다.
  Péngyou zhījiān yīnggāi hùxiāng xìnrèn
- 我这么信任你，你怎么能背叛我？
  Wǒ zhème xìnrèn nǐ nǐ zěnme néng bèipàn wǒ
  내가 이렇게 너를 믿었는데 네가 어떻게 나를 배반할 수 있니?

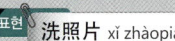
유 相信 xiāngxìn 믿다
信赖 xìnlài 신뢰하다
반 怀疑 huáiyí 의심하다

323 洗澡
xǐzǎo
목욕하다, 몸을 씻다

- 我在冬天也用冷水洗澡。 나는 겨울에도 차가운 물로 샤워를 한다.
  Wǒ zài dōngtiān yě yòng lěng shuǐ xǐzǎo
- 妈妈每天去澡堂洗澡。 엄마는 매일 목욕탕에 가서 목욕을 하신다.
  Māma měitiān qù zǎotáng xǐzǎo

유 沐浴 mùyù 목욕하다

324 喜欢
xǐhuan
좋아하다, 마음에 들다

- 你真的喜欢我吗？ 너 정말 나를 좋아하니?
  Nǐ zhēn de xǐhuan wǒ ma
- 我喜欢看恐怖电影。 나는 공포영화 보는 것을 좋아한다.
  Wǒ xǐhuan kàn kǒngbù diànyǐng

유 喜爱 xǐài 좋아하다
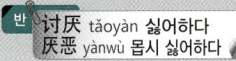
반 讨厌 tǎoyàn 싫어하다
厌恶 yànwù 몹시 싫어하다

동사
动词

---

325 ☐

下
xià
내려가다, 떨어지다

- 你在哪里下车? 너 어디에서 (차에서) 내릴래?
  Nǐ zài nǎli xià chē
- 现在外边下雪吗? 지금 밖에 눈이 오니?
  Xiànzài wàibiān xià xuě ma

> 반 上 shàng 오르다, ~위로 향하다
> 표현 下围棋 xià wéiqí 바둑을 두다   下决定 xià juédìng 결심을 내리다

326 ☐

下雨
xiàyǔ
비가 오다, 비가 내리다

- 外边正在下雨呢。 밖에 비가 오고 있는 중이다.
  Wàibiān zhèngzài xiàyǔ ne
- 下午会下雨的，我们明天去吧。
  Xiàwǔ huì xiàyǔ de wǒmen míngtiān qù ba
  오후에 비가 내릴 것 같으니 우리 내일 가자.

327 ☐

羡慕
xiànmù
부러워하다, 탐내다

- 我很羡慕你。 나는 네가 정말 부러워.
  Wǒ hěn xiànmù nǐ
- 很多人都羡慕她的身材。
  Hěn duō rén dōu xiànmù tā de shēncái
  많은 사람들이 그녀의 몸매를 부러워한다.

328 ☐

限制
xiànzhì
제한하다, 한정하다,
구속하다

- 家长没有权利限制孩子的自由。
  Jiāzhǎng méiyǒu quánlì xiànzhì háizi de zìyóu
  부모는 아이의 자유를 구속할 권리를 가지고 있지 않다.
- 一些国家严格限制国民的言论自由。
  Yīxiē guójiā yángé xiànzhì guómín de yánlùn zìyóu
  일부 국가는 국민의 언론의 자유를 엄격하게 제한한다.

> 유 约束 yuēshù 단속하다, 규제하다   束缚 shùfù 구속하다

329 ☐

相反
xiāngfǎn
상반되다, 반대되다

- 我们俩的意见完全相反。 우리 둘 의견은 완전히 정반대다.
  Wǒmen liǎ de yìjiàn wánquán xiāngfǎn
- 与外貌相反，他的性格很内向。
  Yǔ wàimào xiāngfǎn tā de xìnggé hěn nèixiàng
  외모와는 상반되게 그의 성격은 내성적이야.

330
相信
xiāngxìn
믿다, 신뢰하다, 신임하다

- 我相信你的话。 나는 너의 말을 믿는다.
  Wǒ xiāngxìn nǐ de huà
- 我怎么能相信他呢？ 내가 어떻게 그를 믿을 수 있겠니?
  Wǒ zěnme néng xiāngxìn tā ne

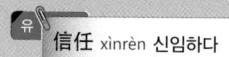 

331
响
xiǎng
소리가 나다, 울리다

- 手机突然响了。 휴대폰이 갑자기 울렸다.
  Shǒujī tūrán xiǎng le
- 房间里响起了铃声。 방에서 벨소리가 울리기 시작했다.
  Fángjiān lǐ xiǎngqǐlái língshēng

332
想
xiǎng
생각하다, 바라다, 그리워하다

- 我想了半天，但还没找到解决方案。
  Wǒ xiǎng le bàntiān dàn hái méi zhǎodào jiějué fāng'àn
  나는 한참 동안 생각해봤지만 해결 방안을 찾을 수가 없었다.
- 我想离开公司。 나는 회사를 떠나고 싶다.
  Wǒ xiǎng líkāi gōngsī
- 我很想你。 나는 네가 보고 싶다.
  Wǒ hěn xiǎng nǐ

333
像
xiàng
같다, 비슷하다, ~과 같다

- 我跟妈妈长得很像。 나와 엄마는 생김새가 닮았다.
  Wǒ gēn māma zhǎng de hěn xiàng
- 像他这样的人，到底懂什么?
  Xiàng tā zhèyàng de rén dàodǐ dǒng shénme
  그와 같은 사람이 도대체 뭘 알겠어?

334
小心
xiǎoxīn
조심하다, 주의하다

- 外边下雨，你一定要小心。 밖에 비가 오니 꼭 조심해라.
  Wàibiān xiàyǔ nǐ yídìng yào xiǎoxīn
- 我一不小心就受伤了。 나는 조심하지 않아 바로 부상을 당했다.
  Wǒ yí bù xiǎoxīn jiù shòushāng le

동사
动词

335 ☐

笑
xiào
웃다

- 他禁不住笑了起来。 그는 참지 못하고 웃기 시작했다.
  Tā jīnbúzhù xiào le qǐlái
- 你为什么一直在笑呢? 너 왜 계속 웃고 있니?
  Nǐ wèishénme yìzhí zài xiào ne

336 ☐

笑话
xiàohuà
비웃다, 조소하다

- 他喜欢笑话别人。 그는 다른 사람을 비웃는 것을 좋아한다.
  Tā xǐhuan xiàohuà biérén
- 即使你没做成功这件事，也没人笑话你。
  Jíshǐ nǐ méi zuò chénggōng zhèjiàn shì yě méirén xiàohuà nǐ
  네가 이 일을 성공하지 않을지라도 아무도 너를 비웃지 않아.

337 ☐

写
xiě
글씨를 쓰다, 창작하다

- 我每天写日记。 나는 매일 일기를 쓴다.
  Wǒ měitiān xiě rìjì
- 他写字写得不好。 그는 글씨를 잘 쓰지 못한다.
  Tā xiězì xiě de bù hǎo

338 ☐

谢谢
xièxie
감사합니다, 고맙습니다

- 谢谢你的帮助。 당신의 도움에 감사드립니다.
  Xièxie nǐ de bāngzhù
- 真的非常谢谢你。 정말 너무 감사드립니다.
  Zhēnde fēicháng xièxie nǐ

339 ☐

信
xìn
믿다

- 我信基督教。 나는 기독교를 믿는다.
  Wǒ xìn jīdūjiào
- 你不要信他说的话。 너는 그가 한 말을 믿지 말아라.
  Nǐ búyào xìn tā shuō de huà

340 ☐

醒 xǐng
잠에서 깨다,
(혼미한 상태에서)깨어나다

- 我刚才**醒**了。 나는 방금 잠에서 깼다.
  Wǒ gāngcái xǐng le
- 他做手术了，还没**醒**过来。
  Tā zuò shǒushù le hái méi xǐngguòlái
  그는 수술을 했는데 아직 깨어나지 못했다.

반 睡 shuì 잠을 자다

341 ☐

休息 xiūxi
휴식을 취하다, 쉬다

- 我们**休息**一会儿吧。 우리 잠시만 쉬자.
  Wǒmen xiūxi yíhuìr ba
- 他周末也不**休息**，一直工作。
  Tā zhōumò yě bùxiūxi yìzhí gōngzuò
  그는 주말에도 쉬지 않고 계속 일한다.

반 劳动 láodòng 일, 육체노동을 하다

342 ☐

修理 xiūlǐ
수리하다, 수선하다,
고치다

- 他会**修理**自行车。 그는 자전거를 고칠 수 있다.
  Tā huì xiūlǐ zìxíngchē
- 你的车已经**修理**好了。 네 차 이미 수리해 놓았다.
  Nǐ de chē yǐjīng xiūlǐ hǎo le

유 维修 wéixiū 수리하다, 보수하다

343 ☐

需要 xūyào
필요하다, 요구하다

- 你**需要**什么？ 너 뭐가 필요하니?
  Nǐ xūyào shénme
- 我们**需要**保护大自然。 우리는 자연을 보호해야 한다.
  Wǒmen xūyào bǎohù dàzìrán

344 ☐

选择 xuǎnzé
선택하다, 고르다

- 你为什么**选择**我们公司呢？ 당신 왜 우리 회사를 선택했나요?
  Nǐ wèishénme xuǎnzé wǒmen gōngsī ne
- 我不知道**选择**哪个好。 나는 어떤 걸 선택해야 할지 모르겠어.
  Wǒ bùzhīdào xuǎnzé nǎ ge hǎo

유 挑选 tiāoxuǎn 선택하다

동사
动词

345

学习
xuéxí
배우다, 본받다, 모방하다

- 他很认真地学习外语。 그는 외국어를 열심히 배운다.
  Tā hěn rènzhēn de xuéxí wàiyǔ
- 我要向她学习。 나는 그녀를 보고 배우려고 한다.
  Wǒ yào xiàng tā xuéxí

346

严格
yángé
엄격히 하다, 엄하게 하다

- 我们应该严格遵守学校规定。
  Wǒmen yīnggāi yángé zūnshǒu xuéxiào guīdìng
  우리는 학교 규정을 엄격히 준수해야만 한다.
- 很多父母都严格管理孩子。
  Hěn duō fùmǔ dōu yángé guǎnlǐ háizi
  많은 부모들은 모두 아이를 엄격하게 관리한다.

347

研究
yánjiū
연구하다, 고려하다, 논의하다

- 他一直研究半导体。 그는 계속 반도체를 연구했다.
  Tā yìzhí yánjiū bàndǎotǐ
- 我们再研究一下。 우리 다시 논의해 보도록 하자.
  Wǒmen zài yánjiū yíxià

348

养成
yǎngchéng
습관이 되다, 길러지다

- 我们要从小养成好习惯。
  Wǒmen yào cóng xiǎo yǎngchéng hǎo xíguàn
  우리는 어렸을 때부터 좋은 습관을 길러야 한다.
- 小时候养成的习惯不容易改变。
  Xiǎo shíhou yǎngchéng de xíguàn bù róngyì gǎibiàn
  어렸을 때 길러진 습관이 바뀌는 것은 쉽지 않다.

349

要求
yāoqiú
요구하다

- 老板要求我离开公司。 사장은 나에게 회사를 떠나라고 요구했다.
  Lǎobǎn yāoqiú wǒ líkāi gōngsī
- 还有其他的要求吗? 또 다른 요구가 있나요?
  Hái yǒu qítā de yāoqiú ma

  유 请求 qǐngqiú 요구하다, 요청하다

350

邀请
yāoqǐng
초청하다, 초대하다

- 他邀请我到他家吃饭。
  Tā yāoqǐng wǒ dào tājiā chīfàn
  그는 자기 집에 와서 식사하라고 나를 초대했다.
- 谢谢你邀请我。 저를 초대해 주셔서 감사합니다.
  Xièxie nǐ yāoqǐng wǒ

351

要
yào
희망하다, 바라다,
~할 것이다

- 我要跟你结婚。 나는 너와 결혼하고 싶다.
  Wǒ yào gēn nǐ jiéhūn
- 他明天要去上海出差。 그는 내일 상해로 출장을 갈 것이다.
  Tā míngtiān yào qù Shànghǎi chūchāi

352

以为
yǐwéi
여기다, 생각하다

- 我以为你是中国人。 나는 네가 중국인인 줄 알았다.
  Wǒ yǐwéi nǐ shì zhōngguórén
- 我以为他这次不能成功。
  Wǒ yǐwéi tā zhè cì bù néng chénggōng
  나는 그가 이번에 성공하지 못할 것이라 여긴다.

353

引起
yǐnqǐ
야기하다, 불러일으키다

- 这件事引起了很多人的关注。
  Zhè jiàn shì yǐnqǐ le hěn duō rén de guānzhù
  이 일은 많은 사람들의 관심을 불러일으켰다.
- 那部电影引起了很大的反响。
  Nà bù diànyǐng yǐnqǐ le hěn dà de fǎnxiǎng
  그 영화는 커다란 반향을 불러일으켰다.

354

赢
yíng
이기다, 승리하다

- 谁赢了? 누가 이겼니?
  Shuí yíng le
- 我们韩国队一定会赢。 우리 한국팀이 반드시 승리할 거야.
  Wǒmen hángguódùi yídìng huì yíng

 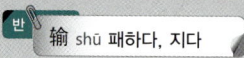

동사
动词

355 ☐

应该
yīnggāi
~해야 한다,
반드시 ~할 것이다

- 作为学生，我们**应该**认真学习。 학생으로서 우리는 반드시 열심히 공부해야 한다.
  Zuòwéi xuésheng Wǒmen yīnggāi rènzhēn xuéxí

- 他**应该**完成这次任务。 그는 반드시 이번 업무를 완성해야만 한다.
  Tā yīnggāi wánchéng zhècì rènwù

356 ☐

影响
yǐngxiǎng
영향을 주다,
영향을 끼치다

- 这件事**影响**了我的生活。 이 일은 나의 생활에 영향을 끼쳤다.
  Zhè cì shì yǐngxiǎng le wǒ de shēnghuó

- 中国经济给世界经济带来很大的**影响**。
  Zhōngguó jīngjì gěi shìjiè jīngjì dàilái hěn dà de yǐngxiǎng
  중국 경제는 세계 경제에 커다란 영향을 끼쳤다.

TIP '影响'은 '영향'이라는 명사로 사용되는 경우가 많다

357 ☐

应聘
yìngpìn
지원하다, 초빙에 응하다

- 为了**应聘**大企业，我参加了HSK考试。
  Wèile yìngpìn dàqǐyè wǒ cānjiā le HSK kǎoshì
  대기업에 지원하기 위해서 나는 HSK시험에 참가했다.

- 面试官都观察**应聘**的人。 면접관들은 모두 지원자들을 관찰했다.
  Miànshìguān dōu guānchá yìngpìn de rén

반 招聘 zhāopìn 모집하다, 채용하다

358 ☐

用
yòng
사용하다, 쓰다, 필요하다

- 你**用**什么方法来解决呢？
  Nǐ yòng shénme fāngfǎ lái jiějué ne
  너는 어떤 방법을 사용해서 해결하려고 하니?

- 你**不用**找他。 너는 그를 찾을 필요 없다.
  Nǐ búyòng zhǎo tā

359 ☐

拥抱
yōngbào
포옹하다, 껴안다

- 给你爱的人一个**拥抱**吧。 사랑하는 사람을 한 번 안아주세요.
  Gěi nǐ ài de rén yīgè yōngbào ba

- 很多年轻人在公共场所亲吻**拥抱**。
  Hěn duō niánqīng rén zài gōnggòng chǎngsuǒ qīnwěn yōngbào
  많은 젊은이들이 공공장소에서 입을 맞추고 포옹을 한다.

360
游泳
yóuyǒng
수영하다, 헤엄치다

- 你会游泳吗? 너 수영할 수 있니?
  Nǐ huì yóuyǒng ma
- 我每天去游泳池游泳。 나는 매일 수영장에 가서 수영을 한다.
  Wǒ měitiān qù yóuyǒngchí yóuyǒng

361
有
yǒu
있다, 소유하다, 생기다

- 有人找我吗? 나를 찾는 사람이 있니?
  Yǒu rén zhǎo wǒ ma
- 我有男朋友。 나는 남자친구가 있어.
  Wǒ yǒu nánpéngyou

반 没 méi 없다 无 wú 없다

362
预习
yùxí
예습하다

- 他每天认真预习。 그는 매일 열심히 예습을 한다.
  Tā měitiān rènzhēn yùxí
- 我真不知道预习与复习二者当中哪个更有效果。
  Wǒ zhēn bùzhīdào yùxí yǔ fùxí èrzhě dāngzhōng nǎge gèng yǒu xiàoguǒ
  나는 예습과 복습 중에서 어떤 게 더 효과가 있는지 모르겠다.

반 复习 fùxí 복습하다

363
遇到
yùdào
만나다, 마주치다

- 最近我们遇到了很大的困难。
  Zuìjìn wǒmen yùdào le hěn dà de kùnnán
  최근 우리는 커다란 어려움에 부딪쳤다.
- 每当遇到问题时，他都积极帮助我。
  Měidāng yùdào wèntí shí tā dōu jījí bāngzhù wǒ
  문제에 부딪칠 때마다 그는 적극적으로 나를 도와준다.

364
原谅
yuánliàng
양해하다, 이해하다,
용서하다

- 请原谅我。 절 용서해 주세요.
  Qǐng yuánliàng wǒ
- 我原谅他的失误。 나는 그의 실수를 용서했다.
  Wǒ yuánliàng tā de shīwù

동사
动词

365

愿意
yuànyì
바라다, 희망하다

- 我愿意跟你交朋友。 나는 너와 친구가 되고 싶어.
  Wǒ yuànyì gēn nǐ jiāo péngyou
- 我不愿意你做那件事。 나는 네가 그 일을 하지 않았으면 해.
  Wǒ búyuànyì nǐ zuò nà jiàn shì

366

约会
yuēhuì
약속을 하다

- 我跟他约会了。 나는 그와 약속을 했다.
  Wǒ gēn tā yuēhuì le
- 今天我很忙,所以我不得不取消了约会。
  Jīntiān wǒ hěn máng suǒyǐ wǒ bùdébù qǔxiāo le yuēhuì
  나는 오늘 너무 바빠서 어쩔 수 없이 약속을 취소했다.

367

阅读
yuèdú
(책이나 신문을)보다

- 我喜欢阅读爱情小说。 나는 로맨스 소설 보는 것을 좋아한다.
  Wǒ xǐhuan yuèdú àiqíng xiǎoshuō
- 他平时戴着眼镜阅读报纸。
  Tā píngshí dàizhe yǎnjìng yuèdú bàozhǐ
  그는 평소에 안경을 쓰고 신문을 본다.

368

越
yuè
넘다, 지나다,
(범위를)벗어나다

- 我越过国境离开祖国。 나는 국경을 넘어 조국을 떠났다.
  Wǒ yuèguò guójìng líkāi zǔguó
- 他的行为已经越了职能范围。
  Tā de xíngwéi yǐjīng yuè le zhínéng fànwéi
  그의 행동은 이미 직권범위를 벗어났다.

369

允许
yǔnxǔ
동의하다, 허락하다

- 爸爸允许了我们俩的结婚。 아빠는 우리 둘의 결혼을 허락하셨다.
  Bàba yǔnxǔ le wǒmen liǎ de jiéhūn
- 现在韩国的很多公共场所都不允许抽烟。
  Xiànzài Hánguó de hěn duō gōnggòngchǎngsuǒ dōu bù yǔnxǔ chōuyān
  현재 한국의 많은 공공장소는 흡연을 허용하지 않는다.

유 容许 róngxǔ 윤허하다, 허용하다

370 □

在
zài
존재하다,
(사람이나 사물이)~에 있다

- 老师，在吗？ 선생님, 계시나요?
  Lǎoshī zài ma
- 你现在在哪儿？ 너 지금 어디에 있니?
  Nǐ xiànzài zài nǎr

371 □

增加
zēngjiā
증가하다, 늘리다

- 今年我们公司的利润大幅增加了。
  Jīnnián wǒmen gōngsī de lìrùn dàfú zēngjiā le
  올해 우리 회사의 이윤은 대폭 증가했다.
- 最近空巢老人不断增加。 최근 독거노인이 끊임없이 늘어나고 있다.
  Zuìjìn kōngcháo lǎorén búduàn zēngjiā

> 반 减少 jiǎnshǎo 감소하다, 줄다

372 □

站
zhàn
서다, 정지하다, 멈추다

- 他因喝醉一直站不住。 그는 술에 취해서 계속 서질 못한다.
  Tā yīn hēzuì yìzhí zhànbúzhù
- 我们应该站在对方的立场考虑问题。
  Wǒmen yīnggāi zhàn zài duìfāng de lìchǎng kǎolǜ wèntí
  우리는 반드시 상대방의 입장에 서서 문제를 고려해야 한다.

> 반 跪 guì 무릎을 꿇다

373 □

招聘
zhāopìn
초빙하다, 채용하다,
초청하다

- 我们公司这次招聘了很多金融专家。
  Wǒmen gōngsī zhècì zhāopìn le hěnduō jīnróng zhuānjiā
  우리 회사는 이번에 많은 금융전문가를 채용했다.
- 我一看到首尔公司的招聘广告就很激动。
  Wǒ yí kàndào Shǒu'ěr gōngsī de zhāopìn guǎnggào jiù hěn jīdòng
  나는 서울회사 채용공고를 보자마자 마음이 설레였다.

> 반 应聘 yìngpìn 초빙에 응하다, 지원하다

374 □

召集
zhàojí
소집하다, 불러 모으다

- 对于学费上涨问题，校长召集了学生代表进行会议。
  Duìyú xuéfèi shàngzhǎng wèntí xiàozhǎng zhàojí le xuéshēng dàibiǎo jìnxíng huìyì
  학비 인상문제에 대해 교장은 학생 대표를 소집하여 회의를 열었다.
- 公司召集新员工进行培训。
  Gōngsī zhàojí xīn yuángōng jìnxíng péixùn
  회사는 신입사원을 불러 모아 교육을 진행했다.

> 반 疏散 shūsàn (사람이나 물건을)분산시키다

동사
动词

375 □

找
zhǎo
구하다, 찾다,
거슬러 주다

- 你在找什么? 너 무엇을 찾고 있니?
  Nǐ zài zhǎo shénme
- 我找你20块。 너에게 20위안을 거슬러줄게.
  Wǒ zhǎo nǐ èrshí kuài

 寻 xún 찾다, 탐구하다

376 □

照
zhào
비추다, (사진, 영화를)찍다,
돌보다

- 月光照在回家的路上。 달빛이 집으로 가는 길을 비춘다.
  Yuèguāng zhào zài huíjiā de lùshang
- 她很爱美,所以经常照镜子。
  Tā hěn àiměi suǒyǐ jīngcháng zhào jìngzi
  그녀는 꾸미는 것을 좋아해서 자주 거울을 본다.

377 □

照顾
zhàogù
돌보다, 고려하다,
염려하다

- 我喜欢照顾孩子。 나는 아이 돌보는 것을 좋아한다.
  Wǒ xǐhuan zhàogù háizi
- 你先照顾你的健康吧。 먼저 너의 건강부터 돌보도록 해라.
  Nǐ xiān zhàogù nǐ de jiànkāng ba

378 □

整理
zhěnglǐ
정리하다

- 你房间整理好了吗? 너 방 정리 다 했니?
  Nǐ fángjiān zhěnglǐ hǎo le ma
- 他经常整理桌子。 그는 자주 책상을 정리한다.
  Tā jīngcháng zhěnglǐ zhuōzi

379 □

证明
zhèngmíng
증명하다

- 为了证明他的身份,他出示了护照。
  Wèile zhèngmíng tā de shēnfèn tā chūshì le hùzhào
  그는 신분을 증명하기 위해서 여권을 제시했다.
- 时间会证明一切的。 시간이 모든 것을 증명할 거야.
  Shíjiān huì zhèngmíng yíqiè de

380 □

增长
zēngzhǎng
증가하다, 늘어나다

- 他们公司的业绩不断增长。
  Tāmen gōngsī de yèjì búduàn zēngzhǎng
  그들 회사의 실적은 끊임없이 늘어나고 있다.
- 通过读书，我增长了知识。
  Tōngguò dúshū, wǒ zēngzhǎng le zhīshi
  독서를 통해서 나는 지식을 늘렸다.

381 □

支持
zhīchí
지지하다, 견디다

- 我支持他的看法。 나는 그의 생각을 지지한다.
  Wǒ zhīchí tā de kànfǎ
- 谢谢各位对我给予的大力支持和关心。
  Xièxie gèwèi duì wǒ jǐyǔ de dàlì zhīchí hé guānxīn
  여러분이 저에게 보내주신 큰 지지와 관심에 감사드립니다.

 支撑 zhīchēng 버티다, 견디다　 反对 fǎnduì 반대하다

382 □

知道
zhīdào
알다, 이해하다

- 我早就知道那件事。 나는 일찍이 그 일에 대해 알고 있었다.
  Wǒ zǎojiù zhīdào nà jiàn shì
- 你有什么不知道的吗? 너는 모르는 게 뭐가 있니?
  Nǐ yǒu shénme bùzhīdào de ma

 知悉 zhīxī 알다　知晓 zhīxiǎo 알다, 이해하다

383 □

值得
zhídé
~할 만하다,
~할 가치가 있다

- 这件衣服性价比高，值得买。
  Zhè jiàn yīfu xìngjiàbǐ gāo, zhídé mǎi
  이 옷은 가성비가 좋아 구매할 만하다.
- 中国的经济走势值得我们关注。
  Zhōngguó jīngjì zǒushì zhídé wǒmen guānzhù
  중국 경제 추세는 우리가 주목할 가치가 있다.

384 □

指
zhǐ
가리키다, 겨냥하다,
비난하다

- 你指的是谁? 너는 누굴 가리키는 거니?
  Nǐ zhǐ de shì shéi
- 很多人指着他骂。 많은 사람들이 손가락질을 하며 그를 욕했다.
  Hěn duō rén zhǐzhe tā mà

동사
动词

---

385 □

制造
zhì zào

제조하다, 만들다,
(나쁜 상황 등)조성하다

- 我们公司正在制造机器人。
  Wǒmen gōngsī zhèngzài zhìzào jīqìrén
  우리 회사는 지금 로봇을 제조하고 있다.
- 你为什么故意制造矛盾呢? 너 왜 고의로 갈등을 조장하니?
  Nǐ wèishénme gùyì zhìzào máodùn ne

386 □

重视
zhòngshì

중시하다, 중요시하다

- 很多企业都重视人才培养。
  Hěn duō qǐyè dōu zhòngshì réncái péiyǎng
  많은 기업은 모두 인재 양성을 중시한다.
- 爸爸非常重视家人的健康。 아빠는 가족의 건강을 매우 중시한다.
  Bàba fēicháng zhòngshì jiārén de jiànkāng

387 □

住
zhù

살다, 거주하다,
머물다

- 你现在住在哪儿? 너는 지금 어디에 사니?
  Nǐ xiànzài zhù zài nǎr
- 我跟家人一起住。 나는 가족과 함께 살아.
  Wǒ gēn jiārén yìqǐ zhù

388 □

注意
zhùyì

주의하다, 조심하다

- 你注意一点儿! 좀 조심해!
  Nǐ zhùyì yìdiǎnr
- 请注意环境安全问题! 환경안전 문제 주의하세요!
  Qǐng zhùyì huánjìng ānquán wèntí

유 留心 liúxīn 주의를 기울이다, 관심을 갖다

389 □

祝贺
zhùhè

축하하다

- 我祝贺你今天获奖。 너 오늘 수상한 거 축하해.
  Wǒ zhùhè nǐ jīntiān huòjiǎng
- 很多朋友都祝贺我的生日。
  Hěn duō péngyou dōu zhùhè wǒ de shēngrì
  많은 친구들이 나의 생일을 축하해 주었다.

390

转
zhuǎn, zhuàn

돌다, 회전하다,
한가하게 돌아다니다

- 我们吃饭后转了一圈。 우리 밥먹고 한 바퀴 돌자.
  Wǒmen chīfàn hòu zhuàn le yiquān
- 你下一个路口左转。 다음 길목에서 왼쪽으로 돌아라.
  Nǐ xià yíge lùkǒu zuǒzhuǎn

391

赚
zhuàn

(돈을)벌다

- 他仅在一夜之间赚了很多钱。
  Tā jǐnzài yíyè zhījiān zhuàn le hěn duō qián
  그는 하룻밤 사이에 많은 돈을 벌었다.
- 我每月赚很多。 나는 매월 돈을 많이 번다.
  Wǒ měiyuè zhuàn hěn duō

 赔 péi 배상하다, 손해를 보다

392

撞
zhuàng

부딪치다, 돌진하다

- 我不小心撞车了。 나는 조심하지 않아 차에 부딪쳤다.
  Wǒ bù xiǎoxīn zhuàngchē le
- 他把头撞到了墙上。 그는 머리를 벽에 부딪쳤다.
  Tā bǎ tóu zhuàngdào le qiáng shàng

393

准备
zhuǎnbèi

준비하다, ~하려고 하다

- 大家都准备好了吗? 여러분 다 준비 되었나요?
  Dàjiā dōu zhǔnbèi hǎo le ma
- 我准备下周去旅游。 나는 다음 주에 여행 갈 준비를 한다.
  Wǒ zhǔnbèi xiàzhōu qù lǚyóu

394

自愿
zìyuàn

지원하다

- 我平时自愿参加义务活动。
  Wǒ píngshí zìyuàn cānjiā yìwùhuódòng
  나는 평소에 자발적으로 봉사활동에 참여한다.
- 他不会自愿离开老家。
  Tā búhuì zìyuàn líkāi lǎojiā
  그는 자진해서 고향을 떠나지 않을 것이다.

동사
动词

395 ☐

总结
zǒngjié

총괄하다, 총정리하다

- 班长总结了讨论的结果。 반장은 토론 결과를 총정리했다.
  Bānzhǎng zǒngjié le tǎolùn de jiéguǒ
- 你来总结一下这次会议的内容吧。
  Nǐ lái zǒngjié yīxià zhècì huìyì de nèiróng ba
  네가 이번 회의 내용을 한 번 정리해라.

396 ☐

走
zǒu

걷다, 떠나다, 달리다

- 她昨天晚上已经走了。 그녀는 어제 저녁에 이미 떠났어.
  Tā zuótiān wǎnshang yǐjīng zǒu le
- 直走就到了。 쭉 걷다보면 도착해요.
  Zhí zǒu jiù dào le

397 ☐

租
zū

세내다, 임차하다

- 他还没有自己的房子，现在租房子生活。
  Tā hái méiyǒu zìjǐ de fángzi xiànzài zū fángzi shēnghuó
  그는 아직 자기 집이 없고 현재 세를 내서 생활한다.
- 我把房子租给别人了。 나는 집을 다른 사람에게 임차했다.
  Wǒ bǎ fángzi zū gěi biérén le

398 ☐

租赁
zūlìn

임대하다, 임차하다

- 我现在可以租赁一辆车吗？
  Wǒ xiànzài kěyǐ zūlìn yíliàng chē ma
  저 지금 차 한 대 대여할 수 있나요?
- 昨天我跟他签署租赁合同了。
  zuótiān wǒ gēn tā qiānshǔ zūlìn hétóng le
  어제 나는 그와 임대 계약을 체결했다.

399 ☐

组成
zǔchéng

구성하다, 조성하다

- 每个团队是由四个人组成的。
  Měige tuánduì shì yóu sìgerén zǔchéng de
  모든 팀은 네 명으로 구성되어 있다.
- 这次考试由三个部分组成。
  Zhè cì kǎoshì yóu sān ge bùfen zǔchéng
  이번 시험은 세 부분으로 구성되어 있다.

동사
动词

400

尊敬
zūnjìng
존경하다

- 你最尊敬的人是谁? 네가 가장 존경하는 사람은 누구니?
  Nǐ zuì zūnjìng de rén shì shéi
- 年轻人应该尊敬老人。 젊은이들은 마땅히 노인들을 존경해야 한다.
  Niánqīng rén yīnggāi zūnjìng lǎorén

 尊重 zūnzhòng 존중하다 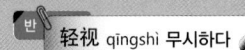 轻视 qīngshì 무시하다

401

尊重
zūnzhòng
존중하다

- 爸爸一点儿都不尊重我的意见。
  Bàba yìdiǎnr dōu bù zūnzhòng wǒ de yìjiàn
  아빠는 조금도 나의 의견을 존중해주지 않는다.
- 我尊重你的决定。 나는 너의 결정을 존중한다.
  Wǒ zūnzhòng nǐ de juédìng

 尊敬 zūnjìng 존경하다 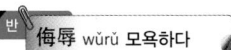 侮辱 wǔrǔ 모욕하다

402

坐
zuò
앉다, (교통수단을)타다

- 请这边坐。 이쪽으로 앉으세요.
  Qǐng zhèbiān zuò
- 我今天很累，要坐出租车回去。
  Wǒ jīntiān hěn lèi, yào zuò chūzūchē huíqù
  나는 오늘 피곤해서 택시를 타고 집으로 돌아가려 해.

반 立 lì 서다

403

做
zuò
하다, 종사하다,
~를 맡다,
(어떤 관계가)되다

- 你在做什么? 너 뭐하고 있니?
  Nǐ zài zuò shénme
- 你爸爸做什么工作? 네 아빠는 무슨 일을 하시니?
  Nǐ bàba zuò shénme gōngzuò
- 我们做朋友吧! 우리 친구하자!
  Wǒmen zuò péngyou ba

PART 2
형용사

사람 및 사물의 성질이나 상태를 나타내는 말입니다.

PART 2 형용사 形容词

404 矮 ǎi
(키가)작다, (높이, 등급이)낮다

- 他的个子比我更矮。 그의 키는 나보다 작다.
  Tā de gèzi bǐ wǒ gèng ǎi
- 这张桌子有点矮。 이 책상은 조금 낮다.
  Zhè zhāng zhuōzi yǒudiǎn ǎi

 高 gāo (높이, 등급, 수준이)높다

405 安静 ānjìng
조용하다, 고요하다, 안정되다

- 请大家保持安静! 여러분 조용히 해주세요!
  Qǐng dàjiā bǎochí ānjìng
- 爸爸做手术以后安静了下来。
  Bàba zuò shǒushù yǐhòu ānjìng le xiàlái
  아빠는 수술을 받은 이후 안정되고 있다.

 吵闹 chǎonào 소란을 피우다, 시끄럽다

406 安全 ānquán
안전하다

- 我觉得你在夜间出门很不安全。
  Wǒ juéde nǐ zài yèjiān chūmén hěn bù ānquán
  나는 네가 밤에 밖에 나가는 것이 안전하지 않다고 생각해.
- 你注意安全! 안전 조심하세요!
  Nǐ zhùyì ānquán

 危险 wēixiǎn 위험하다

407 白 bái
하얗다, 명백하다

- 她的皮肤很白。 그녀의 피부는 매우 하얗다.
  Tā de pífū hěn bái
- 过一会儿，就会真相大白。
  Guò yíhuìr jiù huì zhēnxiàng dàbái
  조금 지나면 진상이 명백히 밝혀질 것이다.

 黑 hēi 검다

형용사 / 形容词

408 棒 bàng
(성적)좋다, (수준이)높다, 건장하다

- 你真棒! 너 정말 대단해!
  Nǐ zhēn bàng
- 他的汉语水平真棒! 그는 중국어를 정말 잘해!
  Tā de hànyǔ shuǐpíng zhēn bàng

TIP 명사로는 '막대기', '방망이'라는 뜻도 있다

409 被动 bèidòng
수동적이다, 피동적이다, 소극적이다

- 他的被动的态度让我感到失望。
  Tā de bèidòng de tàidù ràng wǒ gǎndào shīwàng
  그의 수동적인 태도가 나를 실망스럽게 만들었다.
- 他做什么事情都消极被动。
  Tā zuò shénme shìqing dōu xiāojí bèidòng
  그는 무슨 일을 하든지 소극적이고 수동적이다.

반 主动 zhǔdòng 자발적인, 주동적인

410 标准 biāozhǔn
표준의, 표준적이다

- 你的发音很标准。너의 발음은 정말 표준적이다.
  Nǐ de fāyīn hěn biāozhǔn
- 在跳舞的时候，她的动作很标准。
  Zài tiàowǔ de shíhou tā de dòngzuò hěn biāozhǔn
  춤을 출 때 그녀의 동작은 매우 정확하다.

411 差 chà
나쁘다, 좋지 않다, 부족하다

- 他的成绩比我更差。그의 성적은 나보다 더 나쁘다.
  Tā de chéngjì bǐ wǒ gèng chà
- 我的汉语水平还差得远呢。
  Wǒ de hànyǔ shuǐpíng hái chà de yuǎn ne
  저의 중국어 실력은 아직도 한참 멀었어요.

412 差不多 chàbuduō
(시간, 정도 등이)비슷하다, 그런대로 괜찮다

- 他们俩的个子差不多。그 두 사람의 키는 거의 비슷하다.
  Tāmen liǎ de gèzi chàbuduō
- 你这么办事还差不多。
  Nǐ zhème bànshì hái chàbuduō
  네가 이렇게 일을 처리해도 그런대로 괜찮아.

413

长 cháng
(길이가)길다, (시간이)오래다, 길다

- 我的头发很长。 나의 머리카락은 매우 길다.
  Wǒ de tóufa hěn cháng
- 我等了很长时间。 나는 긴 시간을 기다렸다.
  Wǒ děng le hěn cháng shíjiān

반 短 duǎn 짧다

414

成功 chénggōng
성공적이다

- 我成功地完成了这份任务。
  Wǒ chénggōng de wánchéng le zhè fèn rènwù
  나는 성공적으로 이 임무를 완성했다.
- 他们成功地解决所有问题。
  Tāmen chénggōng de jiějué suǒyǒu wèntí
  그들은 모든 문제를 성공적으로 해결했다.

TIP '成功'은 '성공하다'라는 동사로 사용되는 경우가 더욱 많다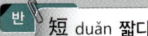

415

诚实 chéngshí
진실되다, 참되다, 성실하다

- 他是个很诚实的人。 그는 성실한 사람이다.
  Tā shì ge hěn chéngshí de rén
- 他对我很诚实，所以我一直相信他。
  Tā duì wǒ hěn chéngshí suǒyǐ wǒ yìzhí xiāngxìn tā
  그는 나에게 솔직하기에 나는 줄곧 그를 신뢰한다.

반 虚伪 xūwěi 허위의, 거짓의

416

成熟 chéngshú
익다, 성숙하다, 숙련되다

- 一些条件还不成熟。 일부 조건이 아직 성숙되지 않았다.
  Yìxiē tiáojiàn hái bù chéngshú
- 她已经成熟了很多。 그녀는 이미 많이 성숙하다.
  Tā yǐjīng chéngshú le hěn duō

반 幼稚 yòuzhì 유치하다, 어리다

417

聪明 cōngming
총명하다, 똑똑하다

- 这小孩子很聪明。 이 아이는 정말 똑똑하다.
  Zhè xiǎoháizi hěn cōngming
- 她既漂亮又聪明。 그녀는 예쁘면서도 똑똑하다.
  Tā jì piàoliang yòu cōngming

반 愚蠢 yúchǔn 어리석다, 멍청하다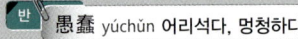

형용사
形容词

418
粗心 cūxīn
세심하지 못하다, 부주의하다

- 他是个**粗心**大意的人。 그는 세심하지 못한 사람이야.
  Tā shì ge cūxīndàyì de rén
- 你太**粗心**了，怎么又犯错误呢?
  Nǐ tài cūxīn le zěnme yòu fàn cuòwù ne
  너 정말 세심하지 못하구나, 어떻게 또 실수를 하니?

> 반 细心 xìxīn 세심하다

419
得意 déyì
마음에 들다, 대단히 만족하다

- 受到了老师的称赞，他很**得意**。
  Shòudào le lǎoshī de chēngzàn tā hěn déyì
  선생님의 칭찬을 듣고 나서 그는 몹시 만족스러웠다.
- 他考上了名牌大学，看起来很**得意**。
  Tā kǎoshàng le míngpái dàxué kànqǐlái hěn déyì
  그는 명문대학에 합격했다고 우쭐해 보인다.

420
短 duǎn
(공간적, 시간적 거리가)짧다

- 你穿的裙子很**短**，快换个衣服吧!
  Nǐ chuān de qúnzi hěn duǎn kuài huàn ge yīfu ba
  네가 입은 치마 너무 짧아, 어서 빨리 옷 갈아입어!
- 他在很**短**的时间内解决了问题。
  Tā zài hěn duǎn de shíjiān nèi jiějué le wèntí
  그는 짧은 시간 내에 문제를 해결했다.

> 반 长 cháng (길이, 시간이)길다

421
饿 è
배고프다

- 我现在**饿**死了! 나 지금 배고파 죽겠어!
  Wǒ xiànzài è sǐ le
- 我吃了很多，但还觉得很**饿**。
  Wǒ chī le hěn duō dàn hái juéde hěn è
  나 많이 먹었는데 아직도 배가 고파.

유 饥 jī 배가 고프다   반 饱 bǎo 배부르다

422
烦恼 fánnǎo
걱정하다, 마음을 졸이다

- 家人让我很**烦恼**。 가족은 나를 걱정하게끔 한다.
  Jiārén ràng wǒ hěn fánnǎo
- 有什么令人**烦恼**的事吗? 걱정하게끔 하는 일이 뭐가 있니?
  Yǒu shénme lìng rén fánnǎo de shì ma

423
方便 fāngbiàn
편리하다

- 下了很多雪，现在走路不方便。
  Xià le hěn duō xuě xiànzài zǒulù bù fāngbiàn
  눈이 많이 내려서 지금 걷는 건 불편하다.
- 我的小区交通很方便。 우리 아파트 단지는 교통이 매우 편리하다.
  Wǒ de xiǎoqū jiāotōng hěn fāngbiàn

유 便利 biànlì 편리하다　　반 麻烦 máfan 귀찮다 / 번거롭다

424
丰富 fēngfù
많다, 풍부하다

- 他的工作经验很丰富。 그의 업무 경험은 풍부하다.
  Tā de gōngzuò jīngyàn hěn fēngfù
- 学校组织了各种丰富多彩的活动。
  Xuéxiào zǔzhī le gèzhǒng fēngfùduōcǎi de huódòng
  학교에서 다양한 행사를 조직했다.

유 丰厚 fēnghòu 풍성하다, 넉넉하다　充实 chōngshí 충분하다, 풍부하다

425
复杂 fùzá
복잡하다

- 这个问题很复杂。 이 문제는 매우 복잡하다.
  Zhè ge wèntí hěn fùzá
- 社会上的人际关系很复杂。
  Shèhuì shàng de rénjì guānxì hěn fùzá
  사회에서의 인간관계는 매우 복잡하다.

반 简单 jiǎndān 간단하다　单纯 dānchún 단순하다

426
富有 fùyǒu
부유하다

- 他很富有。 그는 부유하다.
  Tā hěn fùyǒu
- 她出生在一个很富有的家庭。
  Tā chūshēng zài yígè hěn fùyǒu de jiātíng
  그녀는 아주 부유한 가정에서 태어났다.

반 穷困 qióngkùn 빈곤하다

427
干净 gānjìng
깨끗하다, 청결하다

- 我把房间打扫得很干净。 나는 방 청소를 깔끔하게 한다.
  Wǒ bǎ fángjiān dǎsǎo de hěn gānjìng
- 很多人喝不上干净的水。
  Hěn duō rén hēbúshàng gānjìng de shuǐ
  많은 사람들이 깨끗한 물을 마시질 못한다.

유 清洁 qīngjié 깨끗하다　반 肮脏 āngzāng 더럽다 / 지저분하다

형용사
形容词

428

高 gāo
(등급, 높이, 수준이)높다

- 那坐山很高。 그 산은 매우 높다.
  Nà zuò shān hěn gāo
- 他个子比我高一些。 그의 키는 나보다 조금 크다.
  Tā gèzi bǐ wǒ gāo yìxiē

반 矮 ǎi 낮다, 작다　低 dī 낮다

429

高档 gāodàng
고급의

- 我真的买不起高档服装。
  Wǒ zhēn de mǎibuqǐ gāodàng fúzhuāng
  나는 정말 고급 의상을 (돈이 없어서) 살 수가 없다.
- 现在很多人都喜欢买高档商品。
  Xiànzài hěn duō rén dōu xǐhuan mǎi gāodàng shāngpǐn
  현재 많은 사람들이 고급상품을 사길 좋아한다.

반 低档 dīdàng 저급의

430

高级 gāojí
(품질, 수준 등이)고급된, 상급인

- 他成为了一名高级管理人员。 그는 고위 경영진이 되었다.
  Tā chéngwéi le yìmíng gāojí guǎnlǐ rényuán
- 我已经订好了高级酒店。 나는 이미 고급호텔을 예약했다.
  Wǒ yǐjing dìng hǎo le gāojí jiǔdiàn

반 低级 dījí 저급의, 초보적인　初级 chūjí 초급의

431

高兴 gāoxìng
기쁘다, 즐겁다

- 认识你我很高兴。 당신을 알게 되어 매우 기뻐요.
  Rènshi nǐ wǒ hěn gāoxìng
- 孩子高兴得不得了。 아이는 기뻐서 어쩔 줄 모른다.
  Háizi gāoxìng de bùdéliǎo

유 愉快 yúkuài 기쁘다　喜悦 xǐyuè 기쁘다
반 不快 búkuài 즐겁지 않다　难过 nánguò 슬프다

432

够 gòu
질리다, 싫증나다

- 我今天睡够了。 나 오늘 질리도록 잤다.
  Wǒ jīntiān shuì gòu le
- 我的钱不够。 나는 돈이 부족하다.
  Wǒ de qián búgòu

TIP '够'는 형용사 외에도 '필요한 수량, 기준 등을 만족시키다' 라는 동사로도 사용된다

433 光 guāng
아무것도 없이 텅 비다, 하나도 남아 있지 않다
(결과 보어로 사용)

- 我把所有的菜都吃光了。 나는 모든 음식을 다 먹어버렸다.
  Wǒ bǎ suǒyǒu de cài dōu chī guāng le
- 这个月的工资已经用光了。 이번 달 월급을 이미 다 써버렸다.
  Zhè ge yuè de gōngzī yǐjing yòng guāng le

434 孤独 gūdú
고독하다, 외롭다, 쓸쓸하다

- 最近我感到很孤独。 최근 나는 매우 외롭다.
  Zuìjìn wǒ gǎndào hěn gūdú
- 我一个人在中国生活，感到很孤独。
  Wǒ yígèrén zài Zhōngguó shēnghuó gǎndào hěn gūdú
  나는 혼자 중국 생활을 해서 외로움을 느낀다.

 孤单 gūdān 외롭다, 쓸쓸하다, 고독하다

435 好 hǎo
좋다, 훌륭하다, (몸이)건강하다

- 他是个好人。 그는 좋은 사람이다.
  Tā shì ge hǎo rén
- 这部手机很好。 이 핸드폰은 좋다.
  Zhè bù shǒujī hěn hǎo

반 坏 huài (품질 또는 성격이)나쁘다 糟 zāo (일 또는 상황이)좋지 않다

436 好吃 hǎochī
맛있다, 맛나다

- 你做的菜都很好吃。 네가 한 요리는 정말 맛있다.
  Nǐ zuò de cài dōu hěn hǎochī
- 那家餐厅的菜好不好吃？ 그 식당 요리는 맛있니 맛없니?
  Nà jiā cāntīng de cài hǎo bù hǎochī

437 合格 hégé
규격에 맞다, 합격이다

- 我考试合格了。 나는 시험에 합격했다.
  Wǒ kǎoshì hégé le
- 这个产品质量不合格。 이 제품은 품질이 불량이다.
  Zhè ge chǎnpǐn zhìliàng bù hégé

형용사
形容词

438

合适
héshì
적당하다, 알맞다

- 这件衣服对你很合适。 이 옷은 너에게 잘 어울린다.
  Zhè jiàn yīfu duì nǐ hěn héshì
- 找个合适的人很难。 어울리는 사람을 찾는 것은 참 어렵다.
  Zhǎo ge héshì de rén hěn nán

适宜 shìyí 알맞다, 적절하다

439

黑
hēi
검다, 어둡다

- 天都黑了。 날이 어두워졌다.
  Tiān dōu hēi le
- 他的脸都黑下来了。 그의 얼굴이 어두워지기 시작했다.
  Tā de liǎn dōu hēi xiàlái le

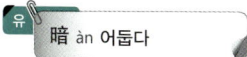
暗 àn 어둡다

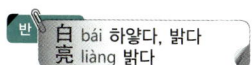
白 bái 하얗다, 밝다
亮 liàng 밝다

440

红
hóng
붉다, 성공적이다,
인기가 있다

- 我的脸都红了。 나의 얼굴이 붉어졌다.
  Wǒ de liǎn dōu hóng le
- 最近这部手机在中国很红。
  Zuìjìn zhè bù shǒujī zài Zhōngguó hěn hóng
  최근 이 휴대폰은 중국에서 인기가 있다.

441

厚
hòu
두껍다, 두텁다

- 他的脸皮很厚。 그는 낯짝이 두껍다.
  Tā de liǎnpí hěn hòu
- 这本书很厚。 이 책은 두껍다.
  Zhè běn shū hěn hòu

薄 báo 얇다, 엷다

442

坏
huài
(품질이나 성격이)나쁘다,
불량하다

- 坏习惯不容易改掉。 나쁜 습관은 고치기 힘들다.
  Huài xíguàn bù róngyì gǎidiào
- 你是个坏人！ 그는 나쁜 사람이야!
  Nǐ shì ge huài rén

반 好 hǎo 좋다, 아름답다, 훌륭하다

443

积极
jījí
적극적이다, 긍정적이다

- 他是个**积极**向上的人。 그는 긍정적인 사람이다.
  Tā shì ge jījí xiàngshàng de rén
- 做任何事都需要**积极**的心态。
  Zuò rènhé shì dōu xūyào jījí de xīntài
  어떠한 일을 하든지 적극적인 마음가짐이 필요하다.

반 消极 xiāojí 소극적이다, 부정적이다

444

激动
jīdòng
(감정이)충동적이다

- 他平时太**激动**。 그는 평소에 너무 충동적이야.
  Tā píngshí tài jīdòng
- 听了这个消息，我很**激动**。 이 소식을 듣고 나서 나는 감격했다.
  Tīng le zhè ge xiāoxi wǒ hěn jīdòng

TIP '감격하다, 감동하다, 흥분하다'라는 뜻의 동사로도 사용된다

반 冷静 lěngjìng 냉정하다, 침착하다

445

骄傲
jiāo'ào
자랑스럽다,
자부심을 느끼다

- 很多人都说他是个**骄傲**自大的人。
  Hěn duō rén dōu shuō tā shì ge jiāo'ào zìdà de rén
  많은 사람들은 그가 거만하고 건방진 사람이라고 말한다.
- 儿子考上了名牌大学，父母对此感到**骄傲**。
  érzi kǎoshàng le míngpái dàxué fùmǔ duì cǐ gǎndào jiāo'ào
  아들이 유명대학에 합격하자 부모는 자랑스럽게 여겼다.

446

紧张
jǐnzhāng
긴장해있다, 불안하다,
바쁘다

- 快要期末考试了，我感到很**紧张**。
  Kuàiyào qīmò kǎoshì le wǒ gǎndào hěn jǐnzhāng
  기말고사가 곧 다가와서 나는 매우 긴장된다.
- 最近工作很**紧张**，没时间见男朋友。
  Zuìjìn gōngzuò hěn jǐnzhāng méi shíjiān jiàn nánpéngyou
  최근 일이 바빠서 남자친구를 만날 시간이 없다.

447

近
jìn
(공간적, 시간적 거리가)
가깝다,
친하다

- 我家离这儿很**近**。 우리집은 여기에서 가깝다.
  Wǒ jiā lí zhèr hěn jìn
- 我家跟男朋友家关系很**近**。
  Wǒ jiā gēn nánpéngyou jiā guānxì hěn jìn
  우리집과 남자친구 집은 사이가 친밀하다.

반 远 yuǎn (공간적, 시간적으로)멀다, (사이가)소원하다

형용사
形容词

448

精彩
jīngcǎi
뛰어나다, 훌륭하다

- 我们昨天看了精彩的表演。 나는 어제 멋진 공연을 봤다.
  Wǒmen zuótiān kàn le jīngcǎi de biǎoyǎn
- 最近很多中国人都喜欢看精彩的韩国电视节目。
  Zuìjìn hěn duō Zhōngguórén dōu xǐhuan kàn jīngcǎi de Hánguó diànshì jiémù
  최근 많은 중국인들은 재밌는 한국 TV프로그램 보는 것을 좋아한다.

449

旧
jiù
낡다, 오래다, 헐다

- 改变旧习惯很不容易。 오랜 습관을 바꾸는 일은 매우 어렵다.
  Gǎibiàn jiù xíguàn hěn bù róngyì
- 这张桌子太旧了! 이 책상은 너무 낡았어!
  Zhè zhāng zhuōzi tài jiù le

 新 xīn 새롭다

450

可爱
kě'ài
사랑스럽다, 귀엽다

- 这小孩子真可爱! 이 아이 정말 귀여워!
  Zhè xiǎoháizi zhēn kě'ài
- 我家狗很可爱! 우리집 강아지는 정말 귀여워!
  Wǒ jiā gǒu hěn kě'ài

451

可怜
kělián
가련하다, 불쌍하다,
(수량이나 질량이 나빠)
초라하다, 형편없다

- 这孩子没有父母，真可怜!
  Zhè háizi méiyǒu fùmǔ zhēn kělián
  이 아이는 부모님이 안 계셔, 정말 안쓰러워!
- 来这家餐厅的客人少得可怜!
  Lái zhè jiā cāntīng de kèrén shǎo de kělián
  이 식당에 온 손님은 형편없이 적다.

452

可惜
kěxī
아깝다, 유감스럽다,
섭섭하다

- 我因差五分没考上大学，很可惜!
  Wǒ yīn chà wǔfēn méi kǎoshàng dàxué hěn kěxī
  나는 5점 때문에 대학에 합격을 못했어, 너무 아까워!
- 他们俩已经分手了，太可惜了!
  Tāmen liǎ yǐjing fēnshǒu le tài kěxī le
  그들 둘은 이미 헤어졌어, 정말 아쉬워!

453
渴 kě
목이 타다, 목마르다

- 太渴了，想喝水! 너무 목이 말라, 물을 마시고 싶어!
  Tài kě le xiǎng hē shuǐ
- 我现在又饿又渴。 나는 지금 배도 고프고 목이 마르다.
  Wǒ xiànzài yòu è yòu kě

454
可以 kěyǐ
좋다, 괜찮다, 심하다, 지나치다

- 我跟他的关系还可以。 나와 그의 관계는 좋다.
  Wǒ gēn tā de guānxì hái kěyǐ
- 他坏得真可以。 그는 정말 너무 나쁘다.
  Tā huài de zhēn kěyǐ

455
快 kuài
빠르다, 민첩하다

- 他说话的速度很快。 그는 말하는 속도가 매우 빠르다.
  Tā shuōhuà de sùdù hěn kuài
- 他是运动选手，反应特别快。
  Tā shì yùndòng xuǎnshǒu fǎnyìng tèbié kuài
  그는 운동선수라 반응이 특히 빠르다.
- 时间过得很快。 시간이 참 빨리 지나간다.
  Shíjiān guò de hěn kuài

유 锐 ruì (감각, 동작이)민첩하다 영민하다   반 慢 màn 느리다

456
快乐 kuàilè
즐겁다, 행복하다

- 祝你生日快乐! 생일 축하해!
  Zhù nǐ shēngrì kuàilè
- 帮助别人是一件快乐的事情。
  Bāngzhù biérén shì yíjiàn kuàilè de shìqing
  다른 사람을 돕는 것은 행복한 일이다.

유 欢乐 huānlè 즐겁다 欢快 huānkuài 유쾌하다
반 悲痛 bēitòng 비통해하다 痛苦 tòngkǔ 고통스럽다
　悲伤 bēishāng 마음이 아프다
표현 圣诞节~ 성탄절 잘 보내세요 节日~ 명절 잘 보내세요
　周末~ 주말 잘 보내세요

형용사
形容词

457
宽 kuān
(폭, 면적 또는 범위가)넓다, 드넓다

- 这条马路太宽了! 이 도로는 너무 넓다!
  Zhè tiáo mǎlù tài kuān le
- 男朋友的肩膀很宽。 남자친구는 어깨가 넓다.
  Nánpéngyou de jiānbǎng hěn kuān

반 窄 zhǎi 좁다, 협소하다

458
困难 kùnnán
곤란하다, 어렵다, 빈곤하다

- 这个工作很困难，但我相信他会完成的。
  Zhè ge gōngzuò hěn kùnnán dàn wǒ xiāngxìn tā huì wánchéng de
  이 일은 매우 어렵지만 난 그가 완성할 것이라고 믿어.
- 他的生活很困难。 그의 생활은 매우 어렵다.
  Tā de shēnghuó hěn kùnnán

459
辣 là
맵다, 얼얼하다

- 我不喜欢吃辣的。 나는 매운 음식 먹는 것을 싫어한다.
  Wǒ bù xǐhuan chī là de
- 你能不能吃辣的菜? 너는 매운 음식을 먹을 수 있니 없니?
  Nǐ néngbùnéng chī là de cài

460
蓝 lán
남색의, 남빛의

- 我喜欢蓝色。 나는 파란색을 좋아한다.
  Wǒ xǐhuan lánsè
- 蓝色的天空有一道彩虹。 파란 하늘에 한 줄기 무지개가 떠있다.
  Lánsè de tiānkōng yǒu yídào cǎihóng

461
懒 lǎn
게으르다, 나태하다

- 这小孩子很懒。 이 아이는 매우 게으르다.
  Zhè xiǎoháizi hěn lǎn
- 我特别懒，每到周末连脸都不洗。
  Wǒ tèbié lǎn měidào zhōumò lián liǎn dōu bù xǐ
  나는 특히 게을러서 주말이 되면 세수도 하지 않는다.

유 惰 duò 게으르다   반 勤 qín 부지런하다

462

浪漫
làngmàn
낭만적이다, 로맨틱하다

- 我平时喜欢看浪漫电影。 난 평소 로맨스 영화 보는 것을 즐긴다.
  Wǒ píngshí xǐhuan kàn làngmàn diànyǐng
- 他找一个浪漫的地方跟她告白了。
  Tā zhǎo yígè làngmàn de dìfang gēn tā gàobái le
  그는 로맨틱한 장소를 찾아 그녀에게 고백을 했다.

  반 现实 xiànshí 현실적이다

463

老
lǎo
늙다, 오래 된,
경험이 풍부하다

- 我已经老了! 나는 이미 늙었어!
  Wǒ yǐjīng lǎo le
- 最近韩国电影《老手》受到很多人的欢迎。
  Zuìjìn Hánguó diànyǐng lǎoshǒu shòudào hěn duō rén de huānyíng
  최근 한국영화《베테랑》은 많은 사람들의 환영을 받고 있다.
- 我们俩是老朋友。 우리 둘은 오랜 친구이다.
  Wǒmen liǎ shì lǎo péngyou

  반 xiǎo 어리다 幼 yòu 어리다 少 shǎo 젊다

464

累
lèi
지치다, 피곤하다

- 今天我很累。 오늘 나는 정말 피곤하다.
  Jīntiān wǒ hěn lèi
- 我今天累死了。 나 오늘 피곤해 죽겠어.
  Wǒ jīntiān lèi sǐ le

465

冷
lěng
춥다, 차다

- 今天天气很冷。 오늘 날씨가 매우 춥다.
  Jīntiān tiānqì hěn lěng
- 今天怎么这么冷? 오늘 어떻게 이렇게 춥니?
  Jīntiān zěnme zhème lěng

  반 暖 nuǎn 따뜻하다 热 rè 덥다

466

冷静
lěngjìng
냉정하다, 침착하다

- 他保持冷静思考问题。 그는 냉정함을 유지하며 문제를 생각한다.
  Tā bǎochí lěngjìng sīkǎo wèntí
- 请大家冷静地想一想。 여러분 냉정하게 한 번 생각해보세요.
  Qǐng dàjiā lěngjìng de xiǎng yì xiǎng

  반 激动 jīdòng 충동적이다

형용사
形容词

467
厉害
lìhai
무섭다, 엄격하다, 심각하다

- 老师很厉害，别顶嘴。
  Lǎoshī hěn lìhai bié dǐngzuǐ
  선생님은 매우 무서우니 말대꾸 하지마라.
- 他的病一天比一天厉害。 그의 병은 나날이 심해진다.
  Tā de bìng yì tiān bǐ yì tiān lìhai

468
理想
lǐxiǎng
이상적이다, 만족스럽다

- 这个结果是不太理想的。 이 결과는 그다지 만족스럽지 않다.
  Zhè ge jiéguǒ shì bútài lǐxiǎng de
- 现在的情况并不理想，但我不会放弃。
  Xiànzài de qíngkuàng bìngbù lǐxiǎng dàn wǒ búhuì fàngqì
  지금 상황이 만족스럽지는 않지만 나는 포기하지 않을 거야.

반 现实 xiànshí 현실적이다

469
凉快
liángkuai
시원하다, 서늘하다

- 今天吹风，天气很凉快。 오늘 바람이 불어 날씨가 서늘하다.
  Jīntiān chuīfēng tiānqì hěn liángkuai
- 明天会下雨，就会凉快多了。
  Míngtiān huì xiàyǔ jiù huì liángkuai duō le
  내일 비가 와서 많이 시원할 거야.

470
流利
liúlì
막힘이 없다, (말이)유창하다

- 他说汉语说得很流利。 그의 중국어를 대단히 유창하게 말한다.
  Tā shuō hànyǔ shuō de hěn liúlì
- 他说话很流利。 그는 말을 유창하게 잘한다.
  Tā shuōhuà hěn liúlì

471
流行
liúxíng
유행하는, 성행하는

- 这件衣服是今年流行的款式。
  Zhè jiàn yīfu shì jīnnián liúxíng de kuǎnshì
  이 옷은 올해 유행하는 스타일이다.
- 我喜欢听流行歌曲。 나는 대중가요 듣는 것을 좋아한다.
  Wǒ xǐhuan tīng liúxíng gēqǔ

472

乱
luàn
어지럽다, 무질서하다

- 房间很乱，需要整理。 방이 어지러워서 정리가 필요하다.
  Fángjiān hěn luàn xūyào zhěnglǐ
- 最近我跟男朋友分手了，心里很乱。
  Zuìjìn wǒ gēn nánpéngyou fēnshǒu le xīnlǐ hěn luàn
  최근 남자친구와 헤어져서 마음이 복잡하다.

473

麻烦
máfan
귀찮다, 번거롭다

- 这件事处理得很麻烦。 이 일은 처리하는 게 번거롭다.
  Zhè jiàn shì chǔlǐ de hěn máfan
- 麻烦的事太多了。 번거로운 일이 너무 많다.
  Máfan de shì tài duō le

반 | 便利 biànlì 편리하다

474

马虎
mǎhu
적당히 하다,
세심하지 못하다,
건성으로 하다

- 这件事很重要，你千万不能马虎。
  Zhè jiàn shì hěn zhòngyào nǐ qiānwàn bùnéng mǎhu
  이 일은 매우 중요해. 너 절대 소홀히 해서는 안 돼.
- 我从来不马虎处理业务。
  Wǒ cónglái bù mǎhu chǔlǐ yèwù
  나는 이제까지 건성으로 업무를 처리한 적이 없다.

반 | 仔细 zǐxì 세심하다 细致 xìzhì 정교하다

475

满
mǎn
가득 차다, 가득하다

- 瓶里水满了。 병에 물이 가득 차있다.
  Píng lǐ shuǐ mǎn le
- 请大家把酒杯加满! 여러분 술잔을 가득 채워주세요!
  Qǐng dàjiā bǎ jiǔbēi jiā mǎn

476

满意
mǎnyì
만족하다, 만족스럽다

- 听到他的回答，我感到很满意。
  Tīng dào tā de huídá wǒ gǎndào hěn mǎnyì
  그의 대답을 들으니 나는 매우 만족스러웠다.
- 他很满意地点了点头。 그는 매우 만족스러워서 고개를 끄덕였다.
  Tā hěn mǎnyì de diǎn le diǎntóu

반 | 不满 bùmǎn 만족하지 않다

형용사
形容词

477
慢
màn
느리다

- 他的动作很**慢**。 그의 동작은 매우 느리다.
  Tā de dòngzuò hěn màn
- 请**慢**点儿说! 천천히 말해주세요!
  Qǐng màn diǎnr shuō

반 | 快 kuài 빠르다

478
忙
máng
바쁘다, 틈이 없다

- 我最近很**忙**，没时间见朋友。
  Wǒ zuìjìn hěn máng méi shíjiān jiàn péngyou
  요즘 나는 너무 바빠서 친구를 만날 시간이 없다.
- 你最近**忙**不**忙**? 너 최근 바쁘니 안 바쁘니?
  Nǐ zuìjìn máng bù máng

반 | 闲 xián 일이 없다, 한가하다

479
美丽
měilì
아름답다, 예쁘다

- 这座公园的风景很**美丽**。 이 공원의 풍경은 매우 아름답다.
  Zhè zuò gōngyuán de fēngjǐng hěn měilì
- 她很**美丽**，很多男人都追她。
  Tā hěn měilì hěn duō nánrén dōu zhuī tā
  그녀는 너무 아름다워서 많은 남자들이 그녀를 쫓아다닌다.

유 | 漂亮 piàoliang 예쁘다, 멋지다

480
陌生
mòshēng
생소하다, 낯설다

- 我不喜欢跟**陌生**人打招呼。
  Wǒ bù xǐhuan gēn mòshēngrén dǎ zhāohū
  나는 낯선 사람과 인사하는 것을 좋아하지 않는다.
- 我对这个地方并不**陌生**。 나는 이곳이 전혀 낯설지가 않다.
  Wǒ duì zhè ge dìfang bìngbù mòshēng

반 | 熟悉 shúxī 잘 알다, 익숙하다

481
耐心
nàixīn
참을성이 있다,
인내심이 강하다

- 谢谢您的**耐心**等待。 오랫동안 기다려주셔서 감사합니다.
  Xièxiè nín de nàixīn děngdài
- 实现目标需要**耐心**。 목표를 이룰 때는 인내심이 필요하다.
  Shíxiàn mùbiāo xūyào nàixīn
- 他很有**耐心**。 그는 참을성이 매우 강하다.
  Tā hěn yǒu nàixīn

TIP | '耐心'은 '참을성, 인내심'이라는 명사형으로도 사용되기도 한다

107

482 难过 nánguò
고통스럽다, 슬프다, 고생스럽다

- 听到他的消息，我心里很难过。 그의 소식을 들으니 내 마음이 괴롭다.
  Tīng dào tā de xiāoxi wǒ xīn lǐ hěn nánguò
- 你不要因为我而难过！ 너는 나 때문에 괴로워하지 마!
  Nǐ bú yào yīnwèi wǒ ér nánguò

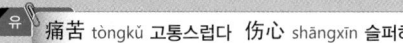
유 痛苦 tòngkǔ 고통스럽다 伤心 shāngxīn 슬퍼하다

483 难受 nánshòu
(몸이)불편하다, 견딜 수가 없다, 슬프다

- 我头疼，很难受。 나는 머리가 아파서 견딜 수가 없다.
  Wǒ tóuténg hěn nánshòu
- 今天很热，真让人难受。 오늘 더워서 정말 견딜 수가 없다.
  Jīntiān hěn rè zhēn ràng rén nánshòu

반 舒服 shūfu 편안하다, 가뿐하다

484 暖和 nuǎnhuo
따뜻하다

- 今天天气很暖和。 오늘 날씨가 따뜻하다.
  Jīntiān tiānqì hěn nuǎnhuo
- 被子里很暖和。 이불안은 참 따뜻하다.
  Bèizi lǐ hěn nuǎnhuo
- 今天很冷，开暖气暖和暖和吧。
  Jīntiān hěn lěng kāi nuǎnqì nuǎnhuo nuǎnhuo ba
  오늘 날씨가 추우니 라디에이터를 틀고 몸을 좀 녹이자.

485 胖 pàng
(몸이) 뚱뚱하다

- 我最近胖了很多。 나는 최근 살이 많이 쪘다.
  Wǒ zuìjìn pàng le hěn duō
- 我很胖，要开始减肥了。
  Wǒ hěn pàng yào kāishǐ jiǎnféi le
  나는 살이 쩌서 다이어트를 시작하려고 한다.

반 瘦 shòu 마르다

486 便宜 piányi
(값이)싸다

- 价格很便宜。 가격이 매우 싸다.
  Jiàgé hěn piányi
- 能不能便宜一点儿? 조금 더 싸게 해줄 수 있나요?
  Néng bù néng piányi yìdiǎnr

유 低廉 dīlián 싸다

형용사
形容词

487 ☐

漂亮
piàoliang

아름답다, 예쁘다,
(일처리 또는 행동이)멋지다,
훌륭하다

- 他的女朋友真漂亮。 그의 여자친구는 정말 아름답다.
  Tā de nǚpéngyou zhēn piàoliang
- 你这件事干得很漂亮! 너는 이 일을 정말 멋지게 해냈다!
  Nǐ zhè jiàn shì gàn de hěn piàoliang

 美丽 měilì 아름답다, 예쁘다

488 ☐

普遍
pǔbiàn

보편적인, 일반적인

- 这种事情很普遍。 이러한 일은 매우 일반적이다.
  Zhè zhǒng shìqing hěn pǔbiàn
- 我们班学生的期末考试成绩都普遍下降。
  Wǒmen bān xuésheng de qīmò kǎoshì chéngjì dōu pǔbiàn xiàjiàng
  우리 반 학생들의 기말고사 성적은 일반적으로 저조하다.

 广泛 guǎngfàn 폭넓다, 광범위하다

489 ☐

奇怪
qíguài

기이하다, 이상하다,
의아하다

- 我觉得这个人有点奇怪。
  Wǒ juéde zhè ge rén yǒudiǎn qíguài
  나는 이 사람이 조금 이상하다고 느낀다.
- 真奇怪，夏天怎么能下雪呢?
  Zhēn qíguài xiàtiān zěnme néng xiàxuě ne
  정말 이상해. 여름에 어떻게 눈이 내릴 수 있지?

490 ☐

浅
qiǎn

얕다, (길이나 폭이)좁다,
짧다

- 我喜欢浅红色。 나는 연한 붉은색을 좋아한다.
  Wǒ xǐhuan qiǎn hóngsè
- 这条河比我想象更浅。 이 강은 내가 상상했던 것보다 얕다.
  Zhè tiáo hé bǐ wǒ xiǎngxiàng gèng qiǎn

 深 shēn 깊다, (색깔이)진하다

491 ☐

轻
qīng

가볍다,
(정도가)경미하다, 얕다

- 看起来，这行李不轻。 보기에 이 짐은 가볍지 않은 것 같다.
  Kànqǐlái zhè xíngli bù qīng
- 他年纪很轻，但很懂事。 그는 나이가 어리지만 철이 들었다.
  Tā niánjì hěn qīng dàn hěn dǒngshì

492
轻松 qīngsōng
수월하다, 가볍다, 부담이 없다

- 这份工作很轻松。 이 일은 매우 수월하다.
  Zhè fèn gōngzuò hěn qīngsōng
- 昨天我去跑了步，浑身感到很轻松。
  Zuótiān wǒ qù pǎo le bù húnshēn gǎndào hěn qīngsōng
  어제 달리기를 해서 온몸이 가볍게 느껴진다.

493
清楚 qīngchu
분명하다, 알기 쉽다, 뚜렷하다

- 戴上眼镜以后，就能看得很清楚了。
  Dài shàng yǎnjìng yǐhòu jiù néng kàn de hěn qīngchu le
  안경을 쓰고 나니 더욱 뚜렷하게 볼 수 있었다.
- 我也说不清楚。 저 역시 분명히 말할 수가 없어요.
  Wǒ yě shuō bù qīngchu

494
晴 qíng
하늘이 맑다

- 今天是晴天。 오늘 날씨는 맑다.
  Jīntiān shì qíngtiān
- 天气很晴朗。 날씨가 매우 맑다.
  Tiānqì hěn qínglǎng

495
穷 qióng
빈곤하다, 가난하다

- 他家里很穷。 그의 집은 매우 가난하다.
  Tā jiā lǐ hěn qióng
- 我平时帮助很多穷孩子。
  Wǒ píngshí bāngzhù hěn duō qióng háizi
  나는 평소에 많은 빈곤 아동을 돌보고 있다.

496
热 rè
덥다, 뜨겁다, 인기 있다

- 今天天气很热。 오늘은 날씨가 매우 덥다.
  Jīntiān tiānqì hěn rè
- 太阳的后裔是一部最近大热的电视剧。
  Tàiyáng de hòuyì shì yíbù zuìjìn dà rè de diànshìjù
  태양의 후예는 최근 인기가 많은 드라마이다.

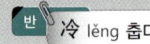 冷 lěng 춥다

형용사
形容词

497 热闹 rènào
번화하다, 떠들썩하다, 붐비다

- 我家旁边有市场，整天都很热闹。
  Wǒ jiā pángbiān yǒu shìchǎng zhěngtiān dōu hěn rènào
  우리 집 근처에 시장이 있어서 하루 종일 매우 떠들썩해.
- 我不喜欢去热闹的地方。
  Wǒ bù xǐhuan qù rènào de dìfang
  나는 떠들썩한 장소를 좋아하지 않아.

498 热情 rèqíng
열정적이다, 친절하다, 다정하다

- 他对我很热情。 그는 나에게 매우 친절하게 대한다.
  Tā duì wǒ hěn rèqíng
- 他对自己的工作很热情。
  Tā duì zìjǐ de gōngzuò hěn rèqíng
  그는 자신의 업무에 대해 매우 열정적이야.

반 冷淡 lěngdàn 냉대하다 冷漠 lěngmò 냉담하다

499 认真 rènzhēn
진지하다, 착실하다

- 他平时很认真工作。 그는 평소에 성실하게 일을 한다.
  Tā píngshí hěn rènzhēn gōngzuò
- 他是一个对待感情很认真的人。
  Tā shì yígè duìdài gǎnqíng hěn rènzhēn de rén
  그는 감정에 매우 신중한 사람이야.

500 容易 róngyì
쉽다, 용이하다

- 这个问题很容易解决。 이 문제는 해결하기가 쉽다.
  Zhè ge wèntí hěn róngyì jiějué
- 这件事不容易完成。 이 일은 완성하기가 쉽지 않다.
  Zhè jiàn shì bù róngyì wánchéng

501 软 ruǎn
부드럽다, 연하다, 온화하다

- 婴儿的皮肤很软。 어린아이의 피부는 매우 부드럽다.
  Yīng'ér de pífū hěn ruǎn
- 她的心肠很软，容易同情别人。
  Tā de xīncháng hěn ruǎn róngyì tóngqíng biérén
  그녀는 마음이 여려서 쉽게 다른 사람을 동정하고는 한다.
- 现在很多国家都重视软实力。
  Xiànzài hěn duō guójiā dōu zhòngshì ruǎn shílì
  현재 많은 국가들은 모두 소프트파워를 중시한다.

반 硬 yìng 단단하다, 견고하다, 굳다

502
少
shǎo
적다

- 平时我吃的很**少**。 평소 나는 적게 먹는다.
  Píngshí wǒ chī de hěn shǎo
- **不少**的人都反对我的意见。
  Bù shǎo de rén dōu fǎnduì wǒ de yìjiàn
  많은 사람들이 나의 의견에 반대한다.

[반] 多 duō 많다

503
深
shēn
깊다, (색이)진하다,
(정이)두텁다

- 他们俩的感情很**深**。 그들의 정은 매우 깊다.
  Tāmen liǎ de gǎnqíng hěn shēn
- 我喜欢**深**蓝色。 나는 짙은 남색을 좋아한다.
  Wǒ xǐhuan shēn lánsè

[반] 淡 dàn 약하다, 옅다   浅 qiǎn 얕다, 깊지 않다

504
实际
shíjì
실제에 부합되다,
현실적이다, 실제적이다

- 这个方法不太**实际**。 이 방법은 현실적이지 않다.
  Zhè ge fāngfǎ bútài shíjì
- 他的想法都很**实际**。 그의 생각은 매우 현실적이다.
  Tā de xiǎngfǎ dōu hěn shíjì

[유] 现实 xiànshí 현실적이다   [반] 虚幻 xūhuàn 비현실적인

505
实在
shízài
착실하다, 성실하다,
꼼꼼하다

- 他是一个**实实在在**的人。 그는 착실한 사람이다.
  Tā shì yígè shíshízàizài de rén
- 他做事情很**实在**。 그는 일을 매우 착실하게 한다.
  Tā zuò shìqing hěn shízài
- 这件事不能完成，**实在**抱歉。
  Zhè jiàn shì bùnéng wánchéng shízài bàoqiàn
  이 일은 완성할 수가 없어요, 정말 미안합니다.

TIP '实在'는 '정말, 확실히, 참으로'라는 부사로 사용되기도 한다.

506
瘦
shòu
마르다, 여위다,
(옷, 신발 등이)꼭 끼다, 작다

- 你很**瘦**，平时多吃点儿东西吧。
  Nǐ hěn shòu píngshí duō chī diǎnr dōngxi ba
  너 너무 말랐어, 평소에 많이 먹어라.
- 这条裙子太**瘦**了。 이 치마는 너무 작다.
  Zhè tiáo qúnzi tài shòu le

[반] 胖 pàng 뚱뚱하다   肥 féi 통통하다, 지방이 많다

형용사
形容词

507 熟悉 shúxī
잘 알다, 익숙하다

- 我很熟悉他。 나는 그를 너무 잘 안다.
  Wǒ hěn shúxī tā
- 我很熟悉这里的生活。 나는 이곳의 생활에 대해서 익숙하다.
  Wǒ hěn shúxī zhèlǐ de shēnghuó

반 陌生 mòshēng 생소하다

508 帅 shuài
잘생기다, 멋지다, 보기 좋다

- 我男朋友长得很帅。 내 남자친구는 정말 잘생겼어.
  Wǒ nánpéngyou zhǎng de hěn shuài
- 很多女人一看到他就说"帅哥"。
  Hěn duō nǚrén yī kàndào tā jiù shuō shuài gē
  많은 여자들이 그를 보기만 하면 '잘생긴 오빠'라고 말한다.

509 顺利 shùnlì
순조롭다, 일이 잘 되어가다

- 祝你一切都顺利! 당신의 모든 일이 순조롭기를 바랄게요.
  Zhù nǐ yíqiè dōu shùnlì
- 希望今天的活动顺利进行。
  Xīwàng jīntiān de huódòng shùnlì jìnxíng
  오늘 행사가 순조롭게 진행되길 바랍니다.

510 酸 suān
시큼하다, 시다, 슬프다, 마음이 쓰리다

- 我不喜欢吃酸的。 나는 신 음식 먹는 것을 좋아하지 않는다.
  Wǒ bù xǐhuan chī suān de
- 看了这部电影之后,心里一直酸酸的。
  Kàn le zhè bù diànyǐng zhīhòu xīn lǐ yìzhí suānsuān de
  이 영화를 보고난 후 마음이 계속 아프다.
- 我坐的姿势不好,腰部特别酸。
  Wǒ zuò de zīshì bùhǎo yāobù tèbié suān
  나는 앉은 자세가 좋지 않아서 허리가 특히 뻐근하다.

511 随便 suíbiàn
무책임하다, 부주의하다, 제멋대로이다

- 他说话很随便。 그는 말을 함부로 한다.
  Tā shuōhuà hěn suíbiàn
- 他随便说话和做事的样子,真让人生气。
  Tā suíbiàn shuōhuà hé zuòshì de yàngzi zhēn ràng rén shēngqì
  그는 함부로 말을 하고 행동을 해서 사람을 화나게 한다.

512
疼 téng
아프다

- 我今天肚子很疼。 나는 오늘 배가 너무 아프다.
  Wǒ jīntiān dùzi hěn téng
- 她疼得要命，我把她送到医院了。
  Tā téng de yàomìng wǒ bǎ tā sòngdào yīyuàn le
  그녀가 너무 아파서 난 그녀를 병원에 데려다줬다.

[유] 痛 tòng 아프다

513
甜 tián
달다, 달콤하다, 즐겁다

- 你喜欢吃甜的吗？ 너는 단 음식 먹는 것을 좋아하니?
  Nǐ xǐhuan chī tián de ma
- 这个东西很甜。 이 음식은 매우 달다.
  Zhè ge dōngxi hěn tián

[반] 苦 kǔ 쓰다

514
危险 wēixiǎn
위험하다

- 不戴头盔开电动车很危险。
  Bú dài tóukuī kāi diàndòngchē hěn wēixiǎn
  헬멧을 쓰지 않고 전동차를 타는 것은 매우 위험하다.
- 这件事非常危险，你注意安全！
  Zhè jiàn shì fēicháng wēixiǎn nǐ zhùyì ānquán
  이 일은 매우 위험하니 안전에 유의해라!

[반] 安全 ānquán 안전하다

515
无聊 wúliáo
무료하다, 따분하다, 지루하다

- 这部电影很无聊。 이 영화는 지루하다.
  Zhè bù diànyǐng hěn wúliáo
- 今天真无聊，想出去玩儿！
  Jīntiān zhēn wúliáo xiǎng chūqù wánr
  오늘 너무 무료해서 밖에 나가서 놀고 싶다.

[반] 有趣 yǒuqù 재미있다

516
咸 xián
짜다, 소금기가 있다

- 这道菜太咸了！ 이 요리 너무 짜다!
  Zhè dào cài tài xián le
- 我不喜欢吃咸的东西。 나는 짠 음식 먹는 것을 좋아하지 않는다.
  Wǒ bù xǐhuan chī xián de dōngxi

형용사
形容词

517 ☐

相似
xiāngsì
닮다, 비슷하다

- 他们俩的外貌很相似。 그들 둘의 외모는 매우 비슷하다.
  Tāmen liǎ de wàimào hěn xiāngsì
- 韩中两国有很多相似之处。
  Hánzhōng liǎngguó yǒu hěn duō xiāngsì zhī chù
  한중 양국은 많은 비슷한 점을 가지고 있다.

유 想像 xiǎngxiàng 서로 닮다

518 ☐

相同
xiāngtóng
서로 같다, 똑같다

- 我们有相同的理想。 우리는 똑같은 이상을 가지고 있다.
  Wǒmen yǒu xiāngtóng de lǐxiǎng
- 我们对这件事有相同的看法。
  Wǒmen duì zhè jiàn shì yǒu xiāngtóng de kànfǎ
  이 일에 대해 우리는 같은 생각을 하고 있다.

반 相反 xiāngfǎn 상반되다 不同 bùtóng 같지 않다

519 ☐

香
xiāng
향기롭다, 맛있다,
인기 있다

- 这道菜很香。 이 요리는 정말 맛있다.
  Zhè dào cài hěn xiāng
- 鲜花很香。 꽃이 향기롭다.
  Xiānhuā hěn xiāng
- 韩国电视剧在中国很吃香。 한국 드라마는 중국에서 인기가 있다.
  Hánguó diànshìjù zài Zhōngguó hěn chīxiāng

반 臭 chòu (냄새가)지독하다, 역겹다

520 ☐

详细
xiángxì
상세하다, 자세하다

- 他详细地说明那件事。 그는 그 일에 대해 자세하게 설명했다.
  Tā xiángxì de shuōmíng nà jiàn shì
- 这份报告写得很详细。 이 보고서는 자세하게 작성되었다.
  Zhè fèn bàogào xiě de hěn xiángxì

반 简要 jiǎnyào 간결하고 핵심적인

521 ☐

小
xiǎo
작다, 적다,
어리다, 약하다

- 这个蛋糕太小了。 이 케이크는 너무 작다.
  Zhè ge dàngāo tài xiǎo le
- 你的年龄很小。 너는 나이가 어리다.
  Nǐ de niánlíng hěn xiǎo

522 新 xīn
새롭다, 새 것의

- 你又买了新衣服吗? 너 또 새 옷을 산 거니?
  Nǐ yòu mǎi le xīn yīfu ma
- 他终于发明了新技术。 그는 마침내 신기술을 발명했다.
  Tā zhōngyú fāmíng le xīn jìshù

반 老 lǎo 오래 된 旧 jiù 옛날의, 이전의

523 辛苦 xīnkǔ
고생스럽다, 수고롭다

- 大家都辛苦了。 여러분 모두 고생하셨어요.
  Dàjiā dōu xīnkǔ le
- 妈妈平时又要做家务又要工作，很辛苦。
  Māma píngshí yòu yào zuò jiāwù yòu yào gōngzuò hěn xīnkǔ
  엄마는 평소에 집안일을 하면서 일을 하시니, 매우 고생스럽다.

524 新鲜 xīnxiān
신선하다, 싱싱하다, 참신하다

- 我想出去呼吸一下新鲜的空气。
  Wǒ xiǎng chūqù hūxī yíxià xīnxiān de kōngqì
  나는 밖에 나가서 신선한 공기를 마시고 싶다.
- 这个话题很新鲜。 이 화제는 정말 신선하다.
  Zhè ge huàtí hěn xīnxiān

반 陈旧 chénjiù 낡다, 오래 되다

525 行 xíng
유능하다, 능력 있다, 대단하다

- 会讲五门外语，你真行!
  Huì jiǎng wǔ mén wàiyǔ nǐ zhēn xíng
  5개 국가 언어를 말할 수 있다니, 너 정말 대단하구나!
- 这么难的事情都完成，你真行!
  Zhème nán de shìqing dōu wánchéng nǐ zhēn xíng
  이렇게 어려운 일을 다 완성하다니, 너 정말 대단하다!

526 兴奋 xīngfèn
격동하다, 격분하다, 흥분하다

- 真是让人兴奋的消息。 정말 사람을 흥분시키는 소식이다.
  Zhēnshì ràng rén xīngfèn de xiāoxi
- 他兴奋地跳了起来。 그는 흥분해서 껑충 뛰기 시작했다.
  Tā xīngfèn de tiào le qǐlái

반 平静 píngjìng 고요하다, 차분하다, 평화롭다

형용사
形容詞

527 **许多** xǔduō 매우 많다

- 许多人都参加此次考试。 많은 사람들이 이번 시험에 참가했다.
  Xǔduō rén dōu cānjiā cǐcì kǎoshì
- 他有许多钱。 그는 많은 돈을 가지고 있다.
  Tā yǒu xǔduō qián

유 好多 hǎoduō 아주 많다, 대단히 많다

528 **严格** yángé 엄격하다, 엄하다

- 他对自己的要求非常严格。
  Tā duì zìjǐ de yāoqiú fēicháng yángé
  그는 자기 자신에 대한 요구가 너무 엄격하다.
- 一般外国企业受到严格的管制。
  Yìbān wàiguó qǐyè shòudào yángé de guǎnzhì
  일반적인 외국 기업은 엄격한 관리통제를 받고 있다.

529 **严重** yánzhòng (정세, 정황 등이)위급하다, 심각하다, (정도가)심하다

- 他的病一天比一天严重。 그의 병은 나날이 악화되고 있다.
  Tā de bìng yìtiān bǐ yìtiān yánzhòng
- 这样做的后果会很严重。 이렇게 한 결과는 매우 심각할 것이다.
  Zhèyàng zuò de hòuguǒ huì hěn yánzhòng

530 **硬** yìng 단단하다, (의지, 태도 등이)완강하다

- 这个椅子太硬，坐起来不舒服。
  Zhè ge yǐzi tài yìng zuò qǐlái bù shūfu
  이 의자는 매우 딱딱해서 앉아있으면 불편하다.
- 对这件事，他的态度很强硬。
  Duì zhèjiàn shì tā de tàidù hěn qiángyìng
  이 일에 대한 그의 태도는 매우 완강하다.

반 软 ruǎn 부드럽다, 연약하다

531 **勇敢** yǒnggǎn 용감하다

- 我勇敢地上台了。 나는 용감하게 무대에 올랐다.
  Wǒ yǒnggǎn de shàngtái le
- 他是个非常勇敢的人。 그는 매우 용감한 사람이다.
  Tā shì ge fēicháng yǒnggǎn de rén

반  胆怯 dǎnqiè 겁내다

532 优秀 yōuxiù
(품행, 성적 등이) 아주 뛰어나다

- 她是个很优秀的女孩子。 그녀는 매우 훌륭한 여자 아이다.
  Tā shì ge hěn yōuxiù de nǚháizi
- 我想成为一个优秀的人。 나는 훌륭한 사람이 되고 싶다.
  Wǒ xiǎng chéngwéi yīge yōuxiù de rén

 优异 yōuyì 특히 우수하다 优良 yōuliáng 아주 좋다

533 幽默 yōumò
유머러스한

- 他的话很幽默。 그의 말은 유머러스하다.
  Tā de huà hěn yōumò
- 幽默的男人很受女人的欢迎。
  Yōumò de nánrén hěn shòu nǚrén de huānyíng
  유머러스한 남자는 여자들의 환영을 받는다.

534 友好 yǒuhǎo
우호적이다

- 他对人很友好。 그는 사람을 대할 때 우호적이다.
  Tā duì rén hěn yǒuhǎo
- 我希望和你永远保持友好的关系。
  Wǒ xīwàng hé nǐ yǒngyuǎn bǎochí yǒuhǎo de guānxi
  나는 너와 영원히 우호적인 관계를 유지하고 싶어.

535 有趣 yǒuqù
재미있다, 흥미가 있다

- 我今天看了一场很有趣的电影。
  Wǒ jīntiān kàn le yìchǎng hěn yǒuqù de diànyǐng
  나는 오늘 매우 재미있는 영화 한 편을 봤다.
- 他是个有趣的人。 그는 재미있는 사람이다.
  Tā shì ge yǒuqù de rén

536 幼稚 yòuzhì
유치하다, 수준이 낮다

- 他的想法有点幼稚。 그의 생각은 조금 유치하다.
  Tā de xiǎngfǎ yǒudiǎnr yòuzhì
- 这个计划太幼稚了。 이 계획은 너무 유치하다.
  Zhè ge jìhuà tài yòuzhì le

 成熟 chéngshú 완숙되다, 숙련되다

형용사
形容词

537 愉快 yúkuài 기쁘다, 즐겁다
- 大家周末愉快! 여러분 주말 잘 보내세요!
  Dàjiā zhōumò yúkuài
- 我们一起度过了一个愉快的时间。
  Wǒmen yìqǐ dùguò le yígè yúkuài de shíjiān
  우리는 함께 즐거운 시간을 보냈다.

유 欢乐 huānlè 즐겁다 / 高兴 gāoxìng 기쁘다
반 不快 búkuài 즐겁지 않다

538 圆 yuán 둥글다
- 她脸圆, 但很瘦。 그녀는 얼굴이 둥글지만 매우 말랐다.
  Tā liǎn yuán dàn hěn shòu
- 画三个圆吧。 동그라미 세 개를 그리세요.
  Huà sān ge yuán ba

539 脏 zāng 더럽다, 지저분하다
- 这件衣服很脏。 이 옷은 정말 더럽다.
  Zhè jiàn yīfu hěn zāng
- 那双鞋子被弄脏了。 그 신발은 더러워졌다.
  Nà shuāng xiézi bèi nòngzāng le

반 净 jìng 깨끗하다 / 洁 jié 오점이 없다, 청결하다

540 窄 zhǎi 협소하다, (폭이, 마음이) 좁다
- 我的房间很窄。 내 방은 매우 좁다.
  Wǒ de fángjiān hěn zhǎi
- 他的心眼儿很窄。 그는 마음이 매우 좁다.
  Tā de xīnyǎnr hěn zhǎi

반 广 guǎng 넓다 광범위하다 / 宽 kuān 넓다

541 着急 zháojí 조급하다, 마음을 졸이다
- 他看起来很着急。 보기에 그는 매우 조급해 보인다.
  Tā kànqǐlái hěn zháojí
- 越着急事情越办不好。 조급해할 수록 일이 더 잘 안된다.
  Yuè zháojí shìqíng yuè bàn bù hǎo
- 你别着急! 너 조급해하지 마!
  Nǐ bié zháojí

TIP '着急'는 '조급해하다, 초조해하다'라는 뜻의 동사로 사용되는 경우가 더욱 많다

542 真 zhēn
사실이다, 진짜이다, 분명하다

- 他真的很帅。 그는 정말 잘생겼어.
  Tā zhēn de hěn shuài
- 这件事是真的。 이 일은 진짜야.
  Zhè jiàn shì shì zhēn de

반 假 jiǎ 가짜의, 거짓의

543 真正 zhēnzhèng
진정한, 참된, 진짜의

- 我们不是大自然真正的主人。
  Wǒmen búshì dàzìrán zhēnzhèng de zhǔrén
  우리는 자연의 진정한 주인이 아니다.
- 如果你想成为真正的男子汉，就不能怕吃苦。
  Rúguǒ nǐ xiǎng chéngwéi zhēnzhèng de nánzǐhàn jiù bù néng pà chīkǔ
  만약 네가 진짜 남자가 되고 싶다면 고생을 두려워해서는 안된다.

544 正常 zhèngcháng
정상적인

- 正常的人不会这么做。
  Zhèngcháng de rén búhuì zhème zuò
  정상적인 사람이라면 이렇게 하지는 않을 것이다.
- 我的作息很不正常。 나의 일과 휴식은 고르지 못하다.
  Wǒ de zuòxī hěn bù zhèngcháng
- 他的精神真的不正常。 그는 정말 제정신이 아니다.
  Tā de jīngshén zhēn de bù zhèngcháng

반 异常 yìcháng 보통이 아니다, 정상이 아니다 反常 fǎncháng 이상하다

545 整齐 zhěngqí
단정하다, 깔끔하다

- 他的穿着很整齐。 그의 옷차림은 매우 단정하다.
  Tā de chuānzhuó hěn zhěngqí
- 我的牙齿很整齐。 나는 치아가 아주 가지런하다.
  Wǒ de yáchǐ hěn zhěngqí

반 杂乱 záluàn 어수선하다, 뒤죽박죽이다

546 正确 zhèngquè
정확하다, 올바르다

- 他说的话很正确。 그의 말이 정말 맞다.
  Tā shuō de huà hěn zhèngquè
- 这个答案是正确的。 이 답안은 매우 정확하다.
  Zhè ge dá'àn shì zhèngquè de

반 错误 cuòwù 부정확하다

형용사
形容词

547

正式
zhèngshì
정식의, 정규의, 공식의

- 在正式的场合不能穿这种衣服。
  Zài zhèngshì de chánghé bùnéng chuān zhè zhǒng yīfu
  공식적인 장소에서는 이런 옷을 입을 수 없다.
- 韩国总统对中国进行了正式访问。
  Hánguó zǒngtǒng duì Zhōngguó jìnxíng le zhèngshì fǎngwèn
  한국 대통령은 중국을 공식 방문했다.

548

重要
zhòngyào
중요하다

- 明天的会议很重要。 내일 회의는 매우 중요하다.
  Míngtiān de huìyì hěn zhòngyào
- 爸爸做了重要的决定。 아버지는 중요한 결정을 하셨다.
  Bàba zuò le zhòngyào de juédìng

549

主动
zhǔdòng
주동적인, 능동적인

- 我主动参加义务活动。 나는 자발적으로 봉사활동에 참여했다.
  Wǒ zhǔdòng cānjiā yìwù huódòng
- 他主动告诉我事情的真相。
  Tā zhǔdòng gàosu wǒ shìqing de zhēnxiàng
  그는 주동적으로 나에게 사건의 진상을 알려줬다.

반 被动 bèidòng 피동적이다, 수동적이다

550

著名
zhùmíng
유명하다, 저명하다

- 他是个著名的企业家。 그는 유명한 기업가이다.
  Tā shì ge zhùmíng de qǐyèjiā
- 我毕业于著名大学。 나는 명문대학을 졸업했다.
  Wǒ bìyè yú zhùmíng dàxué

 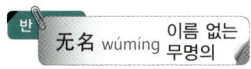

551

准确
zhǔnquè
확실하다, 정확하다, 틀림없다

- 我的发音很准确。 나의 발음은 매우 정확하다.
  Wǒ de fāyīn hěn zhǔnquè
- 你写的答案很准确。 그가 작성한 답은 매우 정확하다.
  Nǐ xiě de dá'àn hěn zhǔnquè

형용사
形容词

552 □

专业
zhuānyè
전문의

- 他是个著名的**专业**歌手。 그는 유명한 프로 가수이다.
  Tā shì ge zhùmíng de zhuānyè gēshǒu
- 我的大学**专业**是中文系。 나의 대학 전공은 중어중문학과이다.
  Wǒ de dàxué zhuānyè shì zhōngwénxi

> TIP '专业'는 '전공, 전문'이라는 명사형으로 사용되기도 한다

> 반 业余 yèyú 비전문의

553 □

仔细
zǐxì
세심하다, 주의하다, 조심하다

- 做事得认真**仔细**! 일을 할 때는 성실하고 꼼꼼해야만 한다.
  Zuòshì děi rènzhēn zǐxì
- 他是个很**仔细**的人。 그는 꼼꼼한 사람이야.
  Tā shì ge hěn zǐxì de rén

> 반 马虎 mǎhu 세심하지 못하다, 조심성이 없다

554 □

自然
zìrán
천연의, 자연의, 당연하다

- 他说话很**自然**。 그의 말은 매우 자연스럽다.
  Tā shuōhuà hěn zìrán
- 我比较喜欢**自然**的氛围。 나는 자연스러운 분위기를 좋아한다.
  Wǒ bǐjiào xǐhuan zìrán de fēnwéi

555 □

最好
zuì hǎo
가장 좋다

- 这个包的质量**最好**。 이 가방의 품질이 가장 좋다.
  Zhè ge bāo de zhìliàng zuìhǎo
- 我们班学生中我的成绩**最好**。
  Wǒmen bān xuésheng zhōng wǒ de chéngjì zuìhǎo
  우리 반 학생들 중에서 내 성적이 가장 좋다.

PART 3 부사

주로 동사나 형용사를 수식하는 단어로 일반적으로
상태부사, 정도부사, 시간부사, 부정부사 등으로 나뉩니다.

PART 3 부사 副词

556

按时 ànshí
제때에, 시간에 맞추어

- 这个药得**按时**吃。 이 약은 시간에 맞추어 복용해야 한다.
  Zhè ge yào děi ànshí chī
- 他**按时**交房费。 그는 제때에 방값을 낸다.
  Tā ànshí jiāo fángfèi

557

白 bái
헛되이, 쓸데없이, 공짜로

- 我的努力都**白**费了。 나의 노력은 모두 쓸데없었다.
  Wǒ de nǔlì dōu bái fèi le
- 他总是在我家**白**吃**白**喝。
  Tā zǒngshì zài wǒ jiā bái chī bái hē
  그는 늘 우리 집에서 공짜로 먹고 마신다.

558

本来 běnlái
본래, 원래

- 我**本来**不打算去的。 원래 나는 갈 생각이 없었다.
  Wǒ běnlái bù dǎsuan qù de
- 我**本来**想去中国留学，但后来改变了想法。
  Wǒ běnlái xiǎng qù Zhōngguó liúxué dàn hòulái gǎibiàn le xiǎngfǎ
  나는 원래 중국 유학을 가려고 했지만 이후에 생각을 바꿨다.
- 这件事**本来**这样做。 이 일은 원래 이렇게 한다.
  Zhè jiàn shì běnlái zhèyàng zuò

559

必须 bìxū
반드시, 꼭

- 我**必须**努力学习。 나는 반드시 열심히 공부해야 한다.
  Wǒ bìxū nǔlì xuéxí
- 他**必须**今天之内完成这项任务。
  Tā bìxū jīntiān zhī nèi wánchéng zhè xiàng rènwù
  그는 반드시 오늘 안에 이 임무를 완성해야 한다.

유 **务必** wùbì 반드시, 꼭, 기필코
반 **不必** búbì ~할 필요가 없다   **无须** wúxū 필요 없이, 쓸데없이

124

부사
副词

---

560 ☐

别
bié

~하지 마라

- 你别盲目恋爱。 너는 맹목적으로 연애하지 마라.
  Nǐ bié mángmù liàn'ài
- 别忘记和他的约会。 그와의 약속을 잊어버리지 마라.
  Bié wàngjì hé tā de yuēhuì

> 유 不要 búyào ~하지 마라, ~해서는 안 된다

---

561 ☐

遍
biàn

온통, 다, 모두

- 他走遍了世界每个角落。 그는 전 세계 방방곡곡을 모두 가 봤다.
  Tā zǒubiàn le shìjiè měige jiǎoluò

---

562 ☐

不
bù

(동사, 형용사, 기타 부사 앞에서)
부정을 나타냄

- 我今天不回家。 나는 오늘 집에 돌아가지 않는다.
  Wǒ jiāntiān bù huíjiā
- 这笔钱不是我的。 이 돈은 나의 것이 아니다.
  Zhè bǐ qián búshì wǒ de

> 유 没 méi ~않다(과거 경험, 행위 등을 부정) 无 wú ~이 아니다, ~하지 않다

---

563 ☐

不得不
bùdébù

어쩔 수 없이, 반드시

- 我不得不同意他的意见。
  Wǒ bùdébù tóngyì tā de yìjiàn
  나는 어쩔 수 없이 그의 의견에 동의했다.
- 他一直问我，我不得不告诉他。
  Tā yìzhí wèn wǒ wǒ bùdébù gàosu tā
  그가 계속 물어봐서 나는 어쩔 수 없이 그에게 알려줬다.

---

564 ☐

不仅
bùjǐn

~에 그치지 않다,
~만은 아니다

- 他不仅学习好，而且人品也好。
  Tā bùjǐn xuéxí hǎo érqiě rénpǐn yě hǎo
  그는 공부를 잘할 뿐만 아니라 사람됨도 좋다.
- 他不仅没有嘲笑我，反而热情地帮助我。
  Tā bùjǐn méiyǒu cháoxiào wǒ fǎn'ér rèqíng de bāngzhù wǒ
  그는 나를 비웃지 않았을 뿐만 아니라 오히려 열정적으로 나를 도와줬다.

565 不怎么
bùzěnme
그다지, 별로

- 他的成绩**不怎么**好。 그의 성적은 좋지 못하다.
  Tā de chéngjì bùzěnme hǎo
- 今天**不怎么**冷。 오늘은 별로 춥지 않다.
  Jīntiān bùzěnme lěng

566 才
cái
비로소, 겨우, 막

- 他现在**才**回家。 그는 방금 막 집에 돌아왔다.
  Tā xiànzài cái huíjiā
- 只有得到父母的同意，我**才**能去留学。
  Zhǐyǒu dédào fùmǔ de tóngyì wǒ cái néng qù liúxué
  나는 부모님의 동의를 얻어야지만 유학을 갈 수 있다.
- 我凌晨**才**睡着。 나는 새벽에 겨우 잠이 들었다.
  Wǒ língchén cái shuìzháo
- 为什么你现在**才**告诉我那件事呢?
  Wèishénme nǐ xiànzài cái gàosu wǒ nà jiàn shì ne
  왜 너는 지금에서야 나에게 그 일을 알려주니?

567 差不多
chàbuduō
거의, 대체로

- 这件事**差不多**都做完了。 이 일은 거의 완성되었다.
  Zhè jiàn shì chàbuduō dōu zuò wán le
- 学生**差不多**都来了。 학생들이 거의 다 왔다.
  Xuésheng chàbuduō dōu lái le

568 差点儿
chàdiǎnr
간신히, 하마터면, 가까스로

- 我**差点儿**摔倒了。 나는 하마터면 넘어질 뻔했다.
  Wǒ chàdiǎnr shuāidǎo le
- 这次我**差点儿**就考上了。 이번에 나는 아쉽게도 합격하지 못했다.
  Zhè cì wǒ chàdiǎnr jiù kǎoshàng le

569 常常
chángcháng
늘, 항상, 자주

- 他们俩**常常**吵架。 그들 둘은 항상 싸운다.
  Tāmen liǎ chángcháng chǎojià
- 她**常常**来我家玩儿。 그녀는 자주 우리 집에 와서 논다.
  Tā chángcháng lái wǒ jiā wánr

부사
副词

---

570 ☐

曾经
céngjīng
예전에, 일찍이

- 我曾经去过中国。 나는 예전에 중국에 가본 적이 있다.
  Wǒ céngjīng qù guò Zhōngguó
- 我曾经来过这里。 나는 예전에 여기에 와본 적이 있다.
  Wǒ céngjīng lái guò zhè lǐ

> 반 未曾 wèicéng ~한 적이 없다

---

571 ☐

重新
chóngxīn
다시, 재차

- 我想把家里重新装修一下。 나는 집 인테리어를 다시 하고 싶다.
  Wǒ xiǎng bǎ jiālǐ chóngxīn zhuāngxiū yíxià
- 把这些题重新做一遍。 이 문제들을 다시 풀어봐라.
  Bǎ zhè xiē tí chóngxīn zuò yíbiàn

---

572 ☐

从来
cónglái
지금까지, 이제까지

- 我从来没交过男朋友。
  Wǒ cónglái méi jiāoguò nánpéngyou
  나는 지금까지 남자친구를 사귀어본 적이 없다.
- 他从来没去过中国。 그는 지금까지 중국에 가본 적이 없다.
  Tā cónglái méi qùguò Zhōngguó

---

573 ☐

从来不
cónglái bù
~한 적이 없다

- 我从来不喝酒。 나는 술을 마신 적이 없다.
  Wǒ cónglái bù hējiǔ
- 他从来不养狗。 그는 지금까지 개를 길러본 적이 없다.
  Tā cónglái bù yǎnggǒu

---

574 ☐

充分
chōngfèn
십분, 충분히

- 希望大家充分利用这次机会!
  Xīwàng dàjiā chōngfèn lìyòng zhècì jīhuì
  여러분 이번 기회를 충분히 이용하기를 바랍니다!
- 他充分发挥了自己的能力。
  Tā chōngfèn fāhuī le zìjǐ de nénglì
  그는 스스로의 능력을 충분히 발휘하였다.

575

大概
dàgài
아마, 대개

- 今天参加会议的人大概100人左右。
  Jīntiān cānjiā huìyì de rén dàgài yìbǎi rén zuǒyòu
  오늘 회의에 참석한 사람들은 아마 100여 명일 것이다.
- 大概需要10分钟。 대략 10분 정도가 필요하다.
  Dàgài xūyào shí fēnzhōng

576

大约
dàyuē
아마, 대략, 대강

- 他看上去大约30岁。 그는 한 서른 살쯤 되어 보인다.
  Tā kànshàngqù dàyuē sānshí suì
- 我等了大约一个小时。 나는 약 한 시간 정도를 기다렸다.
  Wǒ děng le dàyuē yíge xiǎoshí

유 大致 dàzhì 대략, 대강

577

当然
dāngrán
물론, 당연히

- 你是学生，当然得学习。
  Nǐ shì xuésheng dāngrán děi xuéxí
  너는 학생이니 당연히 공부를 해야만 한다.
- 我当然不会这样做。 나는 물론 이렇게 하지 않을 것이다.
  Wǒ dāngrán búhuì zhèyàng zuò

578

到底
dàodǐ
도대체, 마침내

- 你到底想说什么? 너 도대체 무슨 말을 하고 싶니?
  Nǐ dàodǐ xiǎng shuō shénme
- 这到底是什么东西? 이건 도대체 무슨 물건이니?
  Zhè dàodǐ shì shénme dōngxi

579

倒
dào
오히려, 도리어

- 他们虽然分了手，但倒经常联系。
  Tāmen suīrán fēn le shǒu dàn dào jīngcháng liánxi
  그들은 비록 헤어졌지만 오히려 연락을 자주한다.
- 本来可以完成的事情反倒失败了。
  Běnlái kěyǐ wánchéng de shìqing fǎndào shībài le
  본래 완성할 수 있는 일을 오히려 실패했다.

부사
副词

580

多
duō
얼마나, 얼마큼

- 你今年**多**大? 넌 올해 몇 살이니?
  Nǐ jīnnián duō dà
- 你家离公司**多**远? 너희 집은 회사에서 얼마나 머니?
  Nǐ jiā lí gōngsī duō yuǎn

581

多么
duōme
얼마나~한가(감탄문), 제아무리

- 这里的花**多么**好看啊! 이 곳의 꽃이 얼마나 아름다운가!
  Zhè lǐ de huā duōme hǎokàn a
- 她**多么**漂亮啊! 그녀는 얼마나 아름다운가!
  Tā duōme piàoliang a
- 不管**多么**艰难, 我都要克服它。
  Bùguǎn duōme jiānnán wǒ dōu yào kèfú tā
  제아무리 어려워도 나는 모두 극복해야 한다.

582

多少
duōshǎo
얼마간, 다소, 약간

- 这个班级有**多少**男学生? 이 반에 남학생이 얼마나 있나요?
  Zhè ge bānjí yǒu duōshǎo nán xuésheng
- 你知道我们付出了**多少**努力吗?
  Nǐ zhīdào wǒmen fùchū le duōshǎo nǔlì ma
  너는 우리가 얼마나 노력을 했는지 아니?

583

都
dōu
모두, 전부, 이미

- 他们**都**是留学生。 그들은 모두 유학생이다.
  Tāmen dōu shì liúxuéshēng
- **都**是我的错。 모두 나의 잘못이다.
  Dōu shì wǒ de cuò
- 天**都**已经黑了。 날이 이미 어두워졌다.
  Tiān dōu yǐjing hēi le

  유 全 quán 모두, 완전히

584

另外
lìngwài
별도로, 따로, 달리

- 我想选**另外**一个。 나는 별도로 하나를 선택하고 싶다.
  Wǒ xiǎng xuǎn lìngwài yí ge
- 不仅要上班, **另外**还要做许多家务。
  Bùjǐn yào shàngbān lìngwài hái yào zuò xǔduō jiāwù
  출근을 해야 할 뿐만 아니라 따로 많은 집안일을 해야 한다.

585

仿佛
fǎngfú
마치~인 듯하다,
마치~인 것 같다

- 他**仿佛**还在我的身边。 그는 마치 나의 곁에 있는 것 같다.
  Tā fǎngfú hái zài wǒ de shēnbiān
- 这**仿佛**是一场梦。 이는 마치 꿈인 것 같다.
  Zhè fǎngfú shì yìcháng mèng

586

非常
fēicháng
대단히, 매우, 아주

- 他**非常**喜欢我。 그는 매우 나를 좋아한다.
  Tā fēicháng xǐhuan wǒ
- 我度过了一个**非常**愉快的周末。
  Wǒ dùguò le yíge fēicháng yúkuài de zhōumò
  나는 매우 즐거운 주말을 보냈다.

> 유 很 hěn 매우, 아주 太 tài 대단히, 몹시 挺 tǐng 꽤, 상당히
> 十分 shífēn 매우, 아주, 대단히

587

刚
gāng
방금, 막

- 他**刚**下楼。 그는 방금 내려왔다.
  Tā gāng xiàlóu
- 我**刚**吃过晚饭。 나는 막 저녁밥을 먹었다.
  Wǒ gāng chīguò wǎnfàn

588

刚才
gāngcái
방금, 지금, 막

- 我**刚才**在看电视。 나는 방금 텔레비전을 보고 있었다.
  Wǒ gāngcái zài kàn diànshì
- 你**刚才**说什么? 너 방금 뭐라고 말한 거니?
  Nǐ gāngcái shuō shénme

589

刚刚
gānggāng
막, 방금

- 他**刚刚**回家。 그는 방금 집에 돌아갔다.
  Tā gānggāng huíjiā
- 我**刚刚**下班。 나는 막 퇴근했다.
  Wǒ gānggāng xiàbān

부사
副词

590

各
gè
각자, 각각

- 那条街上有**各**种小吃。 그 길에는 각종 간식거리가 있다.
  Nà tiáo jiēshàng yǒu gèzhǒng xiǎochī
- 我们**各**自制定了计划。 우리는 각자 계획을 세웠다.
  Wǒmen gèzì zhìdìng le jìhuà

591

格外
géwài
특별히, 별도로

- 你今天**格外**漂亮。 너는 오늘 유난히 아름답다.
  Nǐ jīntiān géwài piàoliang
- 今天的天气**格外**好。 오늘 날씨가 무척이나 좋다.
  Jīntiān de tiānqì géwài hǎo
- 下雨的时候，开车要**格外**小心。
  Xiàyǔ de shíhou kāichē yào géwài xiǎoxīn
  비가 내릴 때 운전하는 것을 각별히 조심해야 한다.

592

更
gèng
더욱, 훨씬

- 他变得**更**帅了。 그는 더욱 멋있어졌다.
  Tā biàn de gèng shuài le
- 哪个**更**好? 어느 것이 더욱 좋으니?
  Nǎ ge gèng hǎo

593

更加
gèngjiā
더, 더욱

- 她想变得**更加**漂亮。 그녀는 더욱 아름다워지고 싶다.
  Tā xiǎng biànde gèngjiā piàoliang
- 我一定要**更加**努力。 나는 반드시 더욱 노력해야 한다.
  Wǒ yídìng yào gèngjiā nǔlì

594

够
gòu
제법, 꽤, 퍽

- 今天的天气真**够**热的。 오늘 날씨가 꽤 덥다.
  Jīntiān de tiānqì zhēn gòu rè de
- 他的脾气真**够**怪的。 그의 성격은 정말 별나다.
  Tā de píqi zhēn gòu guài de

595

故意
gùyì

고의로, 일부로

- 我不是**故意**踩你脚的。 나는 일부로 너의 발을 밟지 않았다.
  Wǒ búshì gùyì cǎi nǐ jiǎo de
- 我**故意**跟他发脾气。 나는 일부로 그에게 화를 냈다.
  Wǒ gùyì gēn tā fā píqi

596

怪不得
guàibude

과연, 어쩐지, 그러기에

- 今天天气真好，**怪不得**大家都在外面玩儿。
  Jīntiān tiānqì zhēn hǎo guàibude dàjiā dōu zài wàimian wánr
  오늘 날씨가 정말 좋구나, 어쩐지 다들 밖에서 놀고 있더라.
- 原来她是歌手，**怪不得**唱歌唱得那么好听。
  Yuánlái tā shì gēshǒu guàibude chànggē chàng de nàme hǎotīng
  알고 보니 그녀는 가수였어, 어쩐지 노래를 그렇게 잘하더라.

597

果然
guǒrán

과연, 생각한대로, 예상한대로

- 今天**果然**下雨了。 오늘 예상한 대로 비가 왔다.
  Jīntiān guǒrán xiàyǔ le
- 他**果然**很优秀。 그는 생각한 대로 매우 훌륭했다.
  Tā guǒrán hěn yōuxiù

> 유 果真 guǒzhēn 과연, 정말, 진실로

598

光
guāng

단지, 오로지, 다만

- 他平时**光**说不做。 그는 평소 오로지 말만 하지 행동은 하지 않는다.
  Tā píngshí guāng shuō bú zuò
- 我**光**看他的表情，就知道他在想什么。
  Wǒ guāng kàn tā de biǎoqíng jiù zhīdào tā zài xiǎng shénme
  나는 단지 그의 표정만 봐도 어떤 생각을 하고 있는지 안다.

599

还
hái

아직도, 더욱, 또

- 他**还**没起床。 그는 아직도 일어나지 않았다.
  Tā hái méi qǐchuáng
- 你**还**喜欢我吗? 너 아직 나를 좋아하니?
  Nǐ hái xǐhuan wǒ ma
- 我的成绩比他**还**好。 나의 성적은 그보다 더 좋다.
  Wǒ de chéngjì bǐ tā hái hǎo

부사
副词

600
还是
háishi
여전히, 아직,
~하는 편이 낫다

- 你怎么还是这么漂亮? 너는 어떻게 여전히 이렇게 아름답니?
  Nǐ zěnme háishi zhème piàoliang
- 这件事非常重要, 你还是再确认一下吧。
  Zhè jiàn shì fēicháng zhòngyào nǐ háishi zài quèrèn yíxià ba
  이 일은 매우 중요하니 다시 확인하는 게 좋겠다.

601
好
hǎo
꽤, 아주

- 学校里有好多人。 학교 안에 꽤 많은 사람이 있다.
  Xuéxiào lǐ yǒu hǎo duō rén
- 我已经等了好久了。 나는 이미 꽤 오랫동안 기다렸다.
  Wǒ yǐjīng děng le hǎojiǔ le
- 好久不见了。 참 오랜만입니다.
  Hǎojiǔ bújiàn le
- 医院离这儿好远。 병원은 여기에서 꽤 멀다.
  Yīyuàn lí zhèr hǎo yuǎn

602
好像
hǎoxiàng
마치~과 같다,
마치~와 비슷하다

- 他好像不认识我。 그는 마치 나를 모르는 것 같다.
  Tā hǎoxiàng búrènshi wǒ
- 今天好像要下雨。 오늘 비가 올 것 같다.
  Jīntiān hǎoxiàng yào xiàyǔ

603
很
hěn
아주, 매우

- 这里的风景很美丽。 이 곳의 풍경은 매우 아름답다.
  Zhè lǐ de fēngjǐng hěn měilì
- 今天的天气很好。 오늘 날씨는 매우 좋다.
  Jīntiān de tiānqì hěn hǎo

604
忽然
hūrán
갑자기, 돌연

- 我忽然想起了那天的事情。 불현듯 그날의 일이 떠올랐다.
  Wǒ hūrán xiǎngqǐ le nàtiān de shìqing
- 外边忽然下大雪了。 밖에 갑자기 눈이 많이 내린다.
  Wàibian hūrán xià dàxuě le

유
突然 tūrán 갑자기 | 猛然 měngrán 갑자기, 문득 | 骤然 zhòurán 돌연히

605

或许
huòxǔ
아마, 어쩌면

- **或许**他已经知道那件事。 그는 이미 그 일을 알고 있을지도 모른다.
  Huòxǔ tā yǐjīng zhīdào nàjiàn shì
- 他今天没来，**或许**生病了。
  Tā jīntiān méi lái huòxǔ shēngbìng le
  그는 오늘 오지 않았는데 혹시 병이 났는지 모른다.

也许 yěxǔ 어쩌면

606

极
jí
아주, 매우

- 我最近忙**极**了。 나는 최근 매우 바쁘다.
  Wǒ zuìjìn máng jí le
- 这孩子可爱**极**了。 이 아이는 매우 귀엽다.
  Zhè háizi kě'ài jí le

607

即可
jíkě
~하면 곧 ~할 수 있다

- 这个软件下载后**即可**使用。
  Zhè ge ruǎnjiàn xiàzǎi hòu jíkě shǐyòng
  이 소프트웨어는 다운로드 후 바로 사용할 수 있다.
- 用微波炉转一下**即可**食用。
  Yòng wēibōlú zhuàn yíxià jíkě shíyòng
  전자레인지로 돌리기만 하면 바로 먹을 수 있다.

608

几乎
jīhū
거의, 하마터면

- 昨天晚上我**几乎**没睡。 어제 저녁 나는 거의 잠을 자지 못했다.
  Zuótiān wǎnshang wǒ jīhū méi shuì
- 我们公司员工**几乎**都参加了这次聚会。
  Wǒmen gōngsī yuángōng jīhū dōu cānjiā le zhècì jùhuì
  우리 회사 직원 대부분이 이번 모임에 참석했다.
- 我**几乎**忘记了这件事情。 나는 거의 이 일을 잊을 뻔했다.
  Wǒ jīhū wàngjì le zhèjiàn shìqing

差不多 chàbuduō 거의, 대체로

609

及时
jíshí
즉시, 곧바로

- 学习新知识后要**及时**复习。
  Xuéxí xīn zhīshi hòu yào jíshí fùxí
  새로운 것을 배우면 곧바로 복습을 해야 한다.
- 出现问题时，要**及时**处理。 문제가 생겼을 때 즉시 해결해야 한다.
  Chūxiàn wèntí shí yào jíshí chǔlǐ

부사
副词

610

仅
jǐn

겨우, 가까스로, 다만

- 今天来的人**仅**有5个。 오늘 온 사람은 겨우 다섯 명이다.
  Jīntiān lái de rén jǐn yǒu wǔ ge
- 新买的手机**仅**用了一个月就坏了。
  Xīn mǎi de shǒujī jǐn yòng le yígèyuè jiù huài le
  새로 산 휴대폰을 겨우 한 달 사용했는데 고장이 나버렸다.

611

仅仅
jǐnjǐn

단지, 다만, 간신히

- **仅仅**几个月内，他就成为了明星。
  Jǐnjǐn jǐgèyuè nèi tā jiù chéngwéi le míngxīng
  단지 몇 개월 만에 그는 연예인이 되었다.
- 他们俩分手**仅仅**是因为一件小事。
  Tāmen liǎ fēnshǒu jǐnjǐn shì yīnwèi yíjiàn xiǎoshì
  그들은 겨우 작은 일 하나 때문에 헤어졌다.

유 单单 dāndān 겨우, 단지, 다만

612

尽管
jǐnguǎn

얼마든지, 마음대로

- 有什么事情你**尽管**说吧。
  Yǒu shénme shìqing nǐ jǐnguǎn shuō ba
  무슨 일이 있으면 주저하지 말고 바로 말해라.
- 我会好好照顾她的，你**尽管**放心吧。
  Wǒ huì hǎohāo zhàogù tā de nǐ jǐnguǎn fàngxīn ba
  내가 그녀를 잘 돌봐줄 테니 마음 푹 놓아라.

613

经常
jīngcháng

항상, 언제나

- 我**经常**去图书馆看书。 나는 항상 도서관에 가서 독서를 한다.
  Wǒ jīngcháng qù túshūguǎn kànshū
- 他**经常**跟别人发脾气。 그는 언제나 다른 사람에게 화를 낸다.
  Tā jīngcháng gēn biérén fā píqi

 常常 chángcháng 늘, 항상　时常 shícháng 늘, 자주

614

竟然
jìngrán

뜻밖에도, 놀랍게도

- 没想到**竟然**在中国碰到你。
  Méixiǎngdào jìngrán zài Zhōngguó pèngdào nǐ
  뜻밖에 중국에서 너를 만날 줄은 생각지도 못했다.
- 真没想到，她**竟然**吃了这么多。
  Zhēn méixiǎngdào tā jìngrán chī le zhème duō
  그녀가 이렇게 많이 먹을 줄은 생각지도 못했다.

 居然 jūrán 뜻밖에

615
就 jiù
곧, 이미, ~하자마자, 단지

- 马上**就**期末考试了。 곧 기말고사야.
  Mǎshàng jiù qīmò kǎoshì le
- 只要你认真学习，**就**可以通过考试。
  Zhǐyào nǐ rènzhēn xuéxí jiù kěyǐ tōngguò kǎoshì
  네가 열심히 공부하기만 하면 시험을 통과할 수 있어.
- 爸爸一回家**就**吃饭。 아버지께서는 집에 돌아오자마자 식사를 하신다.
  Bàba yī huíjiā jiù chīfàn
- **就**你一个人没参加他的生日派对。
  Jiù nǐ yígèrén méi cānjiā tā de shēngrì pàiduì
  단지 너 혼자만이 그의 생일파티에 참석하지 않았다.

616
可能 kěnéng
어쩌면, 아마

- 今天**可能**会下雨。 오늘 아마 비가 내릴 거야.
  Jīntiān kěnéng huì xiàyǔ
- 到那时，我**可能**不在韩国了。
  Dào nàshí wǒ kěnéng bú zài Hánguó le
  그때가 되면 나는 아마 한국에 없을 거야.

유 也许 yěxǔ 어쩌면, 아마 恐怕 kǒngpà 아마~일 것이다

617
肯定 kěndìng
확실히, 틀림없이

- 你**肯定**能通过这次考试。 넌 틀림없이 이번 시험에 통과할 거야.
  Nǐ kěndìng néng tōngguò zhècì kǎoshì
- 他今天**肯定**会回来。 아마 그는 오늘 돌아올 거야.
  Tā jīntiān kěndìng huì huílái

618
快 kuài
곧, 어서

- **快**要考试了。 곧 시험이다.
  Kuàiyào kǎoshì le
- **快**要圣诞节了。 곧 크리스마스야.
  Kuàiyào shèngdànjié le

619
老 lǎo
자주, 늘

- 他**老**跟我发脾气。 그는 늘 나에게 화를 낸다.
  Tā lǎo gēn wǒ fā píqì
- 别**老**跟他一起玩。 그와 자주 놀지 말아라.
  Bié lǎo gēn tā yìqǐ wán

유 经常 jīngcháng 자주 总是 zǒngshì 언제나, 늘

부사
副词

620

陆续
lùxù
연이어, 끊임없이, 계속해서

- 学生们陆续上学了。 학생들이 연이어 등교한다.
  Xuéshengmen lùxù shàngxué le
- 参加面试的人陆续来了。 면접 참가자들이 잇달아 도착했다.
  Cānjiā miànshì de rén lùxù lái le

621

立即
lìjí
곧, 즉시, 바로

- 请立即解决这个问题。 즉시 이 문제를 해결해 주세요.
  Qǐng lìjí jiějué zhège wèntí
- 接到妈妈的电话，他立即回家了。
  Jiēdào māma de diànhuà tā lìjí huíjiā le
  어머니의 전화를 받고 나서 그는 바로 집으로 돌아갔다.

622

立刻
lìkè
곧, 즉시, 금방

- 我想立刻跟你见面。 나는 바로 너와 만나고 싶어.
  Wǒ xiǎng lìkè gēn nǐ jiànmiàn
- 吃了药，头疼立刻好转了。
  Chī le yào tóuténg lìkè hǎozhuǎn le
  약을 먹으니 두통이 바로 호전되었다.

623

马上
mǎshàng
곧, 즉시, 바로

- 我马上就回家。 나는 곧 집으로 돌아갈 거야.
  Wǒ mǎshàng jiù huíjiā
- 演唱会马上就开始了。 콘서트가 바로 시작하려 한다.
  Yǎnchànghuì mǎshàng jiù kāishǐ le

  유 立刻 lìkè 곧, 즉시 立即 lìjí 바로, 곧

624

没
méi
않다, 아직~않다

- 我现在没有钱。 나는 지금 돈이 없다.
  Wǒ xiànzài méiyǒu qián
- 我还没回家。 나는 아직 집에 돌아가지 않았다.
  Wǒ háiméi huíjiā

625
每 měi
늘, 항상, ~마다

- **每**到周末，我就骑自行车出去玩。
  Měidào zhōumò wǒ jiù qí zìxíngchē chūqù wán
  주말**마다** 나는 자전거를 타고 밖으로 놀러 나간다.
- **每**当春节来临，我就特别想念家人。
  Měidāng chūnjié láilín wǒ jiù tèbié xiǎngniàn jiārén
  춘절이 다가올 **때마다** 나는 가족이 무척 그립다.

626
难道 nándào
설마~란 말인가?, 설마~하겠는가?

- **难道**你不知道这件事情吗? 설마 너는 이 일을 모르니?
  Nándào nǐ bùzhīdào zhèjiàn shìqing ma
- **难道**你还不明白我的意思吗? 설마 너는 내 말을 이해 못하니?
  Nándào nǐ hái bù míngbai wǒ de yìsi ma

627
偶尔 ǒu'ěr
때때로, 간혹, 이따금

- 我们俩**偶尔**联系。 우리는 가끔 연락을 한다.
  Wǒmen liǎ ǒu'ěr liánxì
- 我**偶尔**想起那天的事情。
  Wǒ ǒu'ěr xiǎngqǐ nàtiān de shìqing
  나는 이따금 그날의 일이 생각나고는 한다.

> 유 偶然 ǒurán 간혹, 우연히

628
偶然 ǒurán
우연히, 간혹, 뜻밖에

- 我在中国**偶然**遇见了他。 나는 중국에서 그와 우연히 만났다.
  Wǒ zài Zhōngguó ǒurán yùjiàn le tā
- 我们是**偶然**遇见的。 우리는 우연히 만났어요.
  Wǒmen shì ǒurán yùjiàn de

629
其实 qíshí
실은, 사실은

- **其实**我不喜欢他。 사실 나는 그를 좋아하지 않는다.
  Qíshí wǒ bù xǐhuan tā
- **其实**我今天不想去上班。 실은 나는 오늘 출근하기 싫다.
  Qíshí wǒ jīntiān bùxiǎng qù shàngbān

부사
副词

630

千万 qiānwàn
부디, 제발, 꼭

- 你**千万**不要忘记我。 부디 저를 잊지 마세요.
  Nǐ qiānwàn búyào wàngjì wǒ
- 这件事情，你**千万**不要告诉他。
  Zhè jiàn shìqing nǐ qiānwàn búyào gàosu tā
  이 일을 그에게 절대 말하지 마세요.

631

仍旧 réngjiù
여전히, 변함없이

- 他**仍旧**是老样子。 그는 여전히 옛 모습 그대로이다.
  Tā réngjiù shì lǎoyàngzi
- 那里**仍旧**没有变化。 그 곳은 여전히 변함이 없다.
  Nàlǐ réngjiù méiyǒu biànhuà

유 仍然 réngrán 변함없이, 여전히, 아직도

632

仍然 réngrán
변함없이, 여전히, 아직도

- 我**仍然**不了解他。 나는 아직도 그를 이해하지 못한다.
  Wǒ réngrán bù liǎojiě tā
- 现在**仍然**存在很多问题。 현재 여전히 많은 문제가 존재한다.
  Xiànzài réngrán cúnzài hěn duō wèntí

유 仍旧 réngjiù 여전히, 변함없이

633

稍微 shāowēi
조금, 약간, 다소

- **稍微**等一下。 조금만 기다리세요.
  Shāowēi děng yíxià
- 他比我**稍微**高一点。 그는 나보다 키가 좀 더 크다.
  Tā bǐ wǒ shāowēi gāo yì diǎn

유 稍稍 shāoshāo 조금 略微 lüèwēi 약간

634

甚至 shènzhì
심지어, ～까지도

- 他**甚至**连自己的名字都不会写。
  Tā shènzhì lián zìjǐ de míngzi dōu búhuì xiě
  그는 심지어 자기의 이름도 쓰질 못한다.
- 他很穷，**甚至**连吃饭的钱都没有。
  Tā hěn qióng shènzhì lián chīfàn de qián dōu méiyǒu
  그는 너무 가난해서 식사할 돈조차 없다.

635
十分
shí fēn
대단히, 아주

- 他对人**十分**亲切。 그는 사람들에 대해 아주 친절하다.
  Tā duì rén shífēn qīnqiè
- 今天天气**十分**寒冷。 오늘 날씨는 대단히 춥다.
  Jīntiān tiānqì shífēn hánlěng

> 유 很 hěn 매우, 아주 太 tài 대단히, 매우 挺 tǐng 꽤, 대단히
> 非常 fēicháng 매우, 아주

636
是否
shì fǒu
~인지 아닌지

- 我不知道他**是否**会回来。 나는 그가 돌아올지 말지 모른다.
  Wǒ bùzhīdào tā shìfǒu huì huílái
- 你**是否**考虑过那件事? 너 그 일에 대해서 생각해봤니?
  Nǐ shìfǒu kǎolǜ guò nàjiàn shì

637
首先
shǒuxiān
맨 먼저, 우선

- **首先**，我想给大家介绍一个朋友。
  Shǒuxiān wǒ xiǎng gěi dàjiā jièshào yíge péngyou
  먼저 여러분에게 친구 한 명을 소개해드리겠습니다.
- **首先**我来介绍一下这个产品。
  Shǒuxiān wǒ lái jièshào yíxià zhège chǎnpǐn
  우선 이 상품에 대해 소개해드리겠습니다.

638
随便
suíbiàn
마음대로, 함부로, 제멋대로

- 你**随便**什么时候来都行。 네 마음대로 언제나 와도 괜찮아.
  Nǐ suíbiàn shénme shíhou lái dōu xíng
- 我们**随便**吃点儿东西吧。 우리 아무거나 뭘 좀 먹자.
  Wǒmen suíbiàn chī diǎnr dōngxi ba

639
太
tài
대단히, 매우, 아주

- 这件衣服**太**肥了! 이 옷은 너무 헐렁거려!
  Zhè jiàn yīfu tài féi le
- 这部电影**太**恐怖了! 이 영화는 너무 무서워!
  Zhè bù diànyǐng tài kǒngbù le

640

特别
tèbié

특히, 더욱, 일부러

- 我**特别**喜欢看中国电影。 나는 중국 영화를 보는 것을 특히 좋아한다.
  Wǒ tèbié xǐhuan kàn Zhōngguó diànyǐng
- 他们俩的关系**特别**亲密。 그들은 아주 친밀한 사이이다.
  Tāmen liǎ de guānxi tèbié qīnmì
- 今天你做的菜**特别**好吃。 오늘 네가 한 요리는 특히 맛있다.
  Jīntiān nǐ zuò de cài tèbié hǎochī

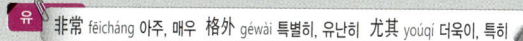
非常 fēicháng 아주, 매우 格外 géwài 특별히, 유난히 尤其 yóuqí 더욱이, 특히

641

挺
tǐng

매우, 상당히, 꽤

- 这座船**挺**大的。 이 배는 매우 크다.
  Zhè zuò chuán tǐng dà de
- 今天天气**挺**冷的。 오늘 날씨는 매우 춥다.
  Jīntiān tiānqi tǐng lěng de

642

同时
tóngshí

동시에

- 他们俩**同时**到达终点。 그들 둘은 동시에 결승점에 도착했다.
  Tāmen liǎ tóngshí dàodá zhōngdiǎn
- "太阳的后裔"在中韩两国**同时**播出。
  Tàiyáng de hòuyì zài zhōnghán liǎngguó tóngshí bōchū
  '태양의 후예'는 한중 양국에서 동시 방송된다.

643

突然
tūrán

갑자기, 돌연

- 他**突然**离开了。 그는 갑자기 떠났다.
  Tā tūrán líkāi le
- 这件事太**突然**了! 이 일은 너무 갑작스럽다!
  Zhè jiàn shì tài tūrán le

骤然 zhòurán 갑자기 猛然 měngrán 뜻밖에 忽然 hūrán 갑자기

644

完全
wánquán

완전히, 전적으로, 절대로

- 我**完全**不同意他的看法。
  Wǒ wánquán bù tóngyì tā de kànfǎ
  나는 그의 생각에 전적으로 동의할 수 없다.
- 他们俩的关系**完全**破裂了。 그들의 관계는 완전히 끝장이 났다.
  Tāmen liǎ de guānxi wánquán pòliè le

645 往往 wǎngwǎng
자주, 종종, 이따금, 때때로

- 现实往往没有预期的那么好。
Xiànshí wǎngwǎng méiyǒu yùqī de nàme hǎo
현실은 종종 우리가 생각했던 것만큼 그렇게 좋지 않다.
- 急功近利的人往往不能获得成功。
Jígōngjìnlì de rén wǎngwǎng bùnéng huòdé chénggōng
일반적으로 눈앞의 이익에만 급급한 사람은 성공하지 못한다.

646 先 xiān
먼저, 미리, 우선

- 你先进去吧。 먼저 들어가세요.
Nǐ xiān jìnqù ba
- 我们先坐在这儿休息一会儿吧。
Wǒmen xiān zuò zài zhèr xiūxi yíhuìr ba
우리 우선 여기에 앉아서 잠시 쉬자.

 首先 shǒuxiān 맨 먼저, 우선

647 相继 xiāngjì
연이어, 계속해서

- 放假了，很多留学生都相继回国。
Fàngjià le hěn duō liúxuéshēng dōu xiāngjì huíguó
방학을 맞아 많은 유학생들이 연이어 귀국했다.
- 获奖人相继上台了。 수상자들이 연이어 무대에 올랐다.
Huò jiǎng rén xiāngjì shàngtái le

648 一 yī
~하자마자, ~해보다

- 我一起床就听音乐。 나는 일어나자마자 음악을 듣는다.
Wǒ yī qǐchuáng jiù tīng yīnyuè
- 爸爸一回家就洗澡。 아빠는 집에 돌아오자마자 샤워를 하신다.
Bàba yī huíjiā jiù xǐzǎo
- 你试一试吧。 네가 한 번 해 봐.
Nǐ shì yí shì ba

649 一面 yímiàn
~하면서
~다른 한편으로는
~하다

- 我一面唱歌一面洗澡。 나는 노래를 부르면서 샤워를 한다.
Wǒ yímiàn chànggē yímiàn xǐzǎo
- 爸爸一面看电视一面做运动。
Bàba yímiàn kàn diànshì yímiàn zuò yùndòng
아버지께서는 텔레비전을 보시면서 운동을 하신다.

부사
副词

650
一边
yìbiān
~하면서 ~하다

- 我一边看电视一边吃饭。 나는 텔레비전을 보면서 밥을 먹는다.
  Wǒ yìbiān kàn diànshì yìbiān chīfàn
- 妈妈一边做菜一边听音乐。
  Māma yìbiān zuòcài yìbiān tīng yīnyuè
  어머니께서는 요리를 하시면서 음악을 들으신다.

651
为什么
wèishénme
왜, 어째서

- 你为什么这么问？ 넌 왜 이렇게 물어보니?
  Nǐ wèishénme zhème wèn
- 你为什么要跟她见面？ 너는 왜 그녀와 만나려고 하니?
  Nǐ wèishénme yào gēn tā jiànmiàn

652
为何
wèihé
무엇 때문에, 왜

- 你为何反对我的意见呢？ 너는 왜 나의 의견에 반대하니?
  Nǐ wèihé fǎnduì wǒ de yìjiàn ne
- 你为何非要这样做呢？ 너 왜 꼭 이렇게 하려고 하니?
  Nǐ wèihé fēiyào zhèyàng zuò ne

653
也
yě
~도 역시,
~도 있고 ~도 있다

- 我也喜欢你。 나도 너를 좋아해.
  Wǒ yě xǐhuan nǐ
- 超市里也有水果，也有蔬菜。
  Chāoshì lǐ yě yǒu shuǐguǒ yě yǒu shūcài
  마트에는 과일도 있고 야채도 있다.

654
也许
yěxǔ
아마도, 어쩌면

- 他今天也许不会来。 그는 아마 오늘 오지 않을 것이야.
  Tā jīntiān yěxǔ búhuì lái
- 这也许是世界上最美丽的地方。
  Zhè yěxǔ shì shìjiè shàng zuì měilì de dìfang
  여기는 아마 세계에서 가장 아름다운 곳일 거야.

655
一定
yídìng
반드시, 필히

- 我**一定**要加倍努力。 나는 반드시 갑절로 노력할 것이다.
  Wǒ yídìng yào jiābèi nǔlì
- 你**一定**要跟我联系! 너 반드시 나에게 연락해라!
  Nǐ yídìng yào gēn wǒ liánxì

유 必定 bìdìng 반드시, 기필코

656
一共
yígòng
모두, 전부

- **一共**多少钱? 모두 얼마인가요?
  Yígòng duōshǎo qián
- 我们班**一共**有30个人。 우리 반은 총 30명이다.
  Wǒmen bān yígòng yǒu sānshí ge rén

유 总共 zǒnggòng 모두, 전부, 합쳐서

657
一会儿
yíhuìr
~하다가 ~하다
(짧은 시간 내에 서로 상반되는 상황이 발생함을 나타냄)

- 今天天气真奇怪, **一会儿**冷**一会儿**热。
  Jīntiān tiānqì zhēn qíguài yíhuìr lěng yíhuìr rè
  오늘 날씨가 정말 이상하게 추웠다 더웠다 한다.
- 他精神不正常, **一会儿**哭**一会儿**笑。
  Tā jīngshén búzhèngcháng yíhuìr kū yíhuìr xiào
  그는 제정신이 아닌 게 울었다 웃었다 한다.

658
一起
yìqǐ
함께, 같이

- 如果你今天有时间的话, 我们**一起**出去玩儿吧。
  Rúguǒ nǐ jīntiān yǒu shíjiān de huà wǒmen yìqǐ chūqù wánr ba
  만약 너 오늘 시간이 있으면 우리 함께 나가서 놀자.
- 我想跟你在**一起**。 나는 너와 같이 있고 싶어.
  Wǒ xiǎng gēn nǐ zài yìqǐ

유 一块儿 yíkuàir 함께, 같이 一同 yìtóng 같이, 함께

569
已经
yǐjing
이미, 벌써

- 我**已经**认识他很久了。 나는 이미 그를 안지 오래되었다.
  Wǒ yǐjing rènshi tā hěn jiǔ le
- 他**已经**回家了。 그는 벌써 집에 돌아갔다.
  Tā yǐjing huíjiā le

유 曾经 céngjīng 일찍이   반 未曾 wèicéng ~한 적이 없다

부사
副词

660
一直
yìzhí
줄곧, 내내, 곧바로

- 我一直在等你。 나는 내내 너를 기다렸다.
  Wǒ yìzhí zài děng nǐ
- 一直往前走，很快就到了。
  Yìzhí wǎng qián zǒu hěn kuài jiù dào le
  곧장 앞으로 걸어가면 금방 도착해요.

  유 yíxiàng 줄곧 从来 cónglái 지금까지

661
尤其
yóuqí
더욱이, 특히

- 我喜欢吃肉，尤其是五花肉。
  Wǒ xǐhuan chīròu yóuqíshì wǔhuāròu
  나는 고기 먹는 것을 좋아하는데 특히 삼겹살을 좋아한다.
- 年轻人，尤其是青少年的上网时间太长了。
  Niánqīngrén yóuqíshì qīngshàonián de shàngwǎng shíjiān tài cháng le
  젊은이, 특히 청소년들의 인터넷 이용시간이 너무 길다.

662
又
yòu
다시, 또한,
~할지 아니면 ~할지

- 爸爸又发脾气了。 아빠는 또 화를 내셨다.
  Bàba yòu fā píqi le
- 男朋友又帅又善良。 남자친구는 잘생기고 착하다.
  Nánpéngyou yòu shuài yòu shànliáng
- 我又想去，又不想去，不知道怎么办才好。
  Wǒ yòu xiǎng qù yòu bùxiǎng qù bùzhīdào zěnmebàn cái hǎo
  가고 싶기도 하고 안 가고 싶기도 해서 어떻게 하면 좋을지 모르겠다.

663
原来
yuánlái
처음에, 원래, 본래

- 原来事情是这样啊。 원래 일이 이러했구나.
  Yuánlái shìqing shì zhèyàng a
- 原来是你呀。 이제 보니 바로 너였구나.
  Yuánlái shì nǐ ya

664
越
yuè
더욱더, 점점

- 我们俩的关系越来越好了。 우리 사이는 점점 더 좋아지고 있다.
  Wǒmen liǎ de guānxì yuèláiyuè hǎo le
- 越着急事情越办不好。 급할수록 일이 더욱 잘 안 된다.
  Yuè zháojí shìqing yuè bàn bù hǎo

665

再
zài

또, 다시,
~하고 나서, 제아무리

- 我们先休息一会儿再去吧。 우리 일단 잠시 쉬었다가 다시 가자.
  Wǒmen xiān xiūxi yíhuìr zài qù ba
- 我再也不想跟他见面了。 나는 다시는 그와 만나고 싶지 않다.
  Wǒ zài yě bùxiǎng gēn tā jiànmiàn le
- 你再怎么努力，也不会成功。
  Nǐ zài zěnme nǔlì yě búhuì chénggōng
  네가 아무리 노력을 해도 성공할 수 없을 거야.

666

在
zài

지금~하고 있다

- 外边在下雨吗? 밖에 비가 오고 있나요?
  Wàibian zài xiàyǔ ma
- 他在做作业。 나는 숙제를 하고 있다.
  Tā zài zuò zuòyè

667

真
zhēn

확실히, 진정으로,
진실로

- 我真的很喜欢你。 나는 진실로 너를 매우 좋아한다.
  Wǒ zhēn de hěn xǐhuan nǐ
- 我真不知道怎么感谢你才好。
  Wǒ zhēn bùzhīdào zěnme gǎnxiè nǐ cái hǎo
  나는 정말 어떻게 감사를 드려야 할지 모르겠습니다.

668

正在
zhèngzài

마침~중이다

- 我正在洗碗。 나는 지금 설거지를 하는 중이다.
  Wǒ zhèngzài xǐwǎn
- 我们正在聊天儿。 우리는 지금 이야기를 하고 있는 중이다.
  Wǒmen zhèngzài liáotiānr

669

只
zhǐ

다만, 단지,
오직~만 있다

- 我只喜欢吃韩国菜。 나는 한국음식만 좋아한다.
  Wǒ zhǐ xǐhuan chī hánguócài
- 这里我只来过一次。 나는 여기 단 한번 온 적이 있다.
  Zhèlǐ wǒ zhǐ lái guò yícì

유 仅 jǐn 다만, 단지 光 guāng 오로지, 다만 单 dān 오직, 오로지

부사
副词

670

只好
zhǐhǎo

어쩔 수 없이,
할 수 없이

- 我只好点了点头。 나는 어쩔 수 없이 고개를 끄덕였다.
  Wǒ zhǐhǎo diǎn le diǎntóu
- 他只好先回家了。 그는 할 수 없이 먼저 집에 돌아갔다.
  Tā zhǐhǎo xiān huíjiā le

671

至少
zhì shǎo

적어도, 최소한

- 从外表看，她至少30岁。
  Cóng wàibiǎo kàn tā zhìshǎo sānshí suì
  외모로 봤을 때 그녀는 적어도 서른 살로는 보인다.
- 这件事至少需要两天才能完成。
  Zhèjiàn shì zhìshǎo xūyào liǎngtiān cáinéng wánchéng
  이 일은 최소한 이틀은 있어야 끝낼 수 있다.

| 반 | 至多 zhìduō 많아야, 기껏해야 |

672

终于
zhōngyú

결국, 마침내

- 我终于通过了司法考试。 나는 마침내 사법고시에 합격했다.
  Wǒ zhōngyú tōngguò le sīfǎ kǎoshì
- 我和他终于结婚了。 나와 그는 마침내 결혼했다.
  Wǒ hé tā zhōngyú jiéhūn le

| 유 | 总算 zǒngsuàn 겨우, 마침내 |

673

主要
zhǔyào

주로, 대부분

- 我的主要任务是翻译。 나의 주된 임무는 통역이다.
  Wǒ de zhǔyào rènwù shì fānyì
- 你在公司主要负责什么?
  Nǐ zài gōngsī zhǔyào fùzé shénme
  너는 회사에서 주로 무엇을 책임지고 있니?

674

专门
zhuānmén

특별히, 일부러,
전문적으로

- 我今天是专门来找你的。 나는 오늘 일부러 너를 보러 왔어.
  Wǒ jīntiān shì zhuānmén lái zhǎo nǐ de
- 这是我专门为你准备的礼物。
  Zhè shì wǒ zhuānmén wèi nǐ zhǔnbèi de lǐwù
  내가 너를 위해 특별히 준비한 선물이야.
- 他专门负责库存管理。 그는 재고 관리를 전문적으로 책임지고 있다.
  Tā zhuānmén fùzé kùcún guǎnlǐ

147

부사 副词

675

总是
zǒngshì
늘, 항상

- 我的老公总是很忙。 내 남편은 항상 바쁘다.
  Wǒ de lǎogōng zǒngshì hěn máng
- 孩子总是跟我顶嘴。 아이는 늘 나에게 말대꾸를 한다.
  Háizi zǒngshì gēn wǒ dǐngzuǐ

676

最
zuì
최고로, 가장, 제일

- 他是学校里最帅的男孩儿。
  Tā shì xuéxiào lǐ zuì shuài de nánháir
  그는 학교에서 가장 잘생긴 남자아이다.
- 这家餐厅的菜最好吃。 이 식당의 음식이 제일 맛있다.
  Zhè jiā cāntīng de cài zuì hǎochī

PART 4 개사

개사(전치사)는 명사구 앞에 놓여 시간, 장소, 방향, 대상, 원인, 목적, 도구, 방식, 비교 등을 나타내는 말입니다.

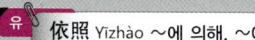

677

按照
ànzhào
~에 따라, ~에 의해

- 他按照原来的方式去做。 그는 원래의 방식에 따라 했다.
  Tā ànzhào yuánlái de fāngshì qù zuò
- 按照原来的计划，我们去中国旅游吧。
  ànzhào yuánlái de jìhuà wǒmen qù Zhōngguó lǚyóu ba
  원래 계획에 따라 우리 중국으로 여행을 가자.

> 유 依照 Yīzhào ~에 의해, ~에 따라

678

把
bǎ
~을
(주어)+把+목적어+(给)+
술어+기타성분

- 我把门关上了。 나는 문을 닫았다.
  Wǒ bǎ mén guān shàng le
- 他把我的手机弄坏了。 그는 나의 핸드폰을 망가뜨렸다.
  Tā bǎ wǒ de shǒujī nòng huài le

679

被
bèi
~에게 ~당하다

- 我的钱包被小偷偷走了。
  Wǒ de qiánbāo bèi xiǎotōu tōuzǒu le
  내 지갑은 좀도둑에게 소매치기를 당했다.
- 我被他感动了。 나는 그에게 감동받았다.
  Wǒ bèi tā gǎndòng le

680

本着
běnzhe
~에 의거하여,
~에 근거하여

- 本着人道主义原则，我们要帮助弱势群体。
  Běnzhe réndào zhǔyì yuánzé wǒmen yào bāngzhù ruòshì qúntǐ
  인도주의 원칙에 따라 우리는 소외계층을 도와줘야 한다.
- 本着平等互利的精神，世界各国都积极合作。
  Běnzhe píngděng hùlì de jīngshén shìjiè gèguó dōu jījí hézuò
  호혜 평등 원칙에 따라 세계 각국은 모두 적극적으로 협력하고 있다.

개사
介词

681
比
bǐ
~에 비해, ~보다

- 我比他更大。 나는 그보다 나이가 많다.
  Wǒ bǐ tā gèng dà
- 他的成绩比我还好。 그의 성적은 나보다 더 좋다.
  Tā de chéngjì bǐ wǒ hái hǎo

682
朝着
cháozhe
~를 향해, ~쪽으로

- 我们都朝着同一个目标前进。
  Wǒmen dōu cháozhe tóng yíge mùbiāo qiánjìn
  우리는 같은 목표로 나아가고 있다.
- 他们朝着同一个方向走。 그들은 같은 방향으로 갔다.
  Tāmen cháozhe tóng yíge fāngxiàng zǒu

683
从
cóng
~부터(시간, 장소)
~에 의거하여

- 你是从哪里来的? 너는 어디에서 왔니?
  Nǐ shi cóng nǎ lǐ lái de
- 从这个角度来看，他的想法很切合实际。
  Cóng zhège jiǎodù lái kàn tā de xiǎngfǎ hěn qièhé shíjì
  이 관점에서 봤을 때 그의 의견은 현실적이다.

684
对
duì
~에 대하여

- 我对韩国文化很感兴趣。 나는 한국 문화에 매우 흥미가 있다.
  Wǒ duì Hánguó wénhuà hěn gǎn xìngqù
- 我对你表示衷心的感谢。 나는 당신께 진심으로 감사드립니다.
  Wǒ duì tā biǎoshì zhōngxīn de gǎnxiè

685
对于
duìyú
~에 대해, ~에 대해서

- 对于这个问题，我们下次再商量吧。
  Duìyú zhè ge wèntí wǒmen xiàcì zài shāngliang ba
  이 문제에 대해 우리 다음에 다시 논의하자.
- 对于这件事，我一点都不知道。
  Duìyú zhè jiàn shì wǒ yìdiǎn dōu bùzhīdào
  이 일에 대해 나는 하나도 알지 못한다.

686 ☐

给
gěi
~에게, ~를 향하여,
~에게 ~를 당하다,
~를 위하여

- 爸爸每天给我讲故事。 아빠는 매일 나에게 이야기를 들려줬다.
  Bàba měitiān gěi wǒ jiǎng gùshi
- 他给我介绍了一个人。 그는 나에게 한 사람을 소개해줬다.
  Tā gěi wǒ jièshào yígèrén
- 手机给他弄坏了。 휴대폰이 그에 의해 고장 나 버렸다.
  Shǒujī gěi tā nòng huài le
- 我们给你准备一份礼物。 우리는 너를 위해 선물을 준비했다.
  Wǒmen gěi nǐ zhǔnbèi yífèn lǐwù
- 钱包被小偷给偷走了。 휴대폰이 좀도둑에 의해 훔쳐졌다.
  Qiánbāo bèi xiǎotōu gěi tōu zǒu le

TIP 把자문, 被자문 술어 앞에 쓰여 어기를 강조한다

687 ☐

根据
gēnjù
~에 근거하여, ~에 따라

- 根据法律法规，我们应该严厉处罚酒后驾驶。
  Gēnjù fǎlǜ fǎguī wǒmen yīnggāi yánlì chǔfá jiǔhòu jiàshǐ
  법률규정에 따라 우리는 음주운전을 엄격히 처벌해야 한다.
- 根据有关调查结果，中国游客的最大的旅游目的地就是日本。
  Gēnjù yǒuguān diàochá jiéguǒ Zhōngguó yóukè de zuìdà de lǚyóu mùdìdì jiùshì Rìběn
  관련 조사결과에 따르면 중국 여행객의 최대 여행 목적지는 바로 일본이다.

688 ☐

关于
guānyú
~에 관해

- 关于这个问题，我们明天再讨论吧。
  Guānyú zhège wèntí wǒmen míngtiān zài tǎolùn ba
  이 문제에 대해 우리 내일 다시 논의하자.
- 这是一本关于中国历史的书。 이것은 중국 역사에 관한 책이다.
  Zhèshì yìběn guānyú Zhōngguó lìshǐ de shū

TIP 주어+동사+关于+명사+的+목적어는 관형어 용법(목적어를 꾸며주는 역할)

유 对于 duìyú ~에 대해 至于 zhìyú ~에 관해

689 ☐

跟
gēn
~와, ~과,
~에게, ~를 향해

- 这次我的考试成绩跟他差不多。 나의 이번 성적은 그와 비슷하다.
  Zhècì wǒ de kǎoshì chéngjì gēn tā chàbuduō
- 这件事跟我们没关系。 이 일은 우리와 관련이 없다.
  Zhèjiàn shì gēn wǒmen méi guānxì
- 你不必跟我说那件事。 너는 나에게 그 일에 대해 말할 필요가 없다.
  Nǐ búbì gēn wǒ shuō nàjiàn shì

유 和 hé ~와 及 jí ~과, ~및 同 tóng ~과

개사
介词

690

和
hé
~와, ~과, ~에 대해

- 我和男朋友分手了。 나는 남자친구와 헤어졌다.
  Wǒ hé nánpéngyou fēnshǒu le
- 我和他的关系已经疏远了。 나와 그의 사이는 이미 멀어졌다.
  Wǒ hé tā de guānxi yǐjing shūyuǎn le

 同 tóng ~과 跟 gēn ~와, ~과

691

借
jiè
~를 빌려

- 希望大家借此机会实现各自的梦想。
  Xīwàng dàjiā jiècǐ jīhuì shíxiàn gèzì de mèngxiǎng
  여러분이 이 기회를 빌어 각자의 꿈을 이루기를 바랍니다.
- 借此机会，我向各位再次表示衷心的感谢。
  Jiècǐ jīhuì wǒ xiàng gèwèi zàicì biǎoshì zhōngxīn de gǎnxiè
  이 자리를 빌려 여러분에게 다시 한 번 감사의 말씀을 드립니다.

692

就
jiù
~에 대하여,
~에 관하여

- 就最近青少年的问题，谈谈你的意见吧。
  Jiù zuìjìn qīngshàonián de wèntí tántan nǐ de yìjiàn ba
  최근 청소년 문제에 대하여 너의 생각을 말해봐라.
- 就这次事件，你有什么想法吗?
  Jiù zhècì shìjiàn nǐ yǒu shénme xiǎngfǎ ma
  이번 사건에 대하여 너는 어떤 생각이 있니?

693

离
lí
~에서, ~로부터

- 学校离这儿远吗? 학교는 여기에서 먼가요?
  Xuéxiào lí zhèr yuǎn ma
- 公司离我家不远。 회사는 우리집에서 멀지 않다.
  Gōngsī lí wǒjiā bù yuǎn

694

连
lián
~조차, ~마저

- 他连自己的名字都不会写。 그는 자기 이름조차 쓰지를 못한다.
  Tā lián zìjǐ de míngzi dōu búhuì xiě
- 连你也不知道这件事吗? 너마저 이 일에 대해 몰랐단 말이야?
  Lián nǐ yě bùzhīdào zhèjiàn shì ma
- 你连这么简单的问题都不知道吗?
  Nǐ lián zhème jiǎndān de wèntí dōu bùzhīdào ma
  너 이런 간단한 문제도 모른단 말이야?

695
拿 ná
~로써, ~를 가지고, ~에 대해

- 他**拿**例子来说明那件事。 그는 예를 들어 그 일을 설명했다.
  Tā ná lìzi lái shuōmíng nà jiàn shì
- 你别**拿**我开玩笑! 너 나를 가지고 농담하지 마!
  Nǐ bié ná wǒ kāiwánxiào

696
让 ràng
~에게 ~하다, ~에 의해서 ~되다

- 手机**让**他给弄坏了。 휴대폰은 그에 의해서 고장이 났다.
  Shǒujī ràng tā gěi nòng huài le
- 钱包**让**小偷给偷走了。 지갑은 좀도둑에 의해서 도둑맞았다.
  Qiánbāo ràng xiǎotōu gěi tōu zǒu le

697
通过 tōngguò
~를 거쳐, ~에 의해, ~를 통해

- **通过**交流,我们能理解对方的立场。
  Tōngguò jiāoliú wǒmen néng lǐjiě duìfāng de lìchǎng
  소통을 통해서 우리는 상대방의 입장을 이해할 수 있었다.
- **通过**大家的努力,我们成功开发了新产品。
  Tōngguò dàjiā de nǔlì wǒmen chénggōng kāifā le xīn chǎnpǐn
  모두의 노력을 통해 우리는 신제품을 개발하였다.

698
往 wǎng
~쪽으로, ~향해

- 一直**往**前走。 계속 앞으로 가세요.
  Yìzhí wǎng qián zǒu
- 到了十字路口**往**右拐。
  Dào le shízilùkǒu wǎng yòu guǎi
  사거리에 도착해서 오른쪽으로 돌면 됩니다.

699
为 wèi
~를 위해서, ~ 때문에, ~로 인하여

- 我们**为**顾客提供服务。 우리는 고객을 위해 서비스를 제공한다.
  Wǒmen wèi gùkè tígōng fúwù
- **为**这件事,我一直担心。 이 일 때문에 나는 계속 걱정한다.
  Wèi zhèjiàn shì wǒ yìzhí dānxīn
- **为**在座的各位身体健康,干杯!
  Wèi zàizuò de gèwèi shēntǐ jiànkāng gānbēi
  자리에 계신 여러분의 건강을 위해 건배!

개사
介词

700
为了
wèile
~하기 위해서,
~를 위해서

- **为了**通过高考，我每天认真学习。
  Wèile tōngguò gāokǎo wǒ měitiān rènzhēn xuéxí
  대학입시에 합격하기 위해 나는 매일 열심히 공부한다.
- **为了**孩子，很多父母都牺牲自己的一切。
  Wèile háizi hěn duō fùmǔ dōu xīshēng zìjǐ de yíqiè
  자녀 때문에 많은 부모들은 자신의 전부를 희생한다.

701
向
xiàng
~으로, ~에게,
~를 향하여

- 对不起，我**向**你表示道歉。
  Duìbuqǐ wǒ xiàng nǐ biǎoshì dàoqiàn
  죄송해요, 당신께 사과드립니다.
- 昨天我**向**他表白了。 어제 나는 그에게 고백했다.
  Zuótiān wǒ xiàng tā biǎobái le

702
以
yǐ
~로써, ~를 가지고,
~에게 ~를 주다

- **以**眼还眼，**以**牙还牙。 눈에는 눈, 이에는 이
  Yǐ yǎn huán yǎn yǐ yá huán yá
- 请大家**以**热烈的掌声欢迎。
  Qǐng dàjiā yǐ rèliè de zhǎngshēng huānyíng
  여러분 뜨거운 박수로 환영해 주세요.
- 他**以**消极的态度做事请。 그는 소극적인 태도로 일을 한다.
  Tā yǐ xiāojí de tàidù zuò shìqing

703
依照
yīzhào
~에 의해, ~에 따라

- **依照**学校规定处理这件事吧。
  Yīzhào xuéxiào guīdìng chǔlǐ zhè jiàn shì ba
  학교 규정에 따라 이 일을 처리해라.
- **依照**人事命令，他被调到了分店。
  Yīzhào rénshì mìnglìng tā bèi diàodào le fēndiàn
  인사명령에 따라 그는 분점으로 발령이 났다.

유 | 按照 ànzhào ~에 따라

704
用
yòng
~로써

- 你**用**什么办法帮助我? 너는 어떤 방법으로 나를 도와줄거니?
  Nǐ yòng shénme bànfǎ bāngzhù wǒ
- **用**语言难以形容现在我的心情。
  Yòng yǔyán nányǐ xíngróng xiànzài wǒ de xīnqíng
  지금 나의 심정을 말로 형용하기가 어렵다.

705
由 yóu
~로부터, ~에서, ~로부터(동작 주체)

- 这个小组是由7个人组成的。 이 팀은 7명으로 구성되었다.
  Zhè ge xiǎozǔ shì yóu qī ge rén zǔchéng de
- 这件事是由我来负责的。 이 일은 내가 책임진다.
  Zhè jiàn shì shì yóu wǒ lái fùzé de
- 我由早到晚不停地工作。
  Wǒ yóu zǎo dào wǎn bùtíng de gōngzuò
  나는 아침부터 저녁까지 쉬지 않고 일한다.

706
由于 yóuyú
~ 때문에, ~로 인하여

- 由于签证问题，他不得不提前回国了。
  Yóuyú qiānzhèng wèntí tā bùdébù tíqián huíguó le
  비자문제 때문에 그는 어쩔 수 없이 조기 귀국했다.
- 由于生病，我今天请病假了。 병이 나서 나는 오늘 병가를 냈다.
  Yóuyú shēngbìng wǒ jīntiān qǐng bìngjià le

707
与 yǔ
~와, ~과, ~함께

- 我与他一起参加了此次会议。
  Wǒ yǔ tā yìqǐ cānjiā le cǐcì huìyì
  나는 그와 함께 이번 회의에 참석했다.
- 这件事与我无关。 이 일은 나와는 관련이 없다.
  Zhè jiàn shì yǔ wǒ wúguān

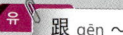
유 跟 gēn ~과 同 tóng ~와

708
自 zì
~에서부터, ~에 시작하여

- 《来自星星的你》受到很多中国人的青睐。
  Láizì xīngxīng de nǐ shòudào hěn duō zhōngguórén de qīnglài
  〈별에서 온 그대〉는 많은 중국인들의 인기를 얻었다.
- 自去年以来，在日本频繁发生地震。
  Zì qùnián yǐlái zài Rìběn pínfán fāshēng dìzhèn
  작년부터 일본에서 빈번하게 지진이 발생하고 있다.

709
在 zài
~에, ~에서(시간, 장소, 조건 등)

- 我在2005年上了大学。 나는 2005년에 대학에 들어갔다.
  Wǒ zài èr líng líng wǔ nián shàng le dàxué
- 我现在在中国工作。 나는 지금 중국에서 일한다.
  Wǒ xiànzài zài Zhōngguó gōngzuò
- 在大家的共同努力下，我们成功开发了新技术。
  Zài dàjiā de gòngtóng nǔlì xià wǒmen chénggōng kāifā le xīnjìshù
  여러분의 공동의 노력 하에 우리는 신기술 개발에 성공했다.

개사 介词

710

之 zhī
~의, ~은

- 清华大学是中国著名大学之一。
  Qīnghuá dàxué shì Zhōngguó zhùmíng dàxué zhīyī
  칭화대학은 중국 명문대학 중 하나이다.
- 看电影是我的爱好之一。
  Kàndiànyǐng shì wǒ de àihào zhīyī
  영화 감상은 나의 취미 중의 하나이다.

711

至于 zhì yú
~에 관해서는,
~으로 말하면

- 至于这个问题，我觉得你应该再好好考虑一下。
  Zhìyú zhège wèntí wǒ juéde nǐ yīnggāi zài hǎohāo kǎolǜ yíxià
  이 문제에 대해서 나는 네가 다시 잘 생각해봐야 한다고 생각해.
- 至于国家政治问题，你千万不要公开你的立场。
  Zhìyú guójiā zhèngzhì wèntí nǐ qiānwàn búyào gōngkāi nǐ de lìchǎng
  국가 정치 문제에 대해서 너는 절대 너의 입장을 공개하지 마라.

PART 5
조사

중국어 동사의 상태, 경험, 완료를 나타내는 동태조사, 단어나 구 뒤에 붙어 앞부분의 문장 성분을 알려주는 구조조사, 문장 끝에 놓여 화자의 상태나 기분 등을 어기조사로 나눌 수 있습니다.

PART 5 조사  助词

---

712 ☐

啊
a

- 문장 끝에 쓰여 의문을 나타냄
- 문장 끝에 쓰여 청유, 명령을 나타냄
- 문장 끝에 쓰여 감탄을 나타냄
- 문장 중간에 쓰여 주위를 환기하고자 함

- 他怎么还没来啊! 그는 어째서 아직도 오지 않니!
  Tā zěnme hái méi lái a
- 快进来啊! 어서 빨리 들어와!
  Kuài jìn lái a
- 这道菜多么好吃啊! 이 요리가 얼마나 맛있니!
  Zhè dào cài duōme hǎochī a
- 钱啊，没有的话再努力赚吧。돈이야 없으면 다시 노력해서 벌면 된다.
  Qián a méiyǒu de huà zài nǔlì zhuàn ba

---

713 ☐

吧
ba

- 문장 끝에 쓰여 가능, 추측의 어기를 나타냄
- 문장 끝에 쓰여 청유, 제의 등을 나타냄
- 문장의 중간에 쓰여 가정의 어기를 나타냄

- 他今天大概不上班吧。오늘 그는 아마 출근하지 않을 것 같다.
  Tā jīntiān dàgài bù shàngbān ba
- 我们休息一会儿吧。우리 조금만 쉬도록 하자.
  Wǒmen xiūxi yíhuìr ba
- 吃吧，吃饱了，不吃吧，担心怕她生气。
  Chī ba chībǎo le bù chī ba dānxīn pà tā shēngqì
  먹자니 배가 부르고 안 먹자니 그녀가 화를 내진 않을 지 걱정된다.

---

714 ☐

的
de

- ~의 (관형어+的+주어 or 목적어)
- 是~的 강조용법 (시간, 방법, 장소 등)

- 这部手机是我的。이 휴대폰은 나의 것이다.
  Zhè bù shǒujī shì wǒ de
- 我是今天刚来的。저는 오늘 막 왔어요.
  Wǒ shì jīntiān gāng lái de
- 你去过中国的哪座城市？너는 중국의 어느 도시에 가봤니?
  Nǐ qù guò Zhōngguó de nǎ zuò chéngshì

---

715 ☐

得
de

- 술어, 보어 사이에 '得'를 넣어 가능, 상태, 정도를 나타냄

- 你听得懂他说的话吗？너는 그가 하는 말을 이해할 수 있니?
  Nǐ tīngdedǒng tā shuō de huà ma
- 我今天忙得不得了。나는 오늘 정말이지 바쁘다.
  Wǒ jīntiān máng de bùdéliǎo
- 她唱歌唱得很好听。그녀는 노래를 정말 잘 부른다.
  Tā chànggē chàng de hěn hǎotīng

조사 助词

716 地 de
- 형용사+地=부사어

- 我**仔细地**看了这份报告。 나는 세심하게 이 보고서를 살펴봤다.
  Wǒ zǐxì de kàn le zhè fèn bàogào
- 我**明明白白地**告诉你那件事了。
  Wǒ míngmingbáibái de gàosu nǐ nà jiàn shì le
  나는 분명히 너에게 그 일에 대해 말했다.

717 过 guò
- ~한 적이 있다(경험)
- ~했다
  (동사 뒤에 쓰여 동작의 완료를 나타냄)

- 我吃**过**中国菜。 나는 중국음식을 먹어본 적이 있다.
  Wǒ chīguò zhōngguócài
- 我从来**没**交**过**男朋友。 나는 이제껏 남자친구를 사귀어본 적이 없다.
  Wǒ cónglái méi jiāoguò nánpéngyou
- 他已经吃**过**蛋糕。 그는 이미 케이크를 먹었다.
  Tā yǐjīng chīguò dàngāo

718 了 le
- 동태조사(동사 뒤에서 동작이 완료됨을 나타냄)
- 어기조사(구절 끝에 쓰여 변화 또는 새로운 상황이 발생할 것을 나타냄)

- 我**买了**两张电影票。 나는 영화티켓 두 장을 샀다.
  Wǒ mǎi le liǎng zhāng diànyǐngpiào
- 我现在**离开**中国**了**。 나는 이미 중국을 떠났다.
  Wǒ xiànzài líkāi Zhōngguó le

719 吗 ma
- 문장 끝에 쓰여 의문의 어기를 나타냄

- 你结婚了**吗**? 너 결혼했니?
  Nǐ jiéhūn le ma
- 你哪儿不舒服**吗**? 너 어디가 안 좋니?
  Nǐ nǎr bù shūfu ma

720 呢 ne
- 정반의문문의 끝에 쓰여 강조를 나타냄
- 선택의문문의 끝에 쓰임
- 서술문 뒤에 쓰여 동작이나 상황이 지속됨을 나타냄
- 부드러운 어기를 나타냄

- 你怎么还不知道**呢**? 너 어떻게 아직도 모르니?
  Nǐ zěnme hái bùzhīdào ne
- 是你去**呢**? 还是我去? 네가 갈래? 아니면 내가 갈까?
  Shì nǐ qù ne háishi wǒ qù
- 爸爸在看电视**呢**。 아빠는 텔레비전을 보고 계셔.
  Bàba zài kàn diànshì ne
- 没想到他跑得还挺快**呢**。
  Méixiǎngdào tā pǎo de hái tǐng kuài ne
  그의 달리기 실력이 이렇게 빠를 줄 몰랐어.

조사 助词

721 ☐ **着**
zhe

- ~하고 있다(동작의 진행, 상태의 지속을 나타냄)
- ~하면서(두개의 동사 사이에 위치하여 동사가 연이어 진행됨을 나타냄)
- 동사1+着+동사2+着
  (동사1이 동사2를 이끔)

- 外边正在下**着**雨。 밖에 비가 내리고 있다.
  Wàibiān zhèngzài xià zhe yǔ

- 我看**着**电视吃饭。 나는 텔레비전을 보면서 식사를 한다.
  Wǒ kàn zhe diànshì chīfàn

- 孩子哭**着**哭**着**睡着了。 아이는 울다가 잠이 들었다.
  Háizi kū zhe kū zhe shuìzháo le

PART 6 접속사

인과, 병렬, 점층, 선후, 선택, 가정, 조건, 목적, 전환 등의 관계를 나타내는 다양한 접속사가 있습니다.

PART 6 접속사 连词

722
并且 bìngqiě
게다가, 나아가, 또한

- 他长得很帅, **并且**个子很高。
  Tā zhǎng de hěn shuài bìngqiě gèzi hěn gāo
  그는 잘생긴데다 키도 크다.
- 他口才很好, **并且**说话的速度很快。
  Tā kǒucái hěn hǎo bìngqiě shuōhuà de sùdù hěn kuài
  그는 말재주가 좋은데다 말하는 속도 또한 빠르다.

723
不但~而且~ búdàn érqiě
~뿐만 아니라 게다가

- 男朋友**不但**帅**而且**聪明。
  Nánpéngyou búdàn shuài érqiě cōngmíng
  남자친구는 잘생겼을 뿐만 아니라 게다가 똑똑하다.
- 中国**不但**有很多旅游景点, **而且**有很多美食。
  Zhōngguó búdàn yǒu hěn duō lǚyóu jǐngdiǎn érqiě yǒu hěn duō měishí
  중국에는 많은 관광명소가 있을 뿐만 아니라 맛있는 음식도 많다.

724
不过 búguò
그러나, 하지만

- 很多人都喜欢他, **不过**我不喜欢他。
  Hěn duō rén dōu xǐhuan tā búguò wǒ bù xǐhuan tā
  많은 사람들이 좋아하지만 나는 그를 좋아하지 않는다.
- 他没有钱, **不过**他很幸福。 그는 돈이 없지만 매우 행복하다.
  Tā méiyǒu qián búguò tā hěn xìngfú

725
不仅 bùjǐn
~뿐만 아니라

- 他**不仅**长得帅, 而且口才很好。
  Tā bùjǐn zhǎng de shuài érqiě kǒucái hěn hǎo
  그는 잘생겼을 뿐만 아니라 말재주도 좋다.
- 新买的皮鞋**不仅**便宜而且好看。
  Xīn mǎi de píxié bùjǐn piányi érqiě hǎokàn
  새로운 가죽 구두는 값이 쌀뿐만 아니라 예쁘다.

접속사
连词

726

不仅~还~
bùjǐn hái
~뿐만 아니라 ~도

- 我不仅会做家务，还会做菜。
  Wǒ bùjǐn huì zuò jiāwù hái huì zuò cài
  나는 집안일을 할 수 있을 뿐만 아니라 요리도 할 수 있다.
- 他不仅帮助我，还鼓励我。
  Tā bùjǐn bāngzhù wǒ hái gǔlì wǒ
  그는 나를 도와줬을 뿐만 아니라 나를 격려해 주었다.

727

不是~就是~
búshì jiùshì
~가 아니면 ~다
(둘 중 하나)

- 这部手机不是你的就是他的。
  Zhè bù shǒujī búshì nǐ de jiùshì tā de
  이 휴대폰은 네 것이 아니면 그의 것이다.
- 这件事不是你做的就是他做的。
  Zhè jiàn shì búshì nǐ zuò de jiùshì tā zuò de
  이 일을 네가 한 것이 아니면 그가 한 것이다.

728

不是~而是~
búshì érshì
~가 아니라 ~다

- 他不是韩国人而是中国人。 그는 한국인이 아니라 중국인이다.
  Tā búshì Hánguórén érshì Zhōngguórén
- 这件事不是我做的，而是他做的。
  Zhè jiàn shì búshì wǒ zuò de érshì tā zuò de
  이 일은 내가 한 것이 아니라 그가 한 것이다.

729

但是
dànshì
그러나, 그렇지만

- 他全心全意地帮助我，但是那件事还没完成。
  Tā quánxīnquányì de bāngzhù wǒ dànshì nàjiàn shì hái méi wánchéng
  그는 성심성의껏 나를 도와줬지만 그 일을 아직 완성하지 못했다.
- 我跟爸爸说了几次，但是他还是不同意我的婚事。
  Wǒ gēn bàba shuō le jǐcì dànshì tā háishi bù tóngyì wǒ de hūnshì
  나는 아버지께 몇 번을 얘기했지만 여전히 나의 결혼을 동의하지 않으신다.

730

而
ér
~하고(순접을 나타냄),
~지만,
그러나(역접을 나타냄)

- 我经过几个月的努力，而考上了大学。
  Wǒ jīngguò jǐgèyuè de nǔlì ér kǎoshàng le dàxué
  나는 몇 개월간의 노력을 통해서 대학에 합격했다.
- 我愿意去中国留学，而父母却不同意。
  Wǒ yuànyì qù Zhōngguó liúxué ér fùmǔ què bù tóngyì
  나는 중국 유학을 가고 싶지만 부모님이 동의하지 않는다.

731

而且
érqiě
게다가, 또한

- 这套房子租金很贵，**而且**很小。
  Zhè tào fángzi zūjīn hěn guì érqiě hěn xiǎo
  이 집은 임대료가 비싼 데다가 작다.
- 他人品很好，**而且**能力很强。
  Tā rénpǐn hěn hǎo érqiě nénglì hěn qiáng
  그는 사람이 좋은데다 능력이 많다.

732

反而
fǎn'ér
도리어, 오히려

- 我最近减肥了，但没有效果，**反而**更胖了。
  Wǒ zuìjìn jiǎnféi le dàn méiyǒu xiàoguǒ fǎn'ér gèng pàng le
  나는 최근 다이어트를 했지만 효과가 없고 오히려 더욱 살이 쪘다.
- 我跟他分手了，但我们经常联系，**反而**关系变得更好。
  Wǒ gēn tā fēnshǒu le dàn wǒmen jīngcháng liánxì fǎn'ér guānxì biàn de gèng hǎo
  나는 그와 헤어졌지만 우리는 자주 연락을 하고 관계가 오히려 좋아졌다.

733

跟
gēn
~와, ~과

- 我想**跟**他一起去中国旅游。
  Wǒ xiǎng gēn tā yìqǐ qù Zhōngguó lǚyóu
  나는 그와 함께 중국여행을 가고 싶다.
- 你要**跟**谁结婚？ 너는 누구와 결혼할 거니?
  Nǐ yào gēn shéi jiéhūn

734

和
hé
~와, ~과

- 今天你**和**谁一起去吃饭？ 오늘 너는 누구와 함께 밥 먹으러 가니?
  Jīntiān nǐ hé shéi yìqǐ qù chīfàn
- 我**和**他是刚认识的。 나와 그는 막 알게 되었다.
  Wǒ hé tā shì gāng rènshi de

735

或者(或)~
huòzhě
혹은 (선택관계를 나타냄)

- 今天吃韩国菜，**或者**吃中国菜，我都可以。
  Jīntiān chī Hánguócài huòzhě Zhōngguócài wǒ dōu kěyǐ
  오늘 한국음식을 먹든 중국음식을 먹든 나는 다 상관없어.
- 你来我家玩儿，**或者**我去你家玩儿，都可以。
  Nǐ lái wǒ jiā wánr huòzhě wǒ qù nǐ jiā wánr dōu kěyǐ
  네가 우리 집에 와서 놀던지 내가 네 집에 가서 놀던지 다 괜찮아.

접속사
连词

736 既~又~
jì yòu

~뿐만 아니라 또한,
~하고 또 ~하다
(두개의 성질, 상황이 동시에 나타낼 때)

- 新买的包**既**便宜**又**好看。 새로 산 가방은 값도 싸고 예쁘다.
  Xīn mǎi de bāo jì piányi yòu hǎokàn
- 男朋友**既**帅**又**能干。 남자친구는 잘생기고 능력도 있다.
  Nánpéngyou jì shuài yòu nénggàn

737 既然
jìrán

기왕~된 바에야

- **既然**如此决定了，我们就加油吧。
  Jìrán rúcǐ juédìng le wǒmen jiù jiāyóu ba
  기왕 이렇게 결정한 바에 우리 힘을 내도록 하자.
- **既然**父母不同意，我就不去旅游。
  Jìrán fùmǔ bù tóngyì wǒ jiù búqù lǚyóu
  기왕 부모님이 동의하시질 않으니 나는 여행을 가지 않을 것이다.

738 即使~
jíshǐ

설사~일지라도

- **即使**遇到很多困难，我也不会放弃。
  Jíshǐ yùdào hěn duō kùnnán wǒ yě búhuì fàngqì
  설사 많은 어려움에 부딪치더라도 나는 포기하지 않을 것이다.
- **即使**父母不同意，我也要跟他结婚。
  Jíshǐ fùmǔ bù tóngyì wǒ yě yào gēn tā jiéhūn
  설사 부모님이 동의하지 않더라도 나는 그와 결혼할 것이다.

739 尽管~可是~
jǐnguǎn kěshì

비록~지만
(~에도 불구하고)그러나 ~

- **尽管**遇到很多困难，**可是**我们都成功克服了。
  Jǐnguǎn yùdào hěn duō kùnnán kěshì wǒmen dōu chénggōng kèfú le
  비록 많은 어려움을 만났지만 우리는 성공적으로 극복했다.
- 他**尽管**个子很矮，**可是**很多女人都喜欢他。
  Tā jǐnguǎn gèzi hěn ǎi dànshì hěn duō nǚrén dōu xǐhuan ta
  그는 비록 키가 작지만 많은 여자들이 그를 좋아한다.

740 可是
kěshì

그러나, 하지만

- 我真的喜欢他，**可是**他不喜欢我。
  Wǒ zhēn de xǐhuan tā kěshì tā bù xǐhuan wǒ
  나는 진정으로 그를 좋아하지만 그는 나를 좋아하지 않는다.
- 他今天身体很不舒服，**可是**还是去学校了。
  Tā jīntiān shēntǐ hěn bùshūfu kěshì háishi qù xuéxiào le
  그는 오늘 몸이 매우 좋지 않은데 학교에 갔다.

741

哪怕~也~
nǎpà yě
설사~라도 ~하겠다

- **哪怕**父母不同意，我**也**要去中国留学。
  Nǎpà fùmǔ bùtóngyì wǒ yě yào qù Zhōngguó liúxué
  설사 부모님이 동의하지 않더라도 나는 중국 유학을 갈 것이다.

- **哪怕**工作再忙，我**也**要每天学习汉语。
  Nǎpà gōngzuò zài máng wǒ yě yào měitiān xuéxí hànyǔ
  설사 일이 더 바쁘더라도 나는 매일 중국어를 공부할 것이다.

742

然而
rán'ér
그러나, 하지만

- 我跟他表白了，**然而**我被拒绝了。
  Wǒ gēn tā biǎobái le rán'ér wǒ bèi jùjué le
  나는 그에게 고백을 했지만 거절당했다.

- 他说今天回来，**然而**他还没来。
  Tā shuō jīntiān huílái rán'ér tā hái méi lái
  그는 오늘 돌아오겠다고 했지만 아직 오지 않았다.

743

如果
rúguǒ
만약, 만일

- **如果**你不同意，我就不去。
  Rúguǒ nǐ bù tóngyì wǒ jiù bú qù
  만약 네가 동의하지 않는다면 나는 가지 않을 것이다.

- 大家**如果**有什么问题，请随时问我。
  Dàjiā rúguǒ yǒu shénme wèntí qǐng suíshí wèn wǒ
  여러분 만약 어떤 문제가 있다면 언제든 저에게 물어보세요.

744

是~还是~
shì háishi
~인지 아니면

- 他**是**单身**还是**已婚? 그는 미혼이니 아니면 기혼이니?
  Tā shì dānshēn háishi yǐhūn

- 你**是**现金支付**还是**刷卡支付?
  Nǐ shì xiànjīn zhīfù háishi shuākǎ zhīfù
  지불은 현금으로 하시나요? 카드로 하시나요?

745

虽然~但是~
suīrán dànshì
비록~지만, 그러나~

- **虽然**他有中国留学的经验，**但是**一句中文都不会说。
  Suīrán tā yǒu Zhōngguó liúxué de jīngyàn dànshì yíjù zhōngwén dōu búhuì shuō
  비록 그는 중국 유학 경험이 있지만 중국어를 한마디도 하지 못한다.

- 他**虽然**学习很认真，**但是**考不上大学。
  Tā suīrán xuéxí hěn rènzhēn dànshì kǎobúshàng dàxué
  비록 그는 열심히 공부했지만 대학에 합격하지 못했다.

746 **所以** suǒyǐ 그래서, 때문에, 그러므로	● 儿子考不上大学，**所以**我很伤心。 érzi kǎobúshàng dàxué suǒyǐ wǒ hěn shāngxīn 아들이 대학에 떨어져서 나는 매우 상심했다. ● 他人品很好，**所以**周围的人都喜欢他。 Tā rénpǐn hěn hǎo suǒyǐ zhōuwéi de rén dōu xǐhuan tā 그는 사람이 참 좋아서 주변의 사람들이 모두 그를 좋아한다.
747 **无论~** wúlùn ~를 막론하고, ~에 관계없이	● **无论**有什么问题，你都可以问他。 Wúlùn yǒu shéme wèntí nǐ dōu kěyǐ wèn tā 어떤 문제가 있더라도 너는 그에게 물어볼 수 있어. ● **无论**他说什么，我都不同意他的看法。 Wúlùn tā shuō shéme wǒ dōu bù tóngyì tā de kànfǎ 그가 무슨 말을 하더라도 나는 그의 의견에 동의하지 않는다.
748 **先~然后~** xiān ránhòu 먼저~ 그 다음에~	● 我们**先**吃饭**然后**再商量吧。 Wǒmen xiān chīfàn ránhòu zài shāngliang ba 우리 먼저 밥을 먹은 다음에 상의하도록 하자. ● 你**先**洗澡**然后**再吃饭吧。 우선 샤워를 한 후 밥을 먹어라. Nǐ xiān xǐzǎo ránhòu zài chīfàn ba
749 **要么~要么~** yàome yàome ~하든지, 아니면 ~하든지 (두개 이상의 상황 속에서 선택을 할 때)	● **要么**骑自行车去，**要么**走路去，随便吧。 Yàome qí zìxíngchē qù yàome zǒulù qù suíbiàn ba 자전거를 타고 가든지 아니면 걸어서 가든지 마음대로 해. ● **要么**今天去，**要么**明天去，反正一定要去。 Yàome jīntiān qù yàome míngtiān qù fǎnzhèng yídìng yào qù 오늘 가든지 아니면 내일 가든지 어쨌든 꼭 가야 한다.
750 **要是** yàoshi 만약, 만약~라면	● **要是**你跟我一起去就好了。 Yàoshi nǐ gēn wǒ yìqǐ qù jiù hǎo le 만약 네가 나와 함께 가면 정말 좋겠다. ● **要是**他不同意，你要怎么办？ Yàoshi tā bù tóngyì nǐ yào zěnmebàn 만약 그가 동의하지 않는다면 넌 어떻게 할래？

751 以及
yǐjí
및, 그리고

- 今天参加会议的人都来自中国、韩国以及日本。
  Jīntiān cānjiā huìyì de rén dōu láizì Zhōngguó Hánguó yǐjí Rìběn
  오늘 회의에 참석한 사람들은 중국, 한국 및 일본에서 왔다.
- 世界各国都在经济、社会以及文化方面进行合作。
  Shìjiè gèguó dōu zài jīngjì shèhuì yǐjí wénhuà fāngmiàn jìnxíng hézuò
  세계 각국은 경제, 사회 및 문화 방면에서 협력을 진행하고 있다.

752 因此
yīncǐ
그래서, 이 때문에

- 这次考试成绩下降了很多，因此我要更加努力学习。
  Zhècì kǎoshì chéngjì xiàjiàng le hěn duō yīncǐ wǒ yào gèngjiā nǔlì xuéxí
  이번 시험 성적이 많이 떨어졌기 때문에 나는 더욱 열심히 공부할 것이다.
- 他感冒了，因此今天整天在家休息。
  Tā gǎnmào le yīncǐ jīntiān zhěngtiān zài jiā xiūxi
  그는 감기에 걸렸기 때문에 오늘 하루 종일 집에서 쉬었다.

753 因为~所以~
yīnwèi suǒyǐ
~때문에 ~했다

- 因为我刚才没接他的电话，所以我要给他打电话。
  Yīnwèi wǒ gāngcái méijiē tā de diànhuà suǒyǐ wǒ yào gěi tā dǎ diànhuà
  나는 방금 그의 전화를 받지 못했기 때문에 그에게 전화를 하려고 한다.
- 因为平时他认真学习，所以考上了名牌大学。
  Yīnwèi píngshí tā rènzhēn xuéxí suǒyǐ kǎoshàng le míngpái dàxué
  평소에 그는 열심히 공부했기 때문에 명문대학에 합격했다.

754 又~又~
yòu yòu
~하기도 하고 ~하다
(두개의 상황이 중복되거나 계속됨을 나타낼 때)

- 现在我又饿又渴。 지금 나는 배도 고프고 목도 마르다.
  Xiànzài wǒ yòu è yòu kě
- 他们聚在一起又吃又喝。
  Tāmen jùzài yìqǐ yòu chī yòu hē
  그들은 함께 모여 먹기도 하고 마시기도 한다.

755 由于
yóuyú
~때문에(원인을 나타냄)

- 由于今天下大雪，我取消了约会。
  Yóuyú jīntiān xià dà xuě wǒ qǔxiāo le yuēhuì
  오늘은 눈이 많이 내려서 나는 약속을 취소했다.
- 由于睡懒觉，我今天迟到了。
  Yóuyú shuìlǎnjiào wǒ jīntiān chídào le
  늦잠 때문에 나는 오늘 지각을 했다.

접속사 / 连词

756

与
yǔ
~와, ~과

- 这件事与我无关。 이 일은 나와 관련이 없다.
  Zhè jiàn shì yǔ wǒ wúguān
- 最近韩国与中国的交流进一步增加。
  Zuìjìn Hánguó yǔ Zhōngguó de jiāoliú jìnyíbù zēngjiā
  최근 한국과 중국의 교류가 더욱 늘어났다.

757

与其~不如~
yǔqí bùrú
~하느니, 차라리 ~하는 게 낫다

- 与其跟他这样的人谈恋爱,不如没有男朋友。
  yǔqí gēn tā zhèyàng de rén tánliàn'ài bùrú méiyǒu nánpéngyou
  그와 같은 사람이랑 연애를 하느니 차라리 남자친구가 없는 게 낫다.
- 与其请他帮忙,不如我自己去解决这件事情。
  yǔqí qǐng tā bāngmáng bùrú wǒ zìjǐ qù jiějué zhè jiàn shìqing
  그에게 도움을 요청하느니 차라리 나 혼자 이 일을 해결할 것이다.

758

于是
yúshì
이리하여, 이 때문에

- 今天的会议被取消了,于是我们都出去玩儿了。
  Jīntiān de huìyì bèi qǔxiāo le yúshì wǒmen dōu chūqù wánr le
  오늘 회의가 취소되었기 때문에 우리는 모두 나가서 놀았다.
- 我头疼很厉害,于是请了假。
  Wǒ tóuténg hěn lìhai yúshì qǐng le jià
  나는 두통이 너무 심해서 휴가를 냈다.

759

只有~才~
zhǐyǒu cái
~해야만 비로소 ~하다

- 只有认真学习,你才能得到成功。
  Zhǐyǒu rènzhēn xuéxí nǐ cái néng dédào chénggōng
  열심히 공부해야만 너는 성공할 수 있어.
- 只有得到父母的同意,我才能去中国留学。
  Zhǐyǒu dédào fùmǔ de tóngyì wǒ cái néng qù Zhōngguó liúxué
  부모님의 동의를 얻어야지만 나는 중국 유학을 갈 수가 있다.

760

只要~就~
zhǐyào jiù
~하기만 하면 ~하다

- 只要你等几分钟就可以了。 몇 분 기다리기만 하면 됩니다.
  Zhǐyào nǐ děng jǐ fēnzhōng jiù kěyǐ le
- 只要你同意,我就没有什么意见。
  Zhǐyào nǐ tóngyì wǒ jiù méiyǒu shénme yìjiàn
  네가 동의하기만 한다면 나는 아무런 의견이 없다.

PART 7 양사

사람이나 사물의 단위나 동작 횟수를 나타내는
단어를 지칭하는 말입니다.

PART 7 양사 量词

761 把 bǎ
손잡이, 자루가 있는 기구를 세는 양사
힘, 기능 따위의 추상적 사물을 세는 양사
주먹, 움큼을 세는 양사

- 他手里拿着几把钥匙。 그는 손에 열쇠 몇 개를 쥐고 있다.
 Tā shǒulǐ názhe jǐ bǎ yàoshi
- 再加一把劲儿吧。 조금 더 힘을 내자.
 Zài jiā yìbǎ jìnr ba
- 他给我一把花生。 그는 나에게 땅콩 한 움큼을 주었다.
 Tā gěi wǒ yìbǎ huāshēng

762 杯 bēi
잔, 컵(잔, 컵을 세는 양사)

- 给我一杯牛奶。 우유 한 잔 주세요.
 Gěi wǒ yìbēi niúnǎi
- 你今天到底喝了几杯咖啡啊?
 Nǐ jīntiān dàodǐ hē le jǐbēi kāfēi a
 너 오늘 도대체 커피 몇 잔을 마시는 거니?

763 本 běn
권(책을 세는 양사)

- 我去图书馆借了两本书。
 Wǒ qù túshūguǎn jiè le liǎng běn shū
 나는 도서관에 가서 책 두 권을 빌렸다.
- 他买了三本中国小说。 그는 중국 소설책 세 권을 샀다.
 Tā mǎi le sān běn Zhōngguó xiǎoshuō

764 遍 biàn
번, 회
(처음부터 끝까지의 전 과정을 뜻함)

- 这本书你看了几遍? 너는 이 책을 몇 번 봤니?
 Zhè běn shū nǐ kàn le jǐ biàn
- 请再说一遍。 다시 한 번 말해주세요.
 Qǐng zài shuō yí biàn

양사 量词

765 部 bù
부, 편
(영화 편수, 서적 등을 세는 양사)
대(기계나 차량을 세는 양사)

- 这部电影很有意思。 이 영화는 너무 재미있다.
  Zhè bù diànyǐng hěn yǒu yìsi
- 他平时带两部手机。 그는 평소 휴대폰 두 대를 가지고 다닌다.
  Tā píngshí dài liǎng bù shǒujī

766 场 chǎng
번, 차례

- 今天有一场足球比赛。 오늘은 축구 경기가 한 차례 있다.
  Jīntiān yǒu yìchǎng zúqiú bǐsài
- 我昨天做了一场噩梦。 나는 어제 악몽을 (하나) 꿨어.
  Wǒ zuótiān zuò le yìchǎng èmèng

767 次 cì
차례, 번

- 我第一次交男朋友。 나는 처음으로 남자친구를 사귄다.
  Wǒ dìyīcì jiāo nánpéngyou
- 我叫你几次, 你怎么一直听不见呢?
  Wǒ jiào nǐ jǐcì nǐ zěnme yìzhí tīngbujiàn ne
  내가 너를 몇 번 불렀는데 어째서 계속 듣지 못하니?
- 初次见面。 처음 뵙겠습니다.
  Chūcì jiànmiàn

768 串 chuàn
꿰미, 송이(꿴 물건을 세는 양사)

- 他手里拿着一串葡萄。 그의 손에는 포도 한 송이가 있다.
  Tā shǒulǐ ná zhe yíchuàn pútáo
- 他把一串钥匙给我了。 그는 열쇠 한 묶음을 나에게 주었다.
  Tā bǎ yíchuàn yàoshi gěi wǒ le

769 等 děng
등급을 세는 양사

- 我获得了一等奖。 나는 1등을 차지했다.
  Wǒ huòdé le yīděngjiǎng
- 这次比赛他拿了三等奖。 이번 시합에서 그는 3등을 했다.
  Zhè cì bǐsài tā ná le sānděngjiǎng

770

点
diǎn

시(시간을 세는 양사)

- 现在几**点**? 지금 몇 시니?
  Xiànzài jǐ diǎn
- 我们晚上七**点**出发吧。 우리 저녁 7시에 출발하자.
  Wǒmen wǎnshang qīdiǎn chūfā ba

771

栋
dòng

동, 채(건물을 세는 양사)

- 这**栋**楼的租金很贵。 이 건물의 임대료는 비싸다.
  Zhè dòng lóu de zūjīn hěn guì
- 这**栋**公寓的面积是多少? 이 아파트 면적이 얼마나 되나요?
  Zhè dòng gōngyù de miànjī shì duōshǎo

772

段
duàn

단락, 토막
(사물, 가늘고 긴 물건을 세는 양사)
동안, 기간, 구역
(시간, 공간의 일정한 거리를 세는 양사)

- 这篇文章有三**段**内容构成。
  Zhè piān wénzhāng yǒu sānduàn nèiróng gòuchéng
  이 글은 세 단락의 내용으로 구성되어 있다.
- 处理这件事需要**一段**时间。
  Chǔlǐ zhèjiàn shì xūyào yíduàn shíjiān
  이 일을 처리하는 데에는 얼마간의 시간이 필요하다.

773

对
duì

짝, 쌍

- 看起来，他们俩像是一**对**夫妻。
  Kànqǐlái tāmen liǎ xiàng shì yíduì fūqī
  보기에 그들 둘은 한 쌍의 부부처럼 보인다.
- 这一**对**金鱼怎么卖? 이 금붕어 한 쌍 얼마인가요?
  Zhè yíduì jīnyú zěnmemài

774

顿
dùn

번, 차례, 끼니

- 我一天吃三**顿**饭。 나는 하루에 세 번 밥을 먹는다.
  Wǒ yìtiān chī sān dùn fàn
- 我被妈妈骂了**一顿**。 나는 엄마한테 한바탕 욕을 먹었다.
  Wǒ bèi māma mà le yí dùn

양사
量词

775 ☐

朵
duǒ
송이, 조각

- 天上有一朵云。 하늘에 구름 한 조각이 떠있다.
  Tiān shàng yǒu yì duǒ yún
- 男朋友给我一朵花。 남자친구가 나에게 꽃 한 송이를 주었다.
  Nánpéngyou gěi wǒ yì duǒ huā

776 ☐

分
fēn
분(시간의 단위)
화폐의 단위

- 现在12点10分。 지금은 12시 10분이다.
  Xiànzài shí'èr diǎn shí fēn
- 我手里没有一分钱。 나는 한 푼도 가지고 있지 않다.
  Wǒ shǒulǐ méiyǒu yìfēnqián

TIP 중국의 화폐단위: 块(元), 毛(角), 分, 一块=100分

777 ☐

份
fèn
~인분(음식의 양을 세는 양사)
부, 권
(신문, 잡지 등을 세는 양사)

- 我点了两份五花肉。 나는 삼겹살 2인분을 주문했다.
  Wǒ diǎn le liǎngfèn wǔhuāròu
- 请给我一份报纸。 저에게 신문 한 부만 주세요.
  Qǐng gěi wǒ yífèn bàozhǐ
- 他为我准备了一份礼物。 그는 나를 위해 선물 하나를 준비했다.
  Tā wèi wǒ zhǔnbèi le yífèn lǐwù

778 ☐

分钟
fēnzhōng
분(시간의 단위)

- 我已等了20分钟。 나는 이미 20분을 기다렸다.
  Wǒ yǐ děng le èrshí fēnzhōng
- 几分钟以后能到公司呢? 몇 분 후에 회사에 도착할 수 있니?
  Jǐ fēnzhōng yǐhòu néng dào gōngsī ne

779 ☐

个
gè
개(사람, 물건을 세는 양사)

- 我有两个孩子。 나는 자식 둘이 있다.
  Wǒ yǒu liǎng gè háizi
- 昨天我买了一个苹果。 어제 나는 사과 하나를 샀다.
  Zuótiān wǒ mǎi le yígè píngguǒ

780

公里
gōnglǐ

킬로미터

- 我今天跑了三公里。 나는 오늘 3킬로미터를 달렸다.
  Wǒ jīntiān pǎo le sān gōnglǐ
- 你家离这儿有多少公里?
  Nǐ jiā lí zhèr yǒu duōshǎo gōnglǐ
  너희 집은 여기에서 몇 킬로미터 떨어져있니?

781

公斤
gōngjīn

킬로그램

- 我的体重是50公斤。 내 몸무게는 50킬로그램이다.
  Wǒ de tǐzhòng shì wǔshí gōngjīn
- 一公斤多少钱? 1킬로그램에 얼마인가요?
  Yī gōngjīn duōshǎo qián

유 千克 qiānkè 킬로그램

782

回
huí

회, 번
가지, 종류
(일, 사건을 세는 양사)

- 那件事我跟你说过几回了。
  Nà jiàn shì wǒ gēn nǐ shuō guò jǐ huí le
  그 일은 내가 너에게 몇 번이나 말했어.
- 到底怎么回事? 도대체 어떻게 된 일이야?
  Dàodǐ zěnme huí shì

783

家
jiā

개
(가정, 공장, 기업 등을
세는 양사)

- 这家餐厅的菜都很好吃。 이 음식점의 요리는 모두 맛있다.
  Zhè jiā cāntīng de cài dōu hěn hǎochī
- 这两家公司已经倒闭了。 이 두 회사는 이미 파산했다.
  Zhè liǎng jiā gōngsī yǐjing dǎobì le

784

件
jiàn

건, 개
(옷, 짐, 일 사건을 세는 양사)

- 我昨天买了两件衣服。 나는 어제 옷 두 벌을 샀다.
  Wǒ zuótiān mǎi le liǎng jiàn yīfu
- 我有一件事情跟你商量。 나는 너와 상의할 일이 하나 있어.
  Wǒ yǒu yíjiàn shìqing gēn nǐ shāngliang

양사
量词

785

间
jiān
칸(방을 세는 양사)

- 你家有几间房子? 너희 집은 방이 몇 칸이야?
  Nǐ jiā yǒu jǐ jiān fángzi
- 这间房子太小。 이 방은 너무 작다.
  Zhè jiān fángzi tài xiǎo

786

角
jiǎo
자오(중국의 화폐 단위)

- 1块等于10角。 1위안은 10자오이다.
  Yí kuài děngyú shí jiǎo
- 口袋里只有5角。 호주머니에 5자오만 있다.
  Kǒudài lǐ zhǐyǒu wǔ jiǎo

787

斤
jīn
근

- 一斤多少钱? 한 근에 얼마인가요?
  Yìjīn duōshǎo qián
- 给我两斤吧。 두 근 주세요.
  Gěi wǒ liǎng jīn ba

788

棵
kē
그루,
포기(식물을 세는 양사)

- 我家门口有一棵很大的树。
  Wǒ jiā ménkǒu yǒu yìkē hěn dà de shù
  우리집 앞에 큰 나무 한 그루가 있다.
- 我昨天种了两棵树。 나는 어제 나무 두 그루를 심었다.
  Wǒ zuótiān zhòng le liǎng kē shù

789

刻
kè
15분

- 现在两点一刻。 지금은 2시 15분이다.
  Xiànzài liǎng diǎn yīkè
- 现在十点三刻。 지금은 10시 45분이다.
  Xiànzài shídiǎn sānkè

790
口 kǒu
사람, 마리
(사람이나 가축을 세는 양사)
입, 마디(입과 관련된 동작, 사물을 세는 양사)

- 你家有几口人? 너희 집은 식구가 몇 명이니?
  Nǐ jiā yǒu jǐ kǒu rén
- 我能说一口流利的汉语。
  Wǒ néng shuō yì kǒu liúlì de hànyǔ
  나는 유창하게 중국어를 구사할 수 있다.
- 听到他回国的消息，我松了一口气。
  Tīngdào tā huíguó de xiāoxi wǒ sōng le yìkǒuqì
  그가 귀국했다는 소식을 듣고 나는 안도의 한숨을 쉬었다.

791
块 kuài
덩이
(덩어리, 조각으로 된 물건을 세는 양사)
중국의 화폐단위 위안

- 我给孩子一块糖。 나는 아이에게 사탕 하나를 줬다.
  Wǒ gěi háizi yíkuài táng
- 今天我赚了三百块钱。 오늘 나는 300위안을 벌었다.
  Jīntiān wǒ zhuàn le sān bǎi kuài qián

792
楼 lóu
층

- 你住在几楼? 너는 몇 층에 사니?
  Nǐ zhù zài jǐ lóu
- 办公室在五楼。 사무실은 5층에 있다.
  bàngōngshì zài wǔ lóu

유 | 层 céng 층, 겹

793
米 mǐ
미터(길이의 단위)

- 我个子一米六。 내 키는 160cm이다.
  Wǒ gèzi yì mǐ liù
- 他的身高是一米八。 그의 키는 180cm이다.
  Tā de shēngāo shì yì mǐ bā

794
秒 miǎo
초(시간, 각도를 세는 양사)

- 我每分每秒都想你。 나는 매분 매초 너를 생각해.
  Wǒ měifēn měimiǎo dōu xiǎng nǐ
- 他的跑步速度比我快15秒。
  Tā de pǎobù sùdù bǐ wǒ kuài shíwǔ miǎo
  그의 달리기 속도는 나보다 15초 빠르다.

양사
量词

---

795 □

年
nián
해, 년

- 我来中国已经过了两年。 내가 중국에 온 지 이미 2년이 되었다.
  Wǒ lái Zhōngguó yǐjing guò le liǎng nián
- 一年又过去了。 1년이 또 지나갔다.
  Yì nián yòu guòqu le

796 □

批
pī
무리, 무더기, 집단

- 他订了一批我公司的产品。
  Tā dìng le yìpī wǒ gōngsī de chǎnpǐn
  그는 우리 회사제품 일부를 주문했다.
- 我公司推出了一批新产品。
  Wǒ gōngsī tuīchū le yìpī xīnchǎnpǐn
  우리 회사는 일부 신제품을 출시했다.

797 □

篇
piān
편(문장을 세는 양사)

- 那篇散文真没意思。 그 산문은 정말 재미가 없다.
  Nà piān sǎnwén zhēn méi yìsi
- 为了写一篇论文，我最近一直熬夜。
  Wèi le xiě yìpiān lùnwén wǒ zuìjìn yìzhí áoyè
  논문 한 편을 쓰기 위해서 최근 나는 계속 밤을 새고 있다.

798 □

片
piàn
개
(평평하고 얇은 사물을 세는 양사)

- 这两片要准时吃吧。 이 약 두 알을 제때에 먹어라.
  Zhè liǎng piàn yào zhǔnshí chī ba
- 他分给我们一片面包。
  Tā fēn gěi wǒmen yípiàn miànbāo
  그는 우리에게 빵 한 조각을 나누어주었다.

799 □

瓶
píng
병(병을 세는 양사)

- 再来一瓶啤酒。 맥주 한 병 더 주세요.
  Zài lái yìpíng píjiǔ
- 我想买三瓶葡萄酒。 나는 포도주 세 병을 사고 싶다.
  Wǒ xiǎng mǎi sānpíng pútáojiǔ

800

日
rì

일(날짜를 세는 양사)

- 今天是几月几日？ 오늘이 몇 월 며칠이지?
  Jīntiān shì jǐ yuè jǐ rì
- 今天是5月19日。 오늘은 5월 19일이야.
  Jīntiān shì wǔ yuè shíjiǔ rì

801

双
shuāng

켤레, 쌍, 짝

- 爸爸给我买了一双鞋。 아빠는 나에게 신발 한 켤레를 사주셨다.
  Bàba gěi wǒ mǎi le yìshuāng xié
- 再来一双筷子吧。 젓가락 한 쌍 가져다주세요.
  Zài lái yìshuāng kuàizi ba

802

岁
suì

살, 세(나이를 세는 양사)

- 你今年几岁？ 너는 올해 몇 살이니?
  Nǐ jīnnián jǐ suì
- 我今年31岁。 나는 올해 31살이야.
  Wǒ jīnnián sān shí yī suì

803

台
tái

대
(기계, 설비, 차량을 세는 양사)

- 这座厂房里有几台设备？ 이 공장에 몇 대의 설비가 있나요?
  Zhè zuò chǎngfáng lǐ yǒu jǐ tái shèbèi
- 我家有三台电视。 우리집에는 텔레비전 세 대가 있다.
  Wǒ jiā yǒu sān tái diànshì

804

趟
tàng

차례,
번(동작의 왕복을 나타냄)

- 我真的白跑了一趟。 나 정말 헛걸음했어.
  Wǒ zhēn de bái pǎo le yítàng
- 她刚去了一趟上海。 그녀는 방금 상하이에 한 차례 다녀왔다.
  Tā gāng qù le yítàng Shànghǎi

양사
量词

805

条 tiáo
가늘고 긴 것을 세는 양사

- 这条路很窄。 이 길은 좁다.
  Zhè tiáo lù hěn zhǎi
- 我昨天买了一条牛仔裤。 나는 어제 청바지 한 벌을 샀다.
  Wǒ zuótiān mǎi le yìtiáo niúzǎikù

806

碗 wǎn
공기(그릇을 세는 양사)

- 再来一碗米饭。 밥 한 그릇 더 주세요.
  Zài lái yìwǎn mǐfàn
- 他平时吃两碗米饭。 그는 평소에 밥 두 공기를 먹는다.
  Tā píngshí chī liǎngwǎn mǐfàn

807

些 xiē
조금, 약간(일정하지 않은 수량을 나타낼 때)

- 我为大家准备了一些礼物。
  Wǒ wèi dàjiā zhǔnbèi le yìxiē lǐwù
  제가 여러분을 위해 약간의 선물을 준비했어요.
- 他个子比我高一些。 그의 키는 나보다 약간 크다.
  Tā gèzi bǐ wǒ gāo yìxiē

808

张 zhāng
장(종이, 가죽 등을 세는 양사)
개(침대, 책상 등을 세는 양사)
개(입, 얼굴 등을 세는 양사)

- 我买了两张电影票。 나는 영화티켓 두 장을 샀다.
  Wǒ mǎi le liǎng zhāng diànyǐngpiào
- 昨天你搬了几张桌子呢? 어제 너 책상 몇 개를 옮겼니?
  Zuótiān nǐ bān le jǐzhāng zhuōzi ne
- 他喜欢女朋友的一张可爱的脸。
  Tā xǐhuan nǚpéngyou de yìzhāng kě'ài de liǎn
  그는 여자 친구의 귀여운 얼굴을 좋아한다.

809

只 zhī
마리(동물을 세는 양사)
쪽(쌍을 이루는 물건 중 하나를 세는 양사)

- 我养三只狗。 나는 개 세 마리를 기른다.
  Wǒ yǎng sān zhī gǒu
- 我想点半只炸鸡。 치킨 반 마리 주세요.
  Wǒ xiǎng diǎn bànzhī zhájī
- 他用一只手关了门。 그는 한 손으로 문을 닫았다.
  Tā yòng yìzhī shǒu guān le mén

양사
量词

810 种 zhǒng
종류, 가지
(사람이나 사물을 세는 양사)

- 有几**种**款式呢? 몇 가지 디자인이 있나요?
  Yǒu jǐ zhǒng kuǎnshì ne
- 你不要相信**那种**人。너 그런 사람을 믿지 마라.
  Nǐ búyào xiāngxìn nà zhǒng rén

811 座 zuò
좌, 채, 동(부피가 크거나 고정된 사물을 세는 양사)

- 学校前面有**一座**桥梁。학교 앞에는 다리 하나가 있다.
  Xuéxiào qiánmian yǒu yízuò qiáoliáng
- 我觉得**这座**城市的交通很方便!
  Wǒ juéde zhè zuò chéngshì de jiāotōng hěn fāngbiàn
  나는 이 도시의 교통이 정말 편리하다고 여긴다.

PART 8 수사

수사는 직접 명사를 수식할 수 없고
'수사+양사+명사'형태로 사용하며
수사는 기수와 서수로 나뉩니다.

PART 8 수사

812 百 bǎi
백, 100

- 参加今天会议的人大约有二百人。
  Cānjiā jīntiān huìyì de rén dàyuē èrbǎi rén
  오늘 회의에 참석한 사람은 약 2백여 명이다.
- 一共二百五。 모두 2백 50위안입니다.
  Yīgòng èr bǎi wǔ

813 百分之 bǎifēnzhī
퍼센트

- 百分之六十的留学生都已回国了。
  Bǎifēnzhī liùshí de liúxuéshēng dōu yǐ huíguó le
  60%의 유학생은 이미 귀국했다.
- 我百分之百同意你的意见。
  Wǒ bǎifēnzhī bǎi tóngyì nǐ de yìjiàn
  나는 100퍼센트 너의 의견에 동의해.

814 半 bàn
절반, 2분의 1

- 现在两点半。 지금은 두시 반이야.
  Xiànzài liǎng diǎn bàn
- 好的开始是成功的一半。 시작이 반이다.
  Hǎo de kāishǐ shì chénggōng de yībàn

815 九 jiǔ
아홉, 9

- 中国人都喜欢数字"九"。 중국인들은 모두 숫자 9를 좋아한다.
  Zhōngguórén dōu xǐhuan shùzì jiǔ
- 他说的话百分之九十九都是假的。
  Tā shuō de huà bǎifēnzhī jiǔshí jiǔ dōu shì jiǎ de
  그의 말의 99퍼센트는 모두 거짓이다.
- 现在已经九点了。 이미 9시다.
  Xiànzài yǐjīng jiǔ diǎn le

816

俩
liǎ
두 개, 두 사람

- 他们俩到底什么关系呢? 너희 두 사람 도대체 무슨 사이니?
  Tāmen liǎ dàodǐ shénme guānxì ne
- 我们俩之前不认识。 우리 둘은 이전에 알지 못했다.
  Wǒmen liǎ zhīqián búrènshi

817

六
liù
여섯, 6

- 我们共六个人。 우리는 총 여섯 명이다.
  Wǒmen gòng liù gè rén
- 我们在下午六点见吧。 우리 오후 6시에 만나자.
  Wǒmen zài xiàwǔ liù diǎn jiàn ba

818

七
qī
일곱, 7

- 我每天早上七点起床。 나는 매일 아침 7시에 일어난다.
  Wǒ měitiān zǎoshang qī diǎn qǐchuáng
- 从七点开始今天的会议。 7시부터 오늘 회의를 시작합니다.
  Cóng qī diǎn kāishǐ jīntiān de huìyì

819

千
qiān
천, 1000

- 我现在有一千块钱。 나는 지금 1000위안을 가지고 있어.
  Wǒ xiànzài yǒu yìqiān kuài qián
- 那家大学的学生不到三千人。
  Nà jiā dàxué de xuésheng búdào sānqiān rén
  그 대학교의 학생은 3천명이 안 된다.

820

三
sān
삼, 3

- 我家有三口人。 우리 집은 세 식구이다.
  Wǒ jiā yǒu sān kǒu rén
- 我有三个姐妹。 나는 자매가 세 명이 있다.
  Wǒ yǒu sān gè jiěmèi

821

十
shí
열, 십, 10

- 我跟他认识了已过十年。 나와 그는 안지 이미 10년이 되었다.
  Wǒ gēn tā rènshi le yǐ guò shí nián
- 你等我十分钟吧。 나를 10분만 기다려줘.
  Nǐ děng wǒ shí fēnzhōng ba

822

四
sì
사, 넷, 4

- 韩国四季分明。 한국은 사계절이 뚜렷하다.
  Hánguó sìjì fēnmíng
- 我家有四个女儿。 우리 집엔 네 명의 딸이 있다.
  Wǒ jiā yǒu sì ge nǚ'ér

823

五
wǔ
다섯째, 다섯, 5

- 一共五块钱。 모두 5위안입니다.
  Yígòng wǔ kuài qián
- 我们先休息五分钟吧。 우리 일단 5분만 쉬도록 하자.
  Wǒmen xiān xiūxi wǔ fēnzhōng ba

PART 9
명사

사람이나 사물의 이름을 나타내며 수사+양사 또는
지시대명사+양사의 수식을 받을 수 있습니다.

PART 9 명사 名词

824
爱情 àiqíng
사랑, 애정

- 今天的课堂上老师给学生们讲了自己的爱情故事。
  Jīntiān de kè táng shàng lǎoshī gěi xuéshengmen jiǎng le zìjǐ de àiqíng gùshì
  오늘 수업시간에 선생님께서는 학생들에게 자신의 러브스토리를 들려주었다.
- 她平时比较喜欢看爱情小说。
  Tā píngshí bǐjiào xǐhuan kàn àiqíng xiǎoshuō
  그녀는 평소에 로맨스 소설 보는 것을 좋아한다.

825
爸爸 bàba
아빠

- 我爸爸每天下班以后都给我们做饭吃。
  Wǒ bàba měitiān xiàbān yǐhòu dōu gěi wǒmen zuòfàn chī
  아빠는 매일 퇴근 후에 우리에게 요리를 해주신다.
- 我爸爸从小就疼爱我。
  Wǒ bàba cóng xiǎo jiù téng'ài wǒ
  아빠는 어렸을 때부터 나를 몹시 귀여워하셨다.

826
杯子 bēizi
잔, 컵

- 你能给我一个杯子吗? 저에게 컵 하나만 주실래요?
  Nǐ néng gěi wǒ yígè bēizi ma
- 今天我去超市买了一个黄色的杯子。
  Jīntiān wǒ qù chāoshì mǎi le yígè huángsè de bēizi
  오늘 나는 마트에 가서 노란색 컵 하나를 샀다.

827
表格 biǎogé
표, 양식

- 请填一下这个表格。 이 양식에 기입하세요.
  Qǐng tián yíxià zhè ge biǎogé
- 我邮件发给你的表格你收到了吗?
  Wǒ yóujiàn fā gěi nǐ de biǎogé nǐ shōudào le ma
  제가 이메일로 보낸 양식 받았나요?

명사
名词

828

标准
biāozhǔn
표준, 기준

- 这个规格是标准的。 이것은 표준양식이다.
  Zhè ge guīgé shì biāozhǔn de
- 现在美的标准是什么? 현재 아름다움의 기준은 무엇입니까?
  Xiànzài měi de biāozhǔn shì shénme

829

笔记本
bǐjìběn
노트, 수첩

- 我下午要去买两本笔记本。
  Wǒ xiàwǔ yào qù mǎi liǎng běn bǐjìběn
  나는 오후에 노트 두 권을 사려고 한다.
- 他把今天刚学的汉字写在笔记本了。
  Tā bǎ jīntiān gāng xué de hànzì xiě zài bǐjìběn le
  그는 오늘 막 배운 한자를 노트에 적었다.

830

菜
cài
요리, 반찬

- 在中国，每个地方的菜都不一样。
  Zài Zhōngguó měigè dìfang de cài dōu bù yíyàng
  중국에서는 모든 지역의 음식이 서로 다르다.
- 每个星期天我在家做菜。
  Měigè xīngqītiān wǒ zài jiā zuòcài
  매주 일요일 나는 집에서 요리를 한다.

831

材料
cáiliào
자료, 재료, 자재

- 我已经准备好这次会议的材料。
  Wǒ yǐjīng zhǔnbèi hǎo zhècì huìyì de cáiliào
  나는 이미 이번 회의 자료 준비를 마쳤다.
- 材料用完了，我们需要再买点材料。
  Cáiliào yòng wán le wǒmen xūyào zài mǎi diǎn cáiliào
  자재를 다 사용해서 우리는 다시 자재를 좀 구매해야 한다.

832

餐厅
cāntīng
음식점, 식당

- 那家餐厅几点开门? 그 식당은 몇 시에 여나요?
  Nà jiā cāntīng jǐ diǎn kāi mén
- 这家餐厅的老板对客人很热情。
  Zhè jiā cāntīng de lǎobǎn duì kèrén hěn rèqíng
  이 음식점의 사장님은 손님에게 매우 친절하다.

833
茶
chá
차

- 很多中国人常常喝茶。 많은 중국인들은 언제나 차를 마신다.
  Hěn duō zhōngguórén chángcháng hē chá
- 你想喝什么茶? 너는 어떤 차를 마시고 싶니?
  Nǐ xiǎng hē shénme chá

834
叉子
chāzi
포크

- 我的叉子掉了, 能给我换一个吗?
  Wǒ de chāzi diào le néng gěi wǒ huàn yígè ma
  포크를 떨어뜨렸는데 하나 바꿔주시겠어요?
- 小孩儿比较喜欢用叉子吃饭。
  Xiǎoháir bǐjiào xǐhuan yòng chāzi chīfàn
  어린아이는 포크를 사용해서 밥 먹는 것을 좋아한다.

835
成绩
chéngjì
성적

- 考试成绩明天公布。 시험성적은 내일 발표된다.
  Kǎoshì chéngjì míngtiān gōngbù
- 想要获得好的成绩就要有好的学习方法。
  Xiǎng yào huòdé hǎo de chéngjì jiù yào yǒu hǎo de xuéxí fāngfǎ
  좋은 성적을 받으려면 바람직한 학습 방법이 있어야 한다.

836
船
chuán
배, 선박

- 那只船被水淹没了。 그 배는 물에 잠겼다.
  Nà zhī chuán bèi shuǐ yānmò le
- 他们俩喜欢坐帆船。 그들 둘은 돛단배 타는 것을 좋아한다.
  Tāmen liǎ xǐhuan zuò fānchuán

837
传真
chuánzhēn
팩스

- 我可以给你发传真吗? 제가 팩스로 보내 드려도 될까요?
  Wǒ kěyǐ gěi nǐ fā chuánzhēn ma
- 你的传真号码是多少? 팩스번호가 어떻게 되나요?
  Nǐ de chuánzhēn hàomǎ shì duōshǎo

명사
名词

838

窗户
chuānghu
창문

- 因为天气热，所以我打开窗户了。
  Yīnwèi tiānqì rè suǒyǐ wǒ dǎkāi chuānghu le
  날씨가 너무 더워서 나는 창문을 열었다.
- 我刚开空调，你去把窗户关上吧。
  Wǒ gāng kāi kōngtiáo nǐ qù bǎ chuānghu guānshàng ba
  내가 막 에어컨을 틀었으니 너는 창문을 좀 닫아라.

839

窗帘
chuānglián
커튼

- 因为教室很闷，所以老师拉开窗帘了。
  Yīnwèi jiàoshì hěn mèn suǒyǐ lǎoshī lākāi chuānglián le
  교실 안이 답답해서 선생님은 커튼을 열었다.
- 明天下课以后，我要用洗衣机洗窗帘。
  Míngtiān xiàkè yǐhòu wǒ yào yòng xǐyījī xǐ chuānglián
  내일 방과 후에 나는 세탁기로 커튼을 빨려고 한다.

840

出租车
chūzūchē
택시

- 我们坐出租车去吧。 우리는 택시를 타고 가도록 하자.
  Wǒmen zuò chūzūchē qù ba
- 爸爸开出租车的。 아빠는 택시 운전을 하신다.
  Bàba kāi chūzūchē de

841

代表
dàibiǎo
대표

- 他是我们学校的学生代表。 그는 우리 학교의 학생대표이다.
  Tā shì wǒmen xuéxiào de xuésheng dàibiǎo
- 他昨天参加了全国人民代表大会。
  Tā zuótiān cānjiā le quánguó rénmín dàibiǎo dàhuì
  그는 어제 전국인민대표대회에 참석했다.

842

大夫
dàifu
의사

- 这位大夫是女的。 이 분은 여자 의사 선생님이다.
  Zhè wèi dàifu shì nǚ de
- 让大夫开药给你吃。 의사 선생님한테 약 좀 처방해 달라고 해.
  Ràng dàifu kāiyào gěi nǐ chī

843
当时
dāngshí
당시, 그때

- 当时我们俩还没认识。 당시 우리 둘은 아직 알지 못했다.
  Dāngshí wǒmen liǎ hái méi rènshi
- 我当时是个高中生。 나는 그때 고등학생이었다.
  Wǒ dāngshí shì ge gāozhōngshēng

844
刀
dāo
칼

- 妈妈去超市买了一把刀。 나는 마트에 가서 칼 한 자루를 샀다.
  Māma qù chāoshì mǎi le yì bǎ dāo
- 我们吃牛排的时候一般用刀和叉子。
  Wǒmen chī niúpái de shíhou yìbān yòng dāo hé chāzi
  우리는 스테이크를 먹을 때 보통 칼과 포크를 사용한다.

845
岛
dǎo
섬

- 很多中国人去济州岛旅游。
  Hěn duō zhōngguórén qù jìzhōudǎo lǚyóu
  많은 중국인들은 제주도 여행을 간다.
- 独岛是大韩民国的领土。 독도는 대한민국의 영토이다.
  Dúdǎo shì dàhánmínguó de lǐngtǔ

846
打印机
dǎyìnjī
프린터

- 办公室里的打印机坏了。 사무실의 프린터가 고장이 났다.
  Bàngōngshì lǐ de dǎyìnjī huài le
- 她上午用打印机打印几份资料了。
  Tā shàngwǔ yòng dǎyìnjī dǎyìn jǐ fèn zīliào le
  그녀는 오전에 프린터로 자료 몇 부를 인쇄했다.

847
地球
dìqiú
지구

- 太阳比地球大。 태양은 지구보다 크다.
  Tàiyáng bǐ dìqiú dà
- 我们都知道地球是圆的。
  Wǒmen dōu zhīdào dìqiú shì yuán de
  우리 모두는 지구가 둥글다는 것을 알고 있다.

명사
名词

848

电脑
diànnǎo
컴퓨터

- 我不会玩儿电脑。 나는 컴퓨터를 하지 못한다.
  Wǒ búhuì wánr diànnǎo
- 这台电脑大概多少钱? 이 컴퓨터는 대략 얼마인가요?
  Zhè tái diànnǎo dàigài duōshǎo qián

849

电视
diànshì
텔레비전

- 爸爸一边看电视一边做运动。
  Bàba yìbiān kàn diànshì yìbiān zuò yùndòng
  아버지는 텔레비전을 보면서 운동을 하신다.
- 妈妈不让我看电视。
  Māma bú ràng wǒ kàn diànshì
  어머니께서는 텔레비전을 보지 못하게 하신다.

850

电影
diànyǐng
영화

- 我平时喜欢看恐怖电影。
  Wǒ píngshí xǐhuan kàn kǒngbù diànyǐng
  나는 평소에 공포영화 보는 것을 좋아한다.
- 爸爸不喜欢去电影院看电影。
  Bàba bù xǐhuan qù diànyǐngyuàn kàn diànyǐng
  아빠는 영화관에 가서 영화보는 것을 싫어하신다.

851

东西
dōngxi
사물,
물건(구체적 또는 추상적인)

- 这是什么东西呢? 이것은 어떤 물건이니?
  Zhè shì shénme dōngxi ne
- 通过读书, 我学到了很多东西。
  Tōngguò dúshū wǒ xuédào le hěn duō dōngxi
  독서를 통해서 나는 많은 것을 배웠다.

852

对面
duìmiàn
건너편, 반대편, 맞은편

- 学校对面有公园。 학교 맞은편에는 공원이 있다.
  Xuéxiào duìmiàn yǒu gōngyuán
- 他站在我的对面。 그는 나의 반대편에 섰다.
  Tā zhàn zài wǒ de duìmiàn

853 肚子 dùzi
배, 복부

- 我肚子痛了，要去洗手间。
  Wǒ dùzi tòng le yào qù xǐshǒujiān
  나는 배가 아파서 화장실에 가려고 한다.
- 你是不是吃坏东西拉肚子了?
  Nǐ shìbúshì chī huài dōngxi lādùzi le
  너 상한 음식 먹고 배탈이 난 거 아니니?

854 儿童 értóng
어린이

- 5月5日是韩国的儿童节。 5월 5일은 한국의 어린이날이다.
  Wǔyuè wǔrì shì Hánguó de értóngjié
- 最近绑架儿童的犯罪现象越来越多。
  Zuìjìn bǎngjià értóng de fànzuì xiànxiàng yuè lái yuè duō
  최근 아동 납치 범죄가 점점 늘어나고 있다.

855 儿子 érzi
아들

- 我们公司的同事前天生了一个儿子。
  Wǒmen gōngsī de tóngshì qiántiān shēng le yígè érzi
  우리 회사의 동료는 그저께 아들을 낳았다.
- 我爸爸给我儿子起了个很好听的名字。
  Wǒ bàba gěi wǒ érzi qǐ le ge hěn hǎotīng de míngzi
  아버지께서 아들에게 듣기 좋은 이름을 지어주셨다.

856 饭馆 fànguǎn
식당, 음식점

- 这家饭馆的菜都很好吃。 이 식당의 음식은 모두 맛있다.
  Zhè jiā fànguǎn de cài dōu hěn hǎochī
- 他开了一家饭馆。 그는 식당 하나를 개업하였다.
  Tā kāi le yìjiā fànguǎn

 餐厅 cāntīng 饭店 fàndiàn 餐馆 cānguǎn 식당, 음식점

857 范围 fànwéi
범위

- 他的生活范围很小。 그의 생활 범위는 매우 좁다.
  Tā de shēnghuó fànwéi hěn xiǎo
- 那家公司的经营范围很广。
  Nà jiā gōngsī de jīngyíng fànwéi hěn guǎng
  그 회사의 사업 범위(경영 범위)는 매우 넓다.

명사
名词

858
翻译 fānyì
통역, 번역가

- 请大家调整翻译器的频道。
  Qǐng dàjiā tiáozhěng fānyìqì de píndào
  여러분 통역기(리시버)의 채널을 조정해주시기 바랍니다.
- 他是一名翻译。 그는 통역사이다.
  Tā shì yìmíng fānyì

859
飞机 fēijī
비행기, 항공기

- 我想坐飞机回老家。
  Wǒ xiǎng zuò fēijī huí lǎojiā
  나는 비행기를 타고 고향에 돌아가고 싶다.
- 飞机马上要起飞了。 비행기가 곧 이륙하겠습니다.
  Fēijī mǎshàng yào qǐfēi le

860
分钟 fēnzhōng
분

- 我们再等五分钟吧。 우리 5분만 더 기다리자.
  Wǒmen zài děng wǔ fēnzhōng ba
- 这个表慢了十分钟。 이 시계는 10분이 느리다.
  Zhè ge biǎo màn le shí fēnzhōng

861
风景 fēngjǐng
풍경, 경치

- 这里的风景很美。 이 곳의 경치는 매우 아름답다.
  Zhè lǐ de fēngjǐng hěn měi
- 看到这么美丽的风景，心情很愉快。
  Kàndào zhème měilì de fēngjǐng xīnqíng hěn yúkuài
  이렇게 아름다운 경치를 보니 기분이 좋다.

862
服务员 fúwùyuán
종업원

- 你想要吃什么可以告诉服务员。
  Nǐ xiǎng yào chī shénme kěyǐ gàosu fúwùyuán
  너 먹고 싶은 게 있으면 종업원에게 말해라.
- 这里的服务员态度很好。
  Zhè lǐ de fúwùyuán tàidù hěn hǎo
  여기 종업원의 서비스 태도는 매우 좋다.

863
感觉
gǎn jué
느낌, 감각

- 你有什么感觉吗? 너 어떤 느낌이 드니?
  Nǐ yǒu shénme gǎnjué ma
- 对他我没什么感觉。 그에 대해서 나는 아무런 느낌이 없다.
  Duì tā wǒ méi shénme gǎnjué

864
感情
gǎnqíng
감정, 애정, 정

- 这位演员表演出来的感情很丰富。
  Zhè wèi yǎnyuán biǎoyǎn chūlái de gǎnqíng hěn fēngfù
  이 연기자는 연기할 때 나오는 감정이 매우 풍부하다.
- 我和妹妹感情很好。 나와 여동생은 감정이 좋다(사이가 좋다).
  Wǒ hé mèimei gǎnqíng hěn hǎo

865
公共汽车
gōnggòngqìchē
버스

- 他每天坐公共汽车上下班。
  Tā měitiān zuò gōnggòngqìchē shàngxiàbān
  그는 매일 버스를 타고 출퇴근을 한다.
- 很多人都在等公共汽车。 많은 사람들이 버스를 기다리고 있다.
  Hěnduō rén dōu zài děng gōnggòngqìchē

866
工具
gōng jù
공구, 방법, 수단

- 地铁是一个重要的城市交通工具。
  Dìtiě shì yígè zhòngyào de chéngshì jiāotōng gōngjù
  지하철은 도시의 중요한 교통 수단이다.
- 平时好好管理这套工具吧。 평소에 이 도구를 잘 관리하렴.
  píngshí hǎohǎo guǎnlǐ zhè tào gōngjù ba

867
工资
gōngzī
월급, 임금

- 我拿了工资请朋友们吃饭。
  Wǒ ná le gōngzī qǐng péngyoumen chīfàn
  나는 월급을 받아 친구들에게 밥을 샀다.
- 今天公司发工资了。 오늘 회사에서 월급을 지급했다.
  Jīntiān gōngsī fā gōngzī le

명사
名词

868

工作
gōngzuò
일자리, 일, 업무

- 他做什么工作? 그는 어떤 일을 하니?
  Tā zuò shénme gōngzuò
- 找一份自己喜欢的工作并不容易。
  Zhǎo yífèn zìjǐ xǐhuan de gōngzuò bìngbù róngyì
  자신이 좋아하는 일을 찾는 것은 결코 쉽지 않다.

869

狗
gǒu
개, 강아지

- 这条狗经常咬人。 이 강아지는 자주 사람을 문다.
  Zhè tiáo gǒu jīngcháng yǎo rén
- 我家现在养了两只狗。 우리집은 현재 개 두 마리를 키우고 있다.
  Wǒ jiā xiànzài yǎng le liǎng zhī gǒu

870

姑娘
gūniang
아가씨, 처녀

- 电视剧里的这位姑娘很可爱。
  Diànshìjù lǐ de zhè wèi gūniang hěn kě'ài
  드라마 속에 나오는 이 아가씨는 정말 귀엽다.
- 姑娘都喜欢红裙子。 아가씨들은 모두 빨간색 치마를 좋아한다.
  Gūniang dōu xǐhuan hóng qúnzi

871

广告
guǎnggào
광고

- 这个广告很有创意。 이 광고는 매우 창의적이다.
  Zhè ge guǎnggào hěn yǒu chuàngyì
- 她明天去拍化妆品广告。
  Tā míngtiān qù pāi huàzhuāngpǐn guǎnggào
  그녀는 내일 화장품 광고를 찍으러 간다.

872

过程
guòchéng
과정

- 做菜的过程有点长。 요리하는 과정이 조금 길다
  Zuòcài de guòchéng yǒu diǎn cháng
- 在学习的过程中, 应该找合理的学习方法。
  Zài xuéxí de guòchéng zhōng yīnggāi zhǎo hélǐ de xuéxí fāngfǎ
  학습과정에서 합리적인 공부 방법을 찾아야 한다.

873

寒假
hánjià
겨울 방학

- 你寒假有什么计划? 너는 겨울 방학에 어떤 계획이 있니?
  Nǐ hánjià yǒu shénme jìhuà
- 寒假快要到来。 겨울 방학이 곧 다가온다.
  Hánjià kuàiyào dàolái

반 暑假 shǔjià 여름 방학

874

汉语
hànyǔ
중국어

- 你会说汉语吗? 너는 중국어를 할 줄 아니?
  Nǐ huì shuō hànyǔ ma
- 我觉得汉语里的声调最难学。
  Wǒ juéde hànyǔ lǐ de shēngdiào zuì nán xué
  나는 중국어에서 성조가 가장 배우기 어렵다고 생각한다.

875

航班
hángbān
(배, 비행기의)항공편,
운항 횟수

- 我错过了航班。 나는 항공편을 놓쳤다.
  Wǒ cuò guò le hángbān
- 这个航班要延迟。 이 항공편은 지연될 것이다.
  Zhè ge hángbān yào yánchí

876

号码
hàomǎ
번호, 숫자

- 你的电话号码是多少? 당신의 전화번호가 어떻게 되나요?
  Nǐ de diànhuà hàomǎ shì duōshǎo
- 你还记得老师的手机号码吗?
  Nǐ hái jìde lǎoshī de shǒujī hàomǎ ma
  너는 선생님 핸드폰 번호를 아직 기억하고 있니?

877

后面
hòumiàn
뒤, 뒤쪽

- 后面还有很多人排队。 뒤쪽에 아직 많은 사람들이 줄을 서 있다.
  Hòumiàn hái yǒu hěn duō rén páiduì
- 他在我的后面一直帮助我。
  Tā zài wǒ de hòumiàn yìzhí bāngzhù wǒ
  그는 뒤에서 계속 나를 도와주었다.

반 前面 qiánmian 앞, 앞쪽

명사 名词

878

回答
huí dá
대답, 응답

- 他的回答很正确。 그의 대답은 매우 정확하다.
  Tā de huídá hěn zhèngquè
- 我叫了几次，但他一直没有回答。
  Wǒ jiào le jǐ cì dàn tā yìzhí méiyǒu huídá
  내가 몇 번이나 불렀지만 그는 계속 대답이 없었다.

유 答复 dáfù 답변, 대답

879

回忆
huí yì
회상, 추억

- 在这里我拥有美好的回忆。 이 곳에 나는 아름다운 추억이 있다.
  Zài zhè lǐ wǒ yōngyǒu měihǎo de huíyì
- 这家店勾起了我的回忆。 이 상점은 나의 추억을 불러일으켰다.
  Zhè jiā diàn gōuqǐ le wǒ de huíyì

880

火
huǒ
불

- 他家昨晚着火了。 그의 집은 어젯밤 불이 났다.
  Tā jiā zuó wǎn zháohuǒ le
- 用火烤着吃。 불에 구워 드세요.
  Yòng huǒ kǎo zhe chī

881

活动
huódòng
활동, 행사, 모임

- 周六没什么活动。 토요일에 어떠한 모임도 없다.
  Zhōuliù méi shénme huódòng
- 我们学校今天有活动。 오늘 우리 학교 행사가 있다.
  Wǒmen xuéxiào jīntiān yǒu huódòng

882

火车站
huǒchēzhàn
기차역

- 我们明天上午9点在火车站见吧。
  Wǒmen míngtiān shàngwǔ jiǔ diǎn zài huǒchēzhàn jiàn ba
  우리 내일 오전 9시에 기차역에서 보자.
- 春节快要到来，火车站里有很多回老家的人。
  Chūnjié kuàiyào dàolái huǒchēzhàn lǐ yǒu hěn duō huí lǎojiā de rén
  춘절이 곧 다가오니 기차역에는 고향으로 돌아가는 사람이 많다.

883

鸡
jī
닭

- 我在家里养了一只鸡。 나는 집에서 닭 한 마리를 기른다.
  Wǒ zài jiā lǐ yǎng le yì zhī jī
- 我们明天去吃炸鸡吧。 우리 내일 치킨 먹으러 가자.
  Wǒmen míngtiān qù chī zhájī ba

884

基础
jīchǔ
기초, 기반, 토대

- 这些都是基础题。 이것은 모두 기본 문제이다.
  Zhè xiē dōu shì jīchǔtí
- 你的学习基础太差了。 너는 학업 기초가 너무 부족하다.
  Nǐ de xuéxí jīchǔ tài chà le

885

计划
jìhuà
계획, 방안

- 我做了份学习计划。 나는 학습 계획을 세웠다.
  Wǒ zuò le fèn xuéxí jìhuà
- 这个计划失败了。 이 계획은 실패했다.
  Zhè ge jìhuà shībài le

886

技术
jìshù
기술

- 美国的医疗技术很发达。 미국의 의료 기술은 매우 발달되었다.
  Měiguó de yīliáo jìshù hěn fādá
- 我们不会开发这种技术。 우리는 이러한 기술을 개발하지 못한다.
  Wǒmen búhuì kāifā zhè zhǒng jìshù

887

记者
jìzhě
기자

- 我小时候的愿望是当一名记者。
  Wǒ xiǎoshíhou de yuànwàng shì dāng yìmíng jìzhě
  나의 어린 시절의 소망은 기자가 되는 것이었다.
- 那位记者对他进行了采访。 그 기자는 그를 인터뷰했다.
  Nà wèi jìzhě duì tā jìnxíng le cǎifǎng

명사
名词

888 □

家
jiā
집, 가정,
어떤 사회 활동 또는
지식에 정통한 사람

- 我**家**有六口人。 우리집은 여섯 식구이다.
  Wǒ jiā yǒu liù kǒu rén
- 很多企业**家**都参加了此次比赛。
  Hěn duō qǐyèjiā dōu cānjiā le cǐcì bǐsài
  많은 기업가들이 이번 회의에 참석하였다.

889 □

价格
jiàgé
가격, 값

- 这里的**价格**有点贵。 이 곳의 가격은 조금 비싸다.
  Zhè lǐ de jiàgé yǒudiǎn guì
- 这是市场上的**价格**。 이것은 시장 가격이다.
  Zhè shì shìchǎng shàng de jiàgé

890 □

将来
jiānglái
미래, 장래

- 他说**将来**他要买个大房子。
  Tā shuō jiānglái tā yào mǎi ge dà fángzi
  그는 미래에 큰 집을 살 것이라고 말했다.
- 在不久的**将来**我一定要去法国。
  Zài bù jiǔ de jiānglái wǒ yídìng yào qù fǎguó
  머지않은 미래에 나는 반드시 프랑스에 갈 것이다.

891 □

交通
jiāotōng
교통

- 这座城市**交通**很方便。 이 도시의 교통은 매우 편리하다.
  Zhè zuò chéngshì jiāotōng hěn fāngbiàn
- 我们应该遵守**交通**规则。
  Wǒmen yīnggāi zūnshǒu jiāotōng guīzé
  우리는 반드시 교통 법규를 준수해야 한다.

892 □

饺子
jiǎozi
만두

- 我春节回家帮妈妈包了很多**饺子**。
  Wǒ chūnjié huíjiā bāng māma bāo le hěn duō jiǎozi
  나는 춘절에 집에 돌아가서 엄마를 도와 만두를 많이 빚었다.
- 中国人一般沾醋吃**饺子**。
  Zhōngguórén yìbān zhàncù chī jiǎozi
  중국 사람들은 보통 만두를 식초에 찍어 먹는다.

893

结果
jiéguǒ

결과, 성과

- 说好的时间,结果他迟到了。
  Shuō hǎo de shíjiān jiéguǒ tā chídào le
  그는 시간 약속을 다 해놓고는 결과적으로 지각을 했다.
- 这不是我想要的结果。 이건 내가 원하는 결과가 아니다.
  Zhè búshì wǒ xiǎng yào de jiéguǒ

894

今年
jīnnián

올해, 금년

- 今年你多大? 올해 너는 몇 살이니?
  Jīnnián nǐ duō dà
- 据预测,今年中国经济维持较快的发展速度。
  Jù yùcè jīnnián Zhōngguó jīngjì wéichí jiào kuài de fāzhǎn sùdù
  예측에 따르면 올해 중국 경제는 비교적 빠른 성장 속도를 유지할 것이다.

895

今天
jīntiān

오늘

- 今天是几月几号? 오늘은 몇 월 며칠이니?
  Jīntiān shì jǐ yuè jǐ hào
- 你今天内能完成那件事吗? 너 오늘 그 일을 완성할 수 있니?
  Nǐ jīntiān nèi néng wánchéng nà jiàn shì ma

  유 今日 jīnrì 오늘, 금일

  표현 今日事,今日毕 오늘 일은 오늘 마친다.
  Jīnrì shì jīnrì bì

896

经济
jīngjì

경제

- 他没有经济能力。 그는 경제 능력이 없다.
  Tā méi yǒu jīngjì nénglì
- 中国经济发展速度很快。 중국 경제의 발전 속도는 빠르다.
  Zhōngguó jīngjì fāzhǎn sùdù hěn kuài

897

京剧
jīngjù

경극

- 京剧是中国的国粹。 경극은 중국의 고유한 문화(국수)이다.
  Jīngjù shì Zhōngguó de guócuì
- 你看过京剧吗? 너 경극을 본 적이 있니?
  Nǐ kànguò jīngjù ma

명사
名词

898 经历
jīnglì
경험, 경력

- 在你的人生中最痛苦的经历是什么？
  Zài nǐ de rénshēng zhōng zuì tòngkǔ de jīnglì shì shénme
  당신의 인생에서 가장 쓰라린 경험은 무엇인가요?
- 他们俩的经历都差不多。 그들 둘의 경력은 거의 비슷하다.
  Tāmen liǎ de jīnglì dōu chàbuduō

899 精神
jīngshén
정신, 활력(jīngshen)

- 我很佩服你的精神。 나는 너의 정신에 정말 탄복했다.
  Wǒ hěn pèifú nǐ de jīngshén
- 他今天精神有点不好。 그는 오늘 생기가 별로 없다.
  Tā jīntiān jīngshen yǒudiǎn bù hǎo

900 经验
jīngyàn
경험, 체험

- 你对做料理有经验吗？ 너는 요리를 해본 경험이 있니?
  Nǐ duì zuò liàolǐ yǒu jīngyàn ma
- 你的经验很丰富呀！ 너는 경험이 매우 풍부하구나!
  Nǐ de jīngyàn hěn fēngfù ya

901 镜子
jìngzi
거울

- 我喜欢大镜子。 나는 큰 거울을 좋아한다.
  Wǒ xǐhuan dà jingzi
- 这个镜子被我摔坏了。 이 거울은 나에 의해 깨졌다.
  Zhè ge jingzi bèi wǒ shuāihuài le

902 距离
jùlí
거리

- 我们的距离越来越近。 우리의 거리는 점점 가까워지고 있다.
  Wǒmen de jùlí yuè lái yuè jìn
- 我的想法跟他有距离。 나의 생각은 그와는 거리가 있다.
  Wǒ de xiǎngfǎ gēn tā yǒu jùlí

903
咖啡
kāfēi
커피

- 她晚上不喝咖啡。 그녀는 저녁에 커피를 마시지 않는다.
  Tā wǎnshang bù hē kāfēi
- 我喜欢美式咖啡。 나는 아메리카노를 좋아한다.
  Wǒ xǐhuan měishì kāfēi

904
看法
kànfǎ
견해, 의견

- 我没有任何看法。 나는 어떠한 의견도 없다.
  Wǒ méiyǒu rènhé kànfǎ
- 你对这件事情有什么看法?
  Nǐ duì zhè jiàn shìqing yǒu shénme kànfǎ
  너는 이 일에 대해 어떠한 의견이 있니?

905
课
kè
수업, (수업)과목

- 你什么时候开始上课? 너 언제 수업이 시작하니?
  Nǐ shénme shíhou kāishǐ shàngkè
- 汉语不是我们学校的必修课。
  Hànyǔ búshì wǒmen xuéxiào de bìxiūkè
  중국어는 우리 학교의 필수 과목이 아니다.

906
科学
kēxué
과학

- 我相信科学。 나는 과학을 믿는다.
  Wǒ xiāngxìn kēxué
- 科学也有解释不了的事情。
  Kēxué yě yǒu jiěshì bùliǎo de shìqing
  과학으로도 설명이 되지 않는 일이 있다.

907
空气
kōngqì
공기

- 这座城市的空气不好。 이 도시의 공기는 좋지 않다.
  Zhè zuò chéngshì de kōngqì bù hǎo
- 我喜欢山里的空气。 나는 산속의 공기를 좋아한다.
  Wǒ xǐhuan shān lǐ de kōngqì

명사
名词

908 □

困难
kùnnán
어려움, 곤란

- 我克服了种种困难。 나는 온갖 어려움을 극복했다.
  Wǒ kèfú le zhǒngzhǒng kùnnán
- 你最近遇到什么困难呢? 최근 너는 어떤 어려움에 봉착했니?
  Nǐ zuìjìn yùdào shénme kùnnán ne

909 □

垃圾桶
lājītǒng
쓰레기통

- 教室里没有垃圾桶。 교실에는 쓰레기통이 없다.
  Jiàoshì lǐ méiyǒu lājītǒng
- 我把垃圾桶打翻了。 나는 쓰레기통을 뒤집어버렸다.
  Wǒ bǎ lājītǒng dǎfān le

910 □

老虎
lǎohǔ
호랑이

- 我周末去动物园看老虎。
  Wǒ zhōumò qù dòngwùyuán kàn lǎohǔ
  나는 주말에 동물원에 가서 호랑이를 본다.
- 老虎是很凶的动物。 호랑이는 매우 사나운 동물이다.
  Lǎohǔ shì hěn xiōng de dòngwù

911 □

老师
lǎoshī
선생님, 스승

- 我最近很想念我的小学老师。
  Wǒ zuìjìn hěn xiǎngniàn wǒ de xiǎoxué lǎoshī
  요즘 나는 초등학교 때 선생님이 보고 싶다.
- 老师今天给我们留了很多作业。
  Lǎoshī jīntiān gěi wǒmen liú le hěn duō zuòyè
  선생님은 오늘 나에게 많은 숙제를 내주셨다.

912 □

里
lǐ
안, 가운데, 내부

- 手机在包里。 휴대폰은 가방 안에 있다.
  Shǒujī zài bāo lǐ
- 教室里有不少留学生。 교실 안에는 많은 유학생들이 있다.
  Jiàoshì lǐ yǒu bùshǎo liúxuéshēng

207

913 □

料理
liàolǐ
요리

- 日本料理比较合我的口味。
  Rìběn liàolǐ bǐjiào hé wǒ de kǒuwèi
  일본 음식은 비교적 나의 입맛에 맞다.
- 很多韩国人都喜欢吃四川料理。
  Hěn duō hánguórén dōu xǐhuan chī sìchuān liàolǐ
  많은 한국인들은 사천요리를 좋아한다.

914 □

礼貌
lǐmào
예의, 예절

- 这个学生很有礼貌。 이 학생은 예절이 바르다.
  Zhè ge xuésheng hěn yǒu lǐmào
- 爸爸讲礼貌。 아빠는 예절을 중시하신다.
  Bàba jiǎng lǐmào

915 □

力气
lìqi
힘, 역량

- 我爸爸的力气很大。 아빠는 힘이 매우 세다.
  Wǒ bàba de lìqi hěn dà
- 我没有力气运动了。 나는 운동할 힘이 없다.
  Wǒ méiyǒu lìqi yùndòng le

유 | 力量 lìliàng 힘

916 □

理想
lǐxiǎng
이상

- 我的理想需要努力才能实现。
  Wǒ de lǐxiǎng xūyào nǔlì cái néng shíxiàn
  나의 이상은 노력해야만 비로소 이룰 수 있다.
- 你的理想是什么? 너의 이상은 무엇이니?
  Nǐ de lǐxiǎng shì shénme

917 □

零钱
língqián
잔돈

- 你身上有零钱吗? 너 잔돈 있니?
  Nǐ shēnshang yǒu língqián ma
- 我没有零钱。 나는 잔돈이 없어.
  Wǒ méiyǒu língqián

명사
名词

918 ☐

楼
lóu
다층 건물, 빌딩, 층

- **这栋楼的租金很贵。** 이 건물은 임대료가 비싸다.
  Zhè dòng lóu de zūjīn hěn guì
- **那栋楼是新建的。** 그 건물은 새로 지어졌다.
  Nà dòng lóu shì xīn jiàn de

919 ☐

路
lù
길, 도로, (교통수단)노선

- **这道路很窄。** 이 길은 매우 좁다.
  Zhè dào lù hěn zhǎi
- **坐164路车可以直接到学校。**
  Zuò yāoliùsì lù chē kěyǐ zhíjiē dào xuéxiào
  164번 버스를 타면 곧바로 학교에 갈 수 있다.

유 | 道 dào 길, 도로

920 ☐

律师
lǜshī
변호사

- **我想当一名律师。** 나는 변호사가 되고 싶다.
  Wǒ xiǎng dāng yìmíng lǜshī
- **他给我介绍了一名优秀的律师。**
  Tā gěi wǒ jièshào le yìmíng yōuxiù de lǜshī
  그는 나에게 뛰어난 변호사를 소개해주었다.

921 ☐

马
mǎ
말

- **他喜欢骑马。** 나는 말을 타는 것을 좋아한다.
  Tā xǐhuan qí mǎ
- **我属马的。** 나는 말띠이다.
  Wǒ shǔ mǎ de

922 ☐

妈妈
māma
엄마

- **妈妈做的菜都很好吃。** 엄마가 해주신 음식은 다 맛있다.
  Māma zuò de cài dōu hěn hǎochī
- **很多妈妈为了子女可以牺牲一切。**
  Hěn duō māma wèile zǐnǚ kěyǐ xīshēng yíqiè
  많은 엄마들은 자녀를 위해 모든 것을 희생할 수 있다.

923

麻烦
máfan
골칫거리, 부담

- 不好意思，我给你添麻烦了。
  Bùhǎoyìsi wǒ gěi nǐ tiān máfan le
  미안해요. 제가 당신을 번거롭게 했네요.
- 你有什么麻烦吗? 너 무슨 골칫거리가 있니?
  Nǐ yǒu shénme máfan ma

924

猫
māo
고양이

- 我养了一只猫。 나는 고양이 한 마리를 기른다.
  Wǒ yǎng le yìzhī māo
- 那只猫很可爱。 그 고양이는 매우 귀엽다.
  Nà zhī māo hěn kě'ài

925

毛
máo
털

- 那只小狗的毛很软。 그 강아지의 털은 매우 부드럽다.
  Nà zhī xiǎogǒu de máo hěn ruǎn
- 他身上的毛比较粗。 그의 몸에 난 털은 굵다.
  Tā shēnshang de máo bǐjiào cū

926

毛巾
máojīn
수건

- 给我两张毛巾。 저에게 수건 두 장만 주세요.
  Gěi wǒ liǎng zhāng máojīn
- 我用毛巾擦汗。 나는 수건을 가지고 땀을 닦았다.
  Wǒ yòng máojīn cāhàn

927

帽子
màozi
모자

- 平时我喜欢戴帽子。 평소에 나는 모자 쓰는 것을 좋아한다.
  Píngshí wǒ xǐhuan dài màozi
- 上课的时候，请大家摘下帽子。
  Shàngkè de shíhou qǐng dàjiā zhāixià màozi
  여러분 수업 때는 모자를 벗어주세요.

명사
名词

928
妹妹
mèimei
여동생

- 我有三个妹妹。 나는 여동생이 셋 있다.
  Wǒ yǒu sān ge mèimei
- 你不要叫她妹妹。 그녀에게 동생이라고 부르지 마라.
  Nǐ búyào jiào tā mèimei

929
门
mén
문

- 那家餐厅已关门了。 그 음식점은 이미 문을 닫았다.
  Nà jiā cāntīng yǐ guānmén le
- 出门时,你一定要把门关好。
  Chūmén shí nǐ yídìng yào bǎ mén guān hǎo
  외출할 때에 문을 반드시 잘 닫아라.

930
梦
mèng
꿈

- 昨天我没做梦。 어제 나는 꿈을 꾸지 않았다.
  Zuótiān wǒ méi zuòmèng
- 刚才我做了一场噩梦。 방금 나는 악몽을 꾸었다.
  Gāngcái wǒ zuò le yìchǎng èmèng

931
米
mǐ
쌀

- 韩国人的主食是米饭。 한국인의 주식은 쌀밥이다.
  Hánguórén de zhǔshí shì mǐfàn
- 米酒是用米做的。 막걸리는 쌀로 만든 것이다.
  Mǐjiǔ shì yòng mǐ zuò de

932
米饭
mǐfàn
(쌀)밥

- 因为很饿,我今天晚上吃了三碗米饭。
  Yīnwèi hěn è wǒ jīntiān wǎnshang chī le sān wǎn mǐfàn
  너무 배가 고파서 나는 오늘 저녁에 밥을 세 공기나 먹었다.
- 再来一碗米饭。 밥 한 공기 더 주세요.
  Zài lái yì wǎn mǐfàn

933
密码
mìmǎ
비밀번호

- 想了半天也想不起来密码是什么。
  Xiǎng le bàntiān yě xiǎngbuqǐlái mìmǎ shì shénme
  한참을 생각했지만 비밀번호가 생각이 나지 않았다.
- 请告诉我你的手机密码。 너의 휴대폰 비밀번호를 알려줘라.
  Qǐng gàosu wǒ nǐ de shǒujī mìmǎ

934
面包
miànbāo
빵

- 他喜欢吃面包。 그는 빵 먹는 것을 좋아한다.
  Tā xǐhuan chī miànbāo
- 妈妈每天早上都给孩子烘烤面包。
  Māma měitiān zǎoshang dōu gěi háizi hōngkǎo miànbāo
  엄마는 매일 아침 아이에게 빵을 구워준다.

935
面条
miàntiáo
국수

- 我不喜欢吃面条。 나는 국수를 좋아하지 않는다.
  Wǒ bù xǐhuan chī miàntiáo
- 妈妈给我吃面条。 엄마는 나에게 국수를 주셨다.
  Māma gěi wǒ chī miàntiáo

936
秒
miǎo
초

- 一分钟等于60秒。 1분은 60초이다.
  Yìfēnzhōng děngyú liùshí miǎo
- 我每分每秒都在想你。 나는 매분 매 초 너를 생각한다.
  Wǒ měifēn měimiǎo dōu zài xiǎng nǐ

937
民族
mínzú
민족

- 中国有很多少数民族。 중국에는 많은 소수민족이 있다.
  Zhōngguó yǒu hěn duō shǎoshù mínzú
- 我们应该弘扬民族文化。
  Wǒmen yīnggāi hóngyáng mínzú wénhuà
  우리는 민족문화를 더욱 발전시켜야 한다.

명사
名词

938

明年
míngnián
내년

- 我**明年**2月份将会毕业。 나는 내년 2월 졸업을 한다.
  Wǒ míngnián èr yuè fèn jiāng huì bìyè
- **明年**韩国将举行总统选举。
  Míngnián Hánguó jiāng jǔxíng zǒngtǒng xuǎnjǔ
  내년 한국에서는 대통령 선거가 열린다.

939

明天
míngtiān
내일

- 你**明天**有什么安排吗? 너 내일 무슨 계획이 있니?
  Nǐ míngtiān yǒu shénme ānpái ma
- **明天**我跟男朋友约会。 내일 나는 남자친구와 데이트가 있어.
  Míngtiān wǒ gēn nánpéngyou yuēhuì

940

名字
míngzi
이름

- 你叫什么**名字**? 너는 이름이 뭐니?
  Nǐ jiào shénme míngzi
- 我的**名字**是我爷爷起的。 나의 이름은 할아버지께서 지어주셨다.
  Wǒ de míngzi shì wǒ yéye qǐ de

941

目前
mùqián
지금, 현재

- 到**目前**为止，一切都很顺利。 지금까지 모든 것이 순조롭다.
  Dào mùqián wéizhǐ yíqiè dōu hěn shùnlì
- **目前**，我不需要买汽车。 지금 나는 자동차를 살 필요가 없다.
  Mùqián wǒ bù xūyào mǎi qìchē

유 当前 dāngqián 현재   眼前 yǎnqián 눈앞, 현재

942

母亲
mǔqīn
모친, 엄마, 어머니

- 你替我向你**母亲**问好。
  Nǐ tì wǒ xiàng nǐ mǔqīn wènhǎo
  나를 대신해서 어머니께 안부를 전해주세요.
- **明天**是**母亲**节，你这次准备什么礼物呢?
  Míngtiān shì mǔqīnjié nǐ zhècì zhǔnbèi shénme lǐwù ne
  내일은 어머니날인데 이번에 어떤 선물을 준비했니?

943

目的
mùdì
목적

- 你这么做的目的是什么？ 너 이렇게 한 목적이 무엇이니?
  Nǐ zhème zuò de mùdì shì shénme
- 我还没达到目的地。 나는 아직 목적지에 다다르지 못했다.
  Wǒ hái méi dádào mùdìdì

> 유 目标 mùbiāo 목적, 목표

944

奶奶
nǎinai
할머니

- 奶奶已去世了。 할머니는 이미 돌아가셨다.
  nǎinai yǐ qùshì le
- 我小的时候是奶奶照顾我的。
  Wǒ xiǎo de shíhou shì nǎinai zhàogù wǒ de
  내가 어렸을 때 할머니께서 나를 돌봐주셨다.

945

耐心
nàixīn
참을성, 인내, 끈기

- 他没有耐心。 그는 참을성이 없다.
  Tā méiyǒu nàixīn
- 养育孩子需要很大的耐心。
  Yǎngyù háizi xūyào hěn dà de nàixīn
  아이를 키우는 것은 큰 인내심이 필요하다.

946

男
nán
남자

- 这部电影的男主角很帅。 이 영화의 남주인공은 매우 멋있다.
  Zhè bù diànyǐng de nán zhǔjué hěn shuài
- 很多老人还有重男轻女的思想。
  Hěn duō lǎorén hái yǒu zhòngnánqīngnǚ de sīxiǎng
  많은 노인들은 아직도 남아선호 사상을 가지고 있다.

947

南
nán
남, 남쪽

- 我想找一个向南的房子。 나는 남향집을 찾고 있다.
  Wǒ xiǎng zhǎo yígè xiàng nán de fángzi
- 我分不清东西南北。 나는 동서남북을 잘 구분하지 못한다.
  Wǒ fēnbuqīng dōngxīnánběi

명사 名词

948 内 nèi 안, 안쪽

- 你可以在三天内完成那件事吗？
  Nǐ kěyǐ zài sāntiān nèi wánchéng nà jiàn shì ma
  너 3일 내 그 일을 완성할 수 있니?

- 室内不可以抽烟。 실내에서는 담배를 피우지 못한다.
  Shì nèi bù kěyǐ chōuyān

  유 里 lǐ 안쪽, 내부 外 wài 밖, 바깥

949 内容 nèiróng 내용

- 这本书的内容很丰富。 이 책의 내용은 매우 풍부하다.
  Zhè běn shū de nèiróng hěn fēngfù

- 我今天发表的内容为以下三个。
  Wǒ jīntiān fābiǎo de nèiróng wéi yǐxià sān ge
  제가 오늘 발표할 내용은 아래 세 가지입니다.

950 能力 nénglì 능력

- 她生活能力很强。 그녀는 생활능력이 강하다.
  Tā shēnghuó nénglì hěn qiáng

- 他没有经济能力。 그는 경제능력이 없다.
  Tā méiyǒu jīngjì nénglì

951 年 nián 년, 나이

- 你今年几岁？ 당신은 올해 몇 살인가요?
  Nǐ jīnnián jǐ suì

- 今年比往年更冷。 올해는 예년보다 더욱 춥다.
  Jīnnián bǐ wǎngnián gèng lěng

952 年级 niánjí 학년

- 你是几年级的学生？ 너는 몇 학년 학생이니?
  Nǐ shì jǐ niánjí de xuésheng

- 我是高中三年级的学生。 저는 고등학교 3학년 학생입니다.
  Wǒ shì gāozhōng sān niánjí de xuésheng

215

953
年龄
niánlíng
연령, 나이

- 我们俩的年龄相差很大。 우리 둘은 나이 차이가 많이 난다.
  Wǒmen liǎ de niánlíng xiāngchà hěn dà
- 他的年龄还小。 그는 아직 어리다.
  Tā de niánlíng hái xiǎo

954
牛奶
niúnǎi
우유

- 给我一杯牛奶。 저에게 우유 한 잔 주세요.
  Gěi wǒ yìbēi niúnǎi
- 我买了一瓶香蕉牛奶。 나는 바나나 우유 한 병을 샀다.
  Wǒ mǎi le yìpíng xiāngjiāo niúnǎi

955
女儿
nǚ'ér
딸

- 我有两个女儿。 나에겐 딸 둘이 있다.
  Wǒ yǒu liǎng gè nǚ'ér
- 他女儿还没结婚。 그의 딸은 아직 결혼하지 않았다.
  Tā nǚ'ér hái méi jiéhūn

956
盘子
pánzi
쟁반

- 这个盘子很重。 이 쟁반은 너무 무겁다.
  Zhè ge pánzi hěn zhòng
- 我一不小心把盘子碎了。
  Wǒ yí bù xiǎoxīn bǎ pánzi suì le
  나는 조심하지 않아서 쟁반을 깨뜨렸다.

957
旁边
pángbiān
옆, 근처, 부근

- 我坐在他的旁边。 나는 그의 옆에 앉았다.
  Wǒ zuò zài tā de pángbiān
- 学校旁边有一个韩国餐厅。
  Xuéxiào pángbiān yǒu yí gè Hánguó cāntīng
  학교 옆에 한국 음식점이 하나 있다.

명사
名词

958
朋友
péngyou
친구

- 我没交过男朋友。 나는 남자친구를 사귀어본 적이 없다.
  Wǒ méi jiāo guò nánpéngyou
- 他性格很活泼，善于交朋友。
  Tā xìnggé hěn huópo shànyú jiāo péngyou
  그는 성격이 활발해서 친구를 잘 사귄다.

959
皮肤
pí fū
피부

- 她的皮肤很白。 그녀의 피부는 매우 하얗다.
  Tā de pífū hěn bái
- 孩子的皮肤很嫩。 아이의 피부는 매우 부드럽다.
  Háizi de pífū hěn nèn

960
皮鞋
píxié
가죽 구두

- 爸爸给我买了一双皮鞋。
  Bàba gěi wǒ mǎi le yìshuāng píxié
  아빠는 나에게 가죽 구두 한 켤레를 사주셨다.
- 今天我穿的皮鞋有点紧。 오늘 내가 신은 가죽 구두는 조금 낀다.
  Jīntiān wǒ chuān de píxié yǒudiǎn jǐn

961
啤酒
píjiǔ
맥주

- 给我一瓶啤酒。 저에게 맥주 한 병 주세요.
  Gěi wǒ yìpíng píjiǔ
- 我喜欢喝啤酒。 나는 맥주 마시는 것을 좋아한다.
  Wǒ xǐhuan hē píjiǔ

962
脾气
píqi
성격, 성질

- 他的脾气不好。 그는 성격이 좋지 않다.
  Tā de píqi bù hǎo
- 爸爸平时经常对我发脾气。
  Bàba píngshí jīngcháng duì wǒ fā píqi
  아빠는 평소에 나에게 화를 잘 내신다.

963

票
piào
표, 티켓

- 我昨天买了两张火车票。 나는 어제 기차표 두 장을 샀다.
  Wǒ zuótiān mǎi le liǎng zhāng huǒchēpiào
- 他送给我一张电影票。
  Tā sòng gěi wǒ yìzhāng diànyǐngpiào
  그는 나에게 영화티켓 한 장을 보내주었다.

964

乒乓球
pīngpāngqiú
탁구

- 我喜欢打乒乓球。 나는 탁구치는 것을 좋아한다.
  Wǒ xǐhuan dǎ pīngpāngqiú
- 今天的乒乓球比赛,谁赢了?
  Jīntiān de pīngpāngqiú bǐsài shéi yíng le
  오늘 탁구 경기에서 누가 이겼니?

965

平时
píngshí
평소, 보통 때

- 你平时喜欢做什么? 너는 평소에 뭐 하는 것을 좋아하니?
  Nǐ píngshí xǐhuan shénme
- 我平时喜欢喝红酒。 나는 평소에 와인 마시는 것을 좋아한다.
  Wǒ píngshí xǐhuan hē hóngjiǔ

966

苹果
píngguǒ
사과

- 这个苹果已熟了。 이 사과는 이미 다 익었다.
  Zhè ge píngguǒ yǐ shú le
- 我要5个苹果。 사과 다섯 개 주세요.
  Wǒ yào wǔ gè píngguǒ

967

瓶子
píngzi
병

- 这个瓶子里装了什么东西? 이 병 안에는 뭐가 들어있나요?
  Zhè ge píngzi lǐ zhuāng le shénme dōngxi
- 我一不小心把瓶子都打碎了。
  Wǒ yì bù xiǎoxīn bǎ píngzi dōu dǎsuì le
  나는 조심하지 않아 병을 깨뜨렸다.

명사 / 名词

968 葡萄 pútáo
포도

- 他给我一串葡萄。 그는 나에게 포도 한 송이를 주었다.
  Tā gěi wǒ yíchuàn pútáo
- 我平时喜欢喝葡萄酒。
  Wǒ píngshí xǐhuan hē pútáojiǔ
  나는 평소에 포도주 마시는 것을 좋아한다.

969 普通话 pǔtōnghuà
보통화(표준어)

- 有些广东人讲普通话讲得不标准。
  Yǒuxiē Guǎngdōngrén jiǎng pǔtōnghuà jiǎng de bù biāozhǔn
  일부 광동 사람들은 보통화를 잘 구사하지 못한다.
- 她普通话说得很好。 그녀는 보통화를 훌륭하게 구사한다.
  Tā pǔtōnghuà shuō de hěn hǎo

970 妻子 qīzi
아내, 부인

- 你的妻子是做什么工作的? 당신의 아내는 무슨 일을 하나요?
  Tā de qīzi shì zuò shénme gōngzuò
- 他跟他的妻子离婚了。 그는 그의 부인과 이혼했다.
  Tā gēn tā de qīzi líhūn le

971 气候 qìhòu
기후

- 最近气候变化很大。 최근 기후 변화가 심하다.
  Zuìjìn qìhòu biànhuà hěn dà
- 世界各国都出现了异常的气候现象。
  Shìjiè gèguó dōu chūxiàn le yìcháng de qìhòu xiànxiàng
  세계 각국에서 모두 이상 기후 현상이 발생하고 있다.

972 钱 qián
돈

- 我手里没有钱。 나는 수중에 돈을 가지고 있지 않다.
  Wǒ shǒuli méi yǒu qián
- 这个月我花了很多钱。 이번 달 나는 많은 돈을 썼다.
  Zhè ge yuè wǒ huā le hěn duō qián

973

前面
qiánmian
앞, 앞쪽

- 前面有很多空位子。 앞쪽에 빈자리가 많이 있다.
  Qiánmian yǒu hěn duō kōng wèizi
- 今天我没戴眼镜，看不请前面。
  Jīntiān wǒ méi dài yǎnjing kànbuqīng qiánmian
  오늘 나는 안경을 쓰지 않아서 앞이 잘 보이지 않는다.
- 老师，能再讲一遍前面的内容吗?
  Lǎoshī néng zài jiǎng yíbiàn qiánmian de nèiróng ma
  선생님, 앞에서 말씀하신 내용을 다시 알려주실 수 있나요?

유 前边 qiánbian 앞, 앞쪽   반 后边 hòubian 뒤, 뒤쪽
后面 hòumiàn 뒤, 뒤쪽

974

签证
qiānzhèng
비자

- 我想申请去中国的旅游签证。
  Wǒ xiǎng shēnqǐng qù Zhōngguó de lǚyóu qiānzhèng
  나는 중국 관광 비자를 신청하고 싶다.
- 我的签证到期了，想延长签证期限。
  Wǒ de qiānzhèng dàoqī le xiǎng yáncháng qiānzhèng qīxiàn
  나는 비자가 만료되어 비자 기간을 연장하려고 한다.

975

桥梁
qiáoliáng
다리, 교량

- 我是一名桥梁设计师。 나는 다리 설계사이다.
  Wǒ shì yìmíng qiáoliáng shèjìshī
- 他一直扮演桥梁的角色。 그는 줄곧 교량 역할을 맡아왔다.
  Tā yìzhí bànyǎn qiáoliáng juésè

976

巧克力
qiǎokèlì
초콜릿

- 这个孩子很喜欢吃巧克力。
  Zhè ge háizi hěn xǐhuan chī qiǎokèlì
  이 아이는 초콜릿 먹는 것을 좋아한다.
- 我买了一盒巧克力牛奶。 나는 초콜릿 우유 한 박스를 샀다.
  Wǒ mǎi le yì hé qiǎokèlì niúnǎi

977

亲戚
qīnqi
친척

- 很多亲戚都参加了我的婚礼。
  Hěn duō qīnqi dōu cānjiā le wǒ de hūnlǐ
  많은 친척들이 모두 나의 결혼식에 참석하였다.
- 他们俩是亲戚关系。 그들 둘은 친척관계이다.
  Tāmen liǎ shì qīnqi guānxi

명사
名词

978

情况
qíngkuàng
상황, 사정

- 我也不知道具体的情况。 나는 구체적인 상황은 알지 못한다.
  Wǒ yě bù zhīdào jùtǐ de qíngkuàng
- 我不清楚现在到底是什么情况。
  Wǒ bù qīngchu xiànzài dàodǐ shì shénme qíngkuàng
  지금 도대체 어떤 상황인지 잘 모르겠다.

979

秋天
qiūtiān
가을

- 我喜欢秋天。 나는 가을을 좋아한다.
  Wǒ xǐhuan qiūtiān
- 秋天的天气很凉快。 가을 날씨는 선선하다.
  Qiūtiān de tiānqì hěn liángkuai

980

区别
qūbié
구별, 차이

- 这两个有什么区别呢? 이 둘은 어떤 차이가 있나요?
  Zhè liǎng gè yǒu shénme qūbié
- 我不知道两者之间的区别。 나는 둘의 차이를 모르겠다.
  Wǒ bù zhīdào liǎngzhě zhījiān de qūbié

981

去年
qùnián
작년

- 去年5月我跟他结了婚。 작년 5월에 나는 그와 결혼했다.
  Qùnián wǔ yuè wǒ gēn tā jié le hūn
- 今年我们公司的业绩不如去年好。
  Jīnnián wǒmen gōngsī de yèjì bùrú qùnián hǎo
  올해 우리 회사의 실적은 작년만큼 좋지 않다.

982

全部
quánbù
전부, 모두

- 这不是全部，只是其中一部分。
  Zhè búshì quánbù zhǐshì qízhōng yíbùfēn
  이건 전부가 아니라 그중의 한 부분일 뿐이다.
- 他花光了全部的积蓄。 그는 모아둔 돈 전부를 다 써버렸다.
  Tā huāguāng le quánbù de jīxù

983
缺点
quēdiǎn
결점, 단점

- 我有很多缺点。 나는 단점이 많다.
  Wǒ yǒu hěn duō quēdiǎn
- 每个人都有各自的缺点。 모든 사람은 각자의 단점을 가지고 있다.
  Měigèrén dōu yǒu gèzì de quēdiǎn

 优点 yōudiǎn 장점

984
裙子
qúnzi
치마

- 我昨天买了一条裙子。 나는 어제 치마 하나를 샀다.
  Wǒ zuótiān mǎi le yì tiáo qúnzi
- 这条裙子太肥了！ 이 치마 너무 헐렁거려요!
  Zhè tián qúnzi tài féi le

985
热情
rèqíng
열정

- 他的工作热情很高。 그는 업무 열정이 높다.
  Tā de gōngzuò rèqíng hěn gāo
- 热情的人总能受到别人的欢迎。
  Rèqíng de rén zǒng néng shòudào biérén de huānyíng
  열정이 있는 사람은 언제나 다른 사람들의 환영을 받는다.

986
人
rén
사람, 인간

- 我希望做一个诚实正直的人。
  Wǒ xīwàng zuò yígè chéngshí zhèngzhí de rén
  나는 성실하고 올바른 사람이 되고 싶다.
- 你是中国人吗? 너는 중국인이니?
  Nǐ shì zhōngguórén ma

987
任务
rènwù
임무

- 他成功地完成了自己的任务。
  Tā chénggōng de wánchéng le zìjǐ de rènwù
  그는 자신의 임무를 성공적으로 완수했다.
- 教师们担负着培养青少年的任务。
  Lǎoshīmen dānfù zhe péiyǎng qīngshàonián de rènwù
  선생님들은 청소년을 육성해야 할 임무를 지고 있다.

명사
名词

988

日
rì
일, 날

- 今天几月几日? 오늘은 몇 월 며칠인가요?
  Jīntiān jǐ yuè jǐ rì
- 今天是5月21日。 오늘은 5월 21일입니다.
  Jīntiān shì wǔ yuè èrshí yī rì

989

日记
rìjì
일기

- 我每天都写日记。 나는 매일 일기를 쓴다.
  Wǒ měitiān dōu xiě rìjì
- 我偷偷地看了他的日记。 나는 몰래 그의 일기장을 보았다.
  Wǒ tōutōude kàn le tā de rìjì

990

入口
rùkǒu
입구

- 公园入口在哪儿? 공원 입구는 어디에 있나요?
  Gōngyuán rùkǒu zài nǎr
- 这家餐厅的入口太窄。 이 음식점의 입구는 너무 좁다.
  Zhè jiā cāntīng de rùkǒu tài zhǎi

991

伞
sǎn
우산

- 我今天没带伞。 나는 오늘 우산을 놓고 왔다.
  Wǒ jīntiān méi dài sǎn
- 今天可能会下雨，出门记得带伞。
  Jīntiān kěnéng huì xiàyǔ chūmén jìde dài sǎn
  오늘은 비가 올 것이니 외출할 때 우산을 잊지 마라.

992

森林
sēnlín
숲, 삼림

- 我们应该保护森林。 우리는 삼림을 보호해야만 한다.
  Wǒmen yīnggāi bǎohù sēnlín
- 我们不应该盲目砍伐森林。
  Wǒmen bù yīnggāi mángmù kǎnfá sēnlín
  우리는 막무가내로 삼림을 벌채해서는 안 된다.

993

沙发
shāfā
소파

- 爸爸躺在沙发看电视。
  Bàba tǎng zài shāfā kàn diànshì
  아빠는 소파에 누워서 텔레비전을 보신다.
- 沙发被小狗弄脏了。 소파가 강아지에 의해 더럽혀졌다.
  Shāfā bèi xiǎogǒu nòngzāng le

994

上
shàng
위

- 你上个月花了多少钱? 너는 지난달에 얼마나 썼니?
  Nǐ shànggèyuè huā le duōshǎo qián
- 把这个盒子放在上面吧。 작은 상자를 위쪽에 놓아 두어라.
  Bǎ zhè ge hézi fàng zài shàngmian ba

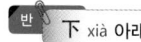 下 xià 아래

995

商店
shāngdiàn
상점

- 这家商店的服务员都很亲切。
  Zhè jiā shāngdiàn de fúwùyuán dōu hěn qīnqiè
  이 상점의 종업원들은 매우 친절하다.
- 那家商店已经关门了。 그 상점은 이미 문을 닫았다.
  Nà jiā shāngdiàn yǐjīng guānmén le

996

上午
shàngwǔ
오전

- 各位, 上午好! 여러분, 안녕하세요!(오전 인사)
  Gèwèi shàngwǔ hǎo
- 今天上午就开始下雨了。
  Jīntiān shàngwǔ jiù kāishǐ xiàyǔ le
  오늘 오전부터 비가 내리기 시작했다.

997

勺子
sháozi
수저, 국자, 숟가락

- 我的一个美国朋友不习惯用勺子吃饭。
  Wǒ de yígè měiguó péngyou bù xíguàn yòng sháozi chīfàn
  나의 한 미국 친구는 숟가락으로 밥을 먹는 것에 익숙하지 않다.
- 孩子还不会用勺子。 아이는 숟가락을 사용할 줄 모른다.
  Háizi hái búhuì yòng sháozi

명사
名词

998

社会
shèhuì
사회

- 当今社会十分复杂。 오늘날의 사회는 매우 복잡하다.
  Dāngjīn shèhuì shífēn fùzá
- 他还没有融入韩国社会。
  Tā hái méiyǒu róngrù Hánguó shèhuì
  그는 아직 한국 사회에 융합되지 못했다.

999

身体
shēntǐ
몸, 신체

- 你今天身体不舒服吗? 오늘 몸이 좋지 않니?
  Nǐ jīntiān shēntǐ bù shūfu ma
- 我平时经常锻炼身体。 나는 평소에 자주 신체를 단련한다.
  Wǒ píngshí jīngcháng duànliàn shēntǐ

1000

生活
shēnghuó
생활

- 韩国国民的生活水平提高了很多。
  Hánguó guómín de shēnghuó shuǐpíng tígāo le hěn duō
  한국 국민의 생활수준은 크게 제고되었다.
- 我跟他的生活方式不一样。
  Wǒ gēn tā de shēnghuó fāngshì bùyíyàng
  나와 그는 라이프스타일이 서로 다르다.

1001

生命
shēngmìng
생명

- 我们应该珍惜生命。 우리는 생명을 소중히 여겨야 한다.
  Wǒmen yīnggāi zhēnxī shēngmìng
- 很多人在此次地震中失去了生命。
  Hěn duō rén zài cǐcì dìzhèn zhōng shīqù le shēngmìng
  많은 사람들이 이번 지진에서 생명을 잃었다.

1002

生日
shēngrì
생일

- 今天是我的生日。 오늘은 나의 생일이다.
  Jīntiān shì wǒ de shēngrì
- 你什么时候生日? 너의 생일은 언제니?
  Nǐ shénme shíhou shēngrì

225

1003
生意
shēngyi
장사, 사업, 일

- 最近生意怎么样? 요즘 사업은 어떻습니까?
  Zuìjìn shēngyi zěnmeyàng
- 他是做生意的。그는 장사를 한다.
  Tā shì zuò shēngyi de

1004
声音
shēngyīn
목소리, 소리

- 他声音很小，别人几乎听不见。
  Tā shēngyīn hěn xiǎo biérén jīhū tīngbūjiàn
  그는 목소리가 너무 작아서 다른 사람들이 거의 듣질 못한다.
- 一点声音都没有，房间里好像没有人。
  Yìdiǎn shēngyīn dōu méiyǒu fángjiān lǐ hǎoxiàng méiyǒu rén
  아무 소리도 들리지 않는데 방에 아마 아무도 없는 것 같다.

1005
时候
shíhou
때, 시각, 시간

- 你什么时候回家? 너는 언제 집으로 돌아가니?
  Nǐ shénme shíhou huíjiā
- 小时候，我常常跟他一起玩儿。
  Xiǎoshíhou wǒ chángcháng gēn tā yìqǐ wánr
  어렸을 때, 나는 그와 자주 함께 어울려 놀았다.

1006
时间
shíjiān
시간, 시각

- 时间过得真快。시간이 참 빨리 지나가는구나.
  Shíjiān guò de zhēn kuài
- 完成这件事，需要多长时间?
  Wánchéng zhè jiàn shì xūyào duōcháng shíjiān
  이 일을 완성하려면 얼마나 걸리나요?

1007
实际
shíjì
실제

- 理论跟实际不一样。이론과 실제는 같지 않다.
  Lǐlùn gēn shíjì bù yíyàng
- 他的预期跟实际情况不同。그의 예상과 실제 상황은 다르다.
  Tā de yùqī gēn shíjì qíngkuàng bùtóng

명사
名词

1008 □

世纪
shìjì
세기

- 21世纪是全球化时代。 21세기는 글로벌화 시대이다.
  èrshíyī shìjì shì quánqiúhuà shídài
- 上世纪50年代爆发了朝鲜战争。
  Shàng shìjì wǔshí niándài bàofā le cháoxiǎn zhànzhēng
  1950년대 한국전쟁(6.25전쟁)이 발발했다.

1009 □

世界
shìjiè
세계

- 世界各国都在积极合作。
  Shìjiè gèguó dōu zài jījí hézuò
  세계 각국은 모두 적극적으로 협력하고 있다.
- 他这次又刷新了世界纪录。 그는 이번에 세계 신기록을 세웠다.
  Tā zhècì yòu shuāxīn le shìjiè jìlù

1010 □

事情
shìqing
일, 사건

- 我有一件事情想跟你商量。
  Wǒ yǒu yíjiàn shìqing xiǎng gēn nǐ shāngliang
  나는 너와 상의하고 싶은 일이 하나 있어.
- 事情变得更加糟糕了。 일이 더욱 엉망이 되었다.
  Shìqing biàn de gèngjiā zāogāo le

1011 □

收入
shōurù
수입, 소득

- 你的年收入是多少? 너의 연소득은 얼마이니?
  Nǐ de niánshōurù shì duōshǎo
- 他的收入很高。 그는 소득이 높다.
  Tā de shōurù hěn gāo

1012 □

手表
shǒubiǎo
손목시계

- 我想给儿子买一个手表。
  Wǒ xiǎng gěi érzi mǎi le yígè shǒubiǎo
  나는 아들에게 손목시계 하나를 사주고 싶다.
- 我平时不戴手表。 나는 평소에 손목시계를 차지 않는다.
  Wǒ píngshí bú dài shǒubiǎo

227

1013

手机
shǒujī

핸드폰

- 我昨天买了一部手机。 나는 어제 핸드폰 하나를 샀다.
  Wǒ zuótiān mǎi le yíbù shǒujī
- 现在很多人都用智能手机。
  Xiànzài hěn duō rén dōu yòng zhìnéng shǒujī
  현재 많은 사람들이 모두 스마트폰을 사용한다.

1014

首都
shǒudū

수도

- 韩国的首都是哪儿? 한국은 수도는 어디에 있나요?
  Hánguó de shǒudū shì nǎr
- 北京是中国的首都。 베이징은 중국의 수도이다.
  Běijīng shì Zhōngguó de shǒudū

1015

售货员
shòuhuòyuán

판매원, 점원

- 这家商店售货员的服务很周到。
  Zhè jiā shāngdiàn shòuhuòyuán de fúwù hěn zhōudào
  이 상점 판매원의 서비스는 매우 세심하다.
- 售货员的态度让我生气。 점원의 태도가 나를 화나게 했다.
  Shòuhuòyuán de tàidù ràng wǒ shēngqì

1016

书
shū

책

- 我昨天买了一本书。 나는 어제 책 한 권을 샀다.
  Wǒ zuótiān mǎi le yìběn shū
- 我去图书馆借书了。 나는 도서관에 가서 책을 빌렸다.
  Wǒ qù túshūguǎn jièshū le

1017

数量
shùliàng

수량, 양

- 这个产品数量不多。 이 제품은 수량이 많지 않다.
  Zhè ge chǎnpǐn shùliàng bù duō
- 核心家庭的数量急剧增加。 핵가족의 수가 급격하게 늘었다.
  Héxīn jiātíng de shùliàng jíjù zēngjiā

명사
名词

1018

数学
shùxué
수학

- 明天有数学考试。 내일은 수학 시험이 있다.
  Míngtiān yǒu shùxué kǎoshì
- 我不喜欢数学。 나는 수학을 좋아하지 않는다.
  Wǒ bù xǐhuan shùxué

1019

数字
shùzì
숫자

- 他的演出费是天文数字。 그의 출연료는 천문학적 숫자다.
  Tā de yǎnchūfèi shì tiānwénshùzì
- 中国人都喜欢数字"6"。
  Zhōngguórén dōu xǐhuan shùzì liù
  중국 사람들은 모두 숫자 '6'을 좋아한다.

1020

水
shuǐ
물

- 我想喝一杯水。 저는 물 한 잔 마시고 싶어요.
  Wǒ xiǎng hē yìbēi shuǐ
- 我们需要保护水资源。 우리는 수자원을 보호해야만 한다.
  Wǒmen xūyào bǎohù shuǐzīyuán

1021

水果
shuǐ guǒ
과일

- 我喜欢吃水果。 나는 과일 먹는 것을 좋아한다.
  Wǒ xǐhuan chī shuǐguǒ
- 超市里有水果, 也有蔬菜。
  Chāoshì lǐ yǒu shuǐguǒ yě yǒu shūcài
  슈퍼마켓에는 과일도 있고 야채도 있다.

1022

说明
shuōmíng
설명, 해설

- 每个家电都有说明书。 모든 가전제품에는 설명서가 있다.
  Měigè jiādiàn dōu yǒu shuōmíngshū
- 我听到他的说明, 才能明白他的立场。
  Wǒ tīngdào tā de shuōmíng cái néng míngbai tā de lìchǎng
  나는 그의 설명을 듣고서야 비로소 그의 입장을 이해할 수 있었다.

1023 水平 shuǐpíng
수준

- 我的汉语水平提高了很多。
  Wǒ de hànyǔ shuǐpíng tígāo le hěn duō
  나의 중국어 실력은 많이 향상되었다.
- 国民的生活水平不断提高。
  Guómín de shēnghuó shuǐpíng búduàn tígāo
  국민의 생활수준은 끊임없이 제고되고 있다.

1024 顺序 shùnxù
순서

- 请大家按照顺序排队吧。 여러분 순서에 따라 줄을 서주세요.
  Qǐng dàjiā ànzhào shùnxù páiduì ba
- 我的顺序在他的后边。 나의 순서는 그의 뒤쪽이다.
  Wǒ de shùnxù zài tā de hòubian

1025 硕士 shuòshì
석사

- 我获得了硕士学位。 나는 석사학위를 취득했다.
  Wǒ huòdé le shuòshì xuéwèi
- 他终于写完了硕士论文。 나는 마침내 석사 논문을 다 썼다.
  Tā zhōngyú xiě wán le shuòshì lùnwén

1026 速度 sùdù
속도

- 他说话的速度很快。 그의 말하는 속도는 매우 빠르다.
  Tā shuōhuà de sùdù hěn kuài
- 最近中国经济的发展速度很快。
  Zuìjìn Zhōngguó jīngjì de fāzhǎn sùdù hěn kuài
  최근 중국 경제의 발전 속도는 매우 빠르다.

1027 塑料袋 sùliàodài
비닐봉지

- 我们应该少用塑料袋。 우리는 비닐봉지를 적게 써야만 한다.
  Wǒmen yīnggāi shǎo yòng sùliàodài
- 塑料袋会导致环境污染。 비닐봉지는 환경오염을 초래한다.
  Sùliàodài huì dǎozhì huánjìng wūrǎn

명사
名词

1028

孙子
sūnzi
손자

- 他的孙子已上学了。 그의 손자는 이미 초등학교에 다닌다.
  Tā de sūnzi yǐ shàngxué le
- 很多老人都照顾自己的孙子。
  Hěn duō lǎorén dōu zhàogù zìjǐ de sūnzi
  많은 노인들이 자신의 손자를 돌본다.

1029

太阳
tàiyáng
태양, 햇빛

- 我喜欢晒太阳。 나는 햇볕을 쪼이는 것을 좋아한다.
  Wǒ xǐhuan shài tàiyáng
- 太阳真的从西边出来了。 해가 진짜 서쪽에서 떴나?
  Tàiyáng zhēn de cóng xībian chūlái le

1030

态度
tàidù
태도

- 对这件事，他持消极的态度。
  Duì zhè jiàn shì tā chí xiāojí de tàidù
  이 일에 대해 그는 소극적인 태도를 보인다.
- 他的态度没有变化。 그의 태도는 어떠한 변화도 없다.
  Tā de tàidù méiyǒu biànhuà

1031

汤
tāng
탕, 국물

- 我平时喜欢喝汤。 나는 평소에 탕을 마시는 것을 좋아한다.
  Wǒ píngshí xǐhuan hē tāng
- 汤里放点儿盐吧。 탕에 소금을 약간 넣어주세요.
  Tāng lǐ fàng diǎnr yán ba

1032

糖
táng
설탕, 사탕, 캔디

- 妈妈给了我一块糖。 엄마는 나에게 사탕 하나를 주셨다.
  Māma gěi le wǒ yíkuài táng
- 这个孩子很喜欢吃糖。
  Zhè ge háizi hěn xǐhuan chī táng
  이 아이는 사탕 먹는 것을 정말 좋아한다.

231

1033 特点 tèdiǎn
특징, 특색

- 每个产品都有各自的特点。
  Měigè chǎnpǐn dōu yǒu gèzì de tèdiǎn
  모든 제품은 각자의 특징을 가지고 있다.
- 这部手机的主要特点是什么?
  Zhè bù shǒujī de zhǔyào tèdiǎn shì shénme
  이 휴대폰의 주요 특징은 무엇인가요?

> 유 特征 tèzhēng 특징

1034 体育 tǐyù
체육, 스포츠

- 他是个体育明星。 그는 스포츠 스타이다.
  Tā shì ge tǐyù míngxīng
- 小时候, 我特别喜欢体育老师。
  Xiǎoshíhou wǒ tèbié xǐhuan tǐyù lǎoshī
  어렸을 때, 나는 체육 선생님을 특히 좋아했다.

1035 天气 tiānqì
날씨, 일기

- 今天天气怎么样? 오늘 날씨가 어떤가요?
  Jīntiān tiānqì zěnmeyàng
- 据天气预报说, 明天会下雨。
  Jù tiānqì yùbào shuō míngtiān huì xiàyǔ
  기상예보에 따르면 내일은 비가 올 것이다.

1036 条件 tiáojiàn
조건

- 很多条件都已经成熟了。 많은 조건들이 이미 성숙되었다.
  Hěn duō tiáojiàn dōu yǐjīng chéngshú le
- 你没有资格跟我谈条件。
  Nǐ méiyǒu zīgé gēn wǒ tán tiáojiàn
  그는 나에게 조건을 이야기 할 자격이 없다.

1037 同事 tóngshì
동료

- 他是我的同事。 그는 나의 동료이다.
  Tā shì wǒ de tóngshì
- 我的同事都已经下班了。 나의 동료는 이미 모두 퇴근했다.
  Wǒ de tóngshì dōu yǐjīng xiàbān le

명사
名词

1038

同学
tóngxué
동창, 동급생

- 你还记得你的小学同学吗?
  Nǐ hái jìde nǐ de xiǎoxué tóngxué ma
  너는 초등학교 동창생을 아직 기억하니?
- 这本书是同班同学送给我的。
  Zhè běn shū shì tóngbān tóngxué sòng gěi wǒ de
  이 책은 같은 반 친구가 나에게 준 것이다.

1039

头发
tóufa
머리카락, 머리털

- 我想剪头发。 나는 머리카락을 자르고 싶다.
  Wǒ xiǎng jiǎn tóufa
- 我给爷爷梳头了。 나는 할아버지의 머리카락을 빗겨 드렸다.
  Wǒ gěi yéye shūtóu le

1040

图书馆
túshūguǎn
도서관

- 我今天去图书馆借书了。 나는 오늘 도서관에 가서 책을 빌렸다.
  Wǒ jīntiān qù túshūguǎn jièshū le
- 他平时在图书馆学习。 그는 평소에 도서관에서 공부를 한다.
  Tā píngshí zài túshūguǎn xuéxí

1041

腿
tuǐ
다리

- 女朋友的腿很细。 여자 친구는 다리가 참 가늘다.
  Nǚpéngyou de tuǐ hěn xì
- 我的大腿受伤了。 나는 허벅지 부상을 당했다.
  Wǒ de dàtuǐ shòushāng le

1042

袜子
wàzi
양말

- 你为什么不穿袜子呢? 너는 왜 양말을 신질 않니?
  Nǐ wèishénme bù chuān wàzi ne
- 袜子不要随地乱扔。 양말을 아무데나 던져두지 마라.
  Wàzi búyào suídì luàn rēng

1043

晚上
wǎnshang
저녁

- 我们晚上七点见吧。 우리 저녁 7시에 만나자.
  Wǒmen wǎnshang qī diǎn jiàn ba
- 今天晚上有聚餐。 오늘 저녁에 회식이 있다.
  Jīntiān wǎnshang yǒu jùcān

1044

碗
wǎn
공기, 그릇

- 妈妈在洗碗。 어머니는 설거지를 하고 계신다.
  Māma zài xǐwǎn
- 再来一个空碗。 빈 그릇 하나만 가져다주세요.
  Zài lái yígè kōngwǎn

1045

网球
wǎngqiú
테니스

- 我喜欢打网球。 나는 테니스 치는 것을 좋아한다.
  Wǒ xǐhuan dǎ wǎngqiú
- 他打网球打得很好。 그는 테니스를 잘 친다.
  Tā dǎ wǎngqiú dǎ de hěn hǎo

1046

网站
wǎngzhàn
인터넷 웹사이트

- 我登录了门户网站。 나는 포털사이트에 로그인을 했다.
  Wǒ dēnglù le ménhù wǎngzhàn
- 请告诉我那家公司的网站地址。
  Qǐng gàosu wǒ nà jiā gōngsī de wǎngzhàn dìzhǐ
  그 회사의 인터넷 홈페이지 주소를 나에게 알려줘라.

1047

未来
wèilái
미래, 향후

- 你能想象你的未来吗? 너는 너의 미래를 상상할 수 있니?
  Nǐ néng xiǎngxiàng nǐ de wèilái ma
- 我们的未来要靠自己。 우리의 미래는 스스로에게 달려있다.
  Wǒmen de wèilái yào kào zìjǐ

명사
名词

1048

危险
wēixiǎn
위험

- 妈妈的手术成功了，度过了危险。
  Māma de shǒushù chénggōng le dùguò le wēixiǎn
  엄마의 수술은 성공적으로 끝나서 위험한 고비를 넘겼다.
- 幸亏没有生命危险。 다행히 생명에 위험은 없다.
  xìngkuī méiyǒu shēngmìng wēixiǎn

반 安全 ānquán 안전

1049

卫生间
wèishēngjiān
화장실

- 卫生间在哪儿? 화장실이 어디에 있나요?
  Wèishēngjiān zài nǎr
- 我家有两个卫生间。 우리 집에는 화장실이 두 개가 있다.
  Wǒ jiā yǒu liǎng gè wèishēngjiān

유 洗手间 xǐshǒujiān 화장실

1050

味道
wèidào
맛

- 这道菜的味道不错。 이 요리는 맛있다.
  Zhè dào cài de wèidào búcuò
- 味道怎么样? 맛이 어떠니?
  wèidào zěnmeyàng

1051

温度
wēndù
온도

- 平均温度是多少? 평균 온도는 얼마인가요?
  Píngjūn wēndù shì duōshǎo
- 室内外温差很大。 실내외 온도 차이가 매우 크다.
  Shì nèiwài wēnchà hěn dà

1052

文化
wénhuà
문화

- 韩中两国的文化有很多相似之处。
  Hánzhōng liǎngguó de wénhuà yǒu hěn duō xiāngsì zhīchù
  한중 양국의 문화는 많은 부분 서로 비슷하다.
- 现在很多企业都很重视企业文化。
  Xiànzài hěn duō qǐyè dōu hěn zhòngshì qǐyè wénhuà
  현재 많은 기업은 모두 기업문화를 중시하고 있다.

1053

文章
wénzhāng
문장, 글

- 她写文章写得很好。 그녀는 글을 참 잘 쓴다.
  Tā xiě wénzhāng xiě de hěn hǎo
- 我不会写文章。 나는 글을 쓰질 못한다.
  Wǒ búhuì xiě wénzhāng

1054

问题
wèntí
문제

- 你有什么问题，随时找我吧。
  Nǐ yǒu shénme wèntí suíshí zhǎo wǒ ba
  만약 문제가 있으면 언제나 나를 찾아라.
- 还有很多问题有待解决。
  Hái yǒu hěn duō wèntí yǒudài jiějué
  아직도 많은 문제가 해결되어야 한다.

1055

污染
wūrǎn
오염

- 最近空气污染问题很严重。
  Zuìjìn kōngqì wūrǎn wèntí hěn yánzhòng
  최근 대기오염 문제가 매우 심각하다.
- 乱扔垃圾会导致环境污染。
  Luànrēng lājī huì dǎozhì huánjìng wūrǎn
  쓰레기를 함부로 버리는 행위는 환경오염을 초래한다.

1056

误会
wùhuì
오해

- 通过对话，我们消除了对彼此的误会。
  Tōngguò duìhuà wǒmen xiāochú le duì bǐcǐ de wùhuì
  대화를 통해서 우리는 서로에 대한 오해를 풀었다.
- 你误会我了。 너는 나를 오해했어.
  Nǐ wùhuì wǒ le

> 유 误解 wùjiě 오해

1057

西瓜
xīguā
수박

- 夏天我喜欢吃西瓜。 나는 여름에 수박 먹는 것을 좋아한다.
  Xiàtiān wǒ xǐhuan chī xīguā
- 我要一瓶西瓜汁。 수박 주스 한 병 주세요.
  Wǒ yào yìpíng xīguāzhì

명사
名词

1058 西红柿 xīhóngshì
토마토

- 多吃西红柿有利于身体健康。
  Duō chī xīhóngshì yǒulìyú shēntǐ jiànkāng
  토마토를 많이 먹는 것은 건강에 좋다.
- 西红柿属于蔬菜，还是属于水果?
  Xīhóngshì shǔyú shūcài háishi shǔyú shuǐguǒ
  토마토가 야채에 속하니 아니면 과일에 속하니?

유 番茄 fānqié 토마토

1059 希望 xīwàng
희망

- 哪怕只有一丝希望，我也不会放弃。
  Nǎpà zhǐyǒu yìsī xīwàng wǒ yě búhuì fàngqì
  한 가닥의 희망이 있을지라도 나는 포기하지 않을 것이다.
- 一点希望都没有。 조금의 희망도 없다.
  Yìdiǎn xīwàng dōu méiyǒu

1060 习惯 xíguàn
습관

- 坏习惯很难改掉。 나쁜 습관은 고치기 힘들다.
  Huài xíguàn hěn nán gǎi diào
- 我们应该从小养成良好的习惯。
  Wǒmen yīnggāi cóngxiǎo yǎngchéng liánghǎo de xíguàn
  우리는 어렸을 때부터 양호한 습관을 길러야 한다.

1061 下 xià
아래, 다음, 나중

- 箱子在下面。 상자는 아래쪽에 있다.
  Xiāngzi zài xiàmian
- 下一位请准备上台。 다음 분 무대에 오를 준비하세요.
  Xià yíwèi qǐng zhǔnbèi shàngtái

1062 下午 xiàwǔ
오후

- 你下午几点来公司呢? 너는 오후 몇 시에 회사에 오니?
  Nǐ xiàwǔ jǐ diǎn lái gōngsī ne
- 你今天下午有时间吗? 너는 오늘 오후에 시간이 있니?
  Nǐ jīntiān xiàwǔ yǒu shíjiān ma

반 上午 shàngwǔ 오전

1063

夏天
xiàtiān
여름

- 我最喜欢夏天。 나는 여름을 가장 좋아한다.
  Wǒ zuì xǐhuan xiàtiān
- 真正的夏天已经到来。 진정한 여름이 이미 도래했다.
  Zhēnzhèng de xiàtiān yǐjing dàolái

1064

先生
xiānsheng
선생님,
씨(성인 남성에 대한 경칭)

- 金先生，你在吗? 김 선생님, 계시나요?
  Jīn xiānsheng nǐ zài ma
- 女士们，先生们! 신사 숙녀 여러분!
  Nǚshìmen xiānshengmen

1065

现金
xiànjīn
현금

- 我现在没有现金。 저는 지금 현금이 없어요.
  Wǒ xiànzài méiyǒu xiànjīn
- 付现金的话，可以打折。 현금으로 계산하면 할인이 됩니다.
  Fù xiànjīn de huà kěyǐ dǎzhé

  유 现款 xiànkuǎn 현금

1066

现在
xiànzài
지금, 현재

- 现在几点? 지금 몇 시인가요?
  Xiànzài jǐ diǎn
- 我现在准备下班。 나는 지금 퇴근할 준비를 한다.
  Wǒ xiànzài zhǔnbèi xiàbān

  유 现今 xiànjīn 현재, 지금 当今 dāngjīn 지금, 오늘날

1067

香蕉
xiāngjiāo
바나나

- 给我一串香蕉吧。 저에게 바나나 한 묶음 주세요.
  Gěi wǒ yíchuàn xiāngjiāo ba
- 这个香蕉太熟了! 이 바나나는 너무 익었어!
  Zhège xiāngjiāo tài shú le

명사
名词

1068

小吃
xiǎochī
간식, 간단한 음식거리

- 这条街有很多小吃店。 이 거리에는 수많은 간이식당이 있다.
  Zhè tiáo jiē yǒu hěn duō xiǎochīdiàn
- 我平时不喜欢吃小吃。
  Wǒ píngshí bù xǐhuan chī xiǎochī
  나는 평소에 간식 먹는 것을 좋아하지 않는다.

1069

小伙子
xiǎohuǒzi
젊은이, 총각

- 这个小伙子长得很帅。 이 젊은이는 정말 잘생겼다.
  Zhège xiǎohuǒzi zhǎng de hěn shuài
- 这个小伙子没礼貌。 이 젊은이는 예의가 없다.
  Zhè ge xiǎohuǒzi méi lǐmào

1070

小姐
xiǎojiě
아가씨, 젊은 여자

- 刚刚从你身边经过的那位小姐很漂亮。
  Gānggāng cóng nǐ shēnbiān jīngguò de nà wèi xiǎojiě hěn piàoliang
  방금 네 옆을 지나간 그 아가씨는 정말 예쁘다.
- 这个包是这位小姐的。 이 가방은 이 아가씨의 것이다.
  Zhège bāo shì zhè wèi xiǎojiě de

1071

小时
xiǎoshí
시간

- 我已经等他等了两个小时了。
  Wǒ yǐjing děng tā děng le liǎnggè xiǎoshí le
  나는 이미 그를 두 시간 동안 기다렸다.
- 他今天学习了五个小时。 그는 오늘 다섯 시간을 공부했다.
  Tā jīntiān xuéxí le wǔgè xiǎoshí

1072

小说
xiǎoshuō
소설

- 我喜欢看中国小说。 나는 중국 소설 보는 것을 좋아한다.
  Wǒ xǐhuan kàn Zhōngguó xiǎoshuō
- 他的小说正式出版了。 그의 소설이 정식 출간되었다.
  Tā de xiǎoshuō zhèngshì chūbǎn le

1073

校长
xiàozhǎng
교장

- 大学校长把学生代表聚到了一起。
  Dàxué xiàozhǎng bǎ xuésheng dàibiǎo jùdào le yìqǐ
  대학 총장은 학생대표들을 불러 모았다.
- 我们学校的校长很严格。 우리 학교 교장선생님은 매우 엄하다.
  Wǒmen xuéxiào de xiàozhǎng hěn yángé

1074

笑话
xiàohuà
우스갯소리, 농담

- 他喜欢跟别人说笑话。
  Tā xǐhuan gēn biérén shuō xiàohuà
  그는 다른 사람에게 농담하는 것을 좋아한다.
- 我很会讲笑话。 나는 농담을 잘한다.
  Wǒ hěn huì jiǎng xiàohuà

1075

效果
xiàoguǒ
효과

- 这个方法有效果吗? 이 방법은 효과가 있니?
  Zhège fāngfǎ yǒu xiàoguǒ ma
- 吃了药就会有效果。 약을 먹으면 효과가 있을 것이다.
  Chī le yào jiù huì yǒu xiàoguǒ

> 유 成效 chéngxiào 효능, 효과

1076

心情
xīnqíng
감정, 기분, 마음

- 他现在心情不好。 그는 지금 기분이 좋지 않다.
  Tā xiànzài xīnqíng bù hǎo
- 他一点儿不理解我的心情。
  Tā yìdiǎnr bù lǐjiě wǒ de xīnqíng
  그는 조금도 나의 기분을 이해하지 못한다.

> 유 情绪 qíngxù 정서, 감정

1077

新闻
xīnwén
뉴스, 새로운 일

- 这件事是一条很大的新闻。 이 일은 큰 뉴스이다.
  Zhè jiàn shì shì yìtiáo hěn dà de xīnwén
- 他是个著名的新闻主持人。 그는 유명한 뉴스 앵커이다.
  Tā shì ge zhùmíng de xīnwén zhǔchírén

명사
名词

1078

信封
xìnfēng
편지

- 我一不小心就把信封弄脏了。
  Wǒ yí bùxiǎoxīn jiù bǎ xìnfēng nòng zāng le
  나는 조심하지 않아 편지를 더럽혔다.
- 你为什么拆别人的信封呢?
  Nǐ wèishénme chāi biérén de xìnfēng ne
  너는 왜 다른 사람의 편지를 뜯어보니?

1079

信息
xìnxī
정보

- 21世纪是信息化时代。 21세기는 정보화시대이다.
  èrshíyī shìjì shì xìnxīhuà shídài
- SNS是一种信息交流的平台。
  SNSshì yìzhǒng xìnxī jiāoliú de píngtái
  SNS는 정보 교환의 플랫폼의 하나이다.

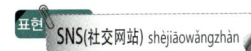 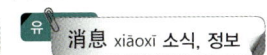

1080

信心
xìnxīn
자신감, 신념

- 我没有信心说服他。 나는 그를 설득시킬 자신이 없다.
  Wǒ méiyǒu xìnxīn shuōfú tā
- 对于这件事, 他很有信心。
  Duìyú zhè jiàn shì tā hěn yǒu xìnxīn
  이 일에 대해서 그는 매우 자신감이 있다.

1081

信用卡
xìnyòngkǎ
신용카드

- 我昨天丢了信用卡。 나는 어제 신용카드를 잃어버렸다.
  Wǒ zuótiān diū le xìnyòngkǎ
- 今天我想去银行办理信用卡。
  Jīntiān wǒ xiǎng qù yínháng bànlǐ xìnyòngkǎ
  오늘 나는 은행에 가서 신용카드를 발급하려 한다.

1082

姓
xìng
성, 성씨

- 您贵姓? 당신의 성씨는 무엇입니까?
  Nín guì xìng
- 我姓金。 저는 김 씨입니다.
  Wǒ xìng jīn

1083

行李箱
xínglǐxiāng
여행용 가방, 트렁크

- 他的**行李箱**超重了。 그의 트렁크는 중량을 초과했다.
  Tā de xínglǐxiāng chāozhòng le
- 我想买红色的**行李箱**。 나는 빨간색 트렁크를 사고 싶다.
  Wǒ xiǎng mǎi hóngsè de xínglǐxiāng

1084

幸福
xìngfú
행복

- 感到**幸福**是一件不容易的事情。
  Gǎndào xìngfú shì yíjiàn bù róngyì de shìqing
  행복을 느끼는 것은 매우 쉽지 않은 일이다.
- 原来**幸福**都在我们身边。 원래 행복은 모두 우리 주변에 있다.
  Yuánlái xìngfú dōu zài wǒmen shēnbiān

1085

性别
xìngbié
성별

- 我真讨厌**性别**歧视现象。 나는 성 차별 현상이 정말 싫다.
  Wǒ zhēn tǎoyàn xìngbié qíshì xiànxiàng
- 我刚得知胎儿的**性别**。 나는 방금 태아의 성별을 알게 되었다.
  Wǒ gāng dézhī tāi'ér de xìngbié

1086

性格
xìnggé
성격

- 他的**性格**很温柔。 그는 성격이 매우 부드럽고 상냥하다.
  Tā de xìnggé hěn wēnróu
- 他的**性格**很粗暴。 그의 성격은 매우 거칠다.
  Tā de xìnggé hěn cūbào

1087

星期
xīngqī
요일

- 你**星期**几回家呢? 너는 무슨 요일에 집에 돌아오니?
  Nǐ xīngqī jǐ huíjiā ne
- 明天**星期**天，我们一起去爬山吧。
  Míngtiān xīngqītiān wǒmen yìqǐ qù páshān ba
  내일은 일요일이니 우리 함께 등산하자.

명사
名词

1088

需求
xūqiú
수요, 필요

- 这家公司的产品满足很多消费者的需求。
  Zhè jiā gōngsī de chǎnpǐn mǎnzú hěn duō xiāofèizhě de xūqiú
  이 회사의 제품은 많은 소비자의 수요를 만족시킨다.
- 按照供给和需求，产品价格不断变化。
  ànzhào gōngjǐ hé xūqiú chǎnpǐn jiàgé búduàn biànhuà
  공급과 수요에 따라 상품 가격은 끊임없이 변화한다.

1089

选择
xuǎnzé
선택

- 我相信我的选择是对的。 나는 나의 선택이 옳다고 믿는다.
  Wǒ xiāngxìn wǒ de xuǎnzé shì duì de
- 这就是最佳的选择。 이것은 가장 좋은 선택이다.
  Zhè jiù shì zuì jiā de xuǎnzé

1090

学期
xuéqī
학기

- 上个学期我才认识他。 지난 학기에야 나는 그를 알게 되었다.
  Shàng ge xuéqī wǒ cái rènshi tā
- 这个学期快要结束了。 이번 학기가 곧 끝난다.
  Zhège xuéqī kuàiyào jiéshù le

1091

学生
xuésheng
학생

- 我们学校有一万多个学生。
  Wǒmen xuéxiào yǒu yíwàn duō ge xuésheng
  우리 학교에는 만여 명의 학생이 있다.
- 李老师在给学生上韩语课。
  Lǐ lǎoshī zài gěi xuésheng shàng hányǔkè
  이 선생님은 학생들에게 한국어 수업을 하고 있다.

1092

学习
xuéxí
학습

- 他的学习态度很好。 그의 학습 태도는 매우 좋다.
  Tā de xuéxí tàidù hěn hǎo
- 我的学习成绩很不错。 나의 학습 성적은 좋다.
  Wǒ de xuéxí chéngjì hěn búcuò

1093 学校 xuéxiào
학교

- 我上初中的时候，每天都骑自行车去学校。
  Wǒ shàng chūzhōng de shíhou měitiān qí zìxíngchē qù xuéxiào
  나는 중학교에 다닐 때 매일 자전거를 타고 학교에 갔다.
- 我们都觉得学校食堂的菜很难吃。
  Wǒmen dōu juéde xuéxiào shítáng de cài hěn nán chī
  우리는 모두 학교 식당 음식이 맛이 없다고 느낀다.

1094 雪 xuě
눈

- 外边正在下雪呢。 밖에 눈이 내리고 있다.
  Wàibian zhèngzài xiàxuě ne
- 我喜欢滚雪球。 나는 눈덩이 굴리는 것을 좋아한다.
  Wǒ xǐhuan gǔnxuěqiú

1095 压力 yālì
스트레스, 압력

- 平时我们都受到很多压力。
  Píngshí wǒmen dōu shòudào hěn duō yālì
  평소에 우리는 많은 스트레스를 받는다.
- 我不知道怎么能消除工作压力。
  Wǒ bùzhīdào zěnme néng xiāochú gōngzuò yālì
  나는 어떻게 업무 스트레스를 해소하는지 알지 못한다.

1096 牙膏 yágāo
치약

- 家里的牙膏都用完了。 집에 있는 치약을 모두 다 써버렸다.
  Jiā lǐ de yágāo dōu yòng wán le
- 我只用这个牌子的牙膏。 나는 이 상표의 치약만을 사용한다.
  Wǒ zhǐ yòng zhège páizi de yágāo

1097 亚洲 yàzhōu
아시아

- 在亚洲有哪些国家? 아시아에는 어떠한 나라가 있나요?
  Zài yàzhōu yǒu nǎxiē guójiā
- 亚洲国家有很多相似之处。
  Yàzhōu guójiā yǒu hěn duō xiāngsìzhīchù
  아시아 국가는 비슷한 점이 많이 있다.

명사
名词

1098

盐
yán
소금

- 这道菜里放了很多<u>盐</u>，太咸了！
  Zhè dào cài lǐ fàng le hěn duō yán tài xián le
  이 요리에 소금을 많이 넣어서 너무 짜다!

- 汤太淡了，放点儿<u>盐</u>吧。
  Tāng tài dàn le fàng diǎnr yán ba
  국이 너무 싱거우니 소금을 조금 넣어라.

1099

眼下
yǎnxià
현재, 지금

- <u>眼下</u>最重要的是考试。 지금 가장 중요한 것은 시험이다.
  Yǎnxià zuì zhòngyào de shì kǎoshì

- 他<u>眼下</u>最关心的是父母。
  Tā yǎnxià zuì guānxīn de shì fùmǔ
  그가 최근 가장 관심이 있는 것은 부모님이다.

1100

衣服
yīfu
옷, 의복

- 这件<u>衣服</u>不适合你。 이 옷은 너와 어울리지 않는다.
  Zhè jiàn yīfu bù shìhé nǐ

- 外面天气很冷，你多穿点<u>衣服</u>再出门吧。
  Wàimian tiānqì hěn lěng nǐ duō chuān diǎn yīfu zài chūmén ba
  밖에 날씨가 너무 추우니 옷을 많이 입고 다시 나가라.

1101

以后
yǐhòu
이후, 나중에

- <u>以后</u>你有时间常来我家玩儿。
  Yǐhòu nǐ yǒu shíjiān chánglái wǒ jiā wánr
  나중에 너 시간이 있으면 우리 집에 자주 와서 놀아라.

- 等你下了课<u>以后</u>，我们一起去食堂吃饭吧。
  Děng nǐ xià le kè yǐhòu wǒmen yìqǐ qù shítáng chīfàn ba
  너 수업 끝날 때까지 기다렸다가 우리 같이 식당에 가서 밥을 먹자.

1102

以前
yǐqián
이전, 과거, 예전

- <u>以前</u>我在韩国的时候学过一年的汉语。
  Yǐqián wǒ zài Hánguó de shíhou xuéguò yì nián de hànyǔ
  나는 예전에 한국에 있을 때 중국어를 1년 배웠었다.

- 我们<u>以前</u>见过吗?
  Wǒmen yǐqián jiànguò ma
  우리 예전에 본 적이 있나요?

245

1103

医生
yī shēng
의사, 의사 선생님

- 那位医生很有名气。 그 의사 선생님은 매우 유명하다.
  Nà wèi yīshēng hěn yǒu míngqì
- 如果你身体不舒服的话，就去看医生吧。
  Rúguǒ nǐ shēntǐ bùshūfu de huà jiù kàn yīshēng ba
  만약에 몸이 좋지 않으면 의사에게 가서 진찰을 받아라.

1104

艺术
yì shù
예술

- 她对传统艺术感兴趣。 그녀는 전통 예술에 관심이 있다.
  Tā duì chuántǒng yìshù gǎnxìngqù
- 我去美术馆欣赏了很多艺术作品。
  Wǒ qù měishùguǎn xīnshǎng le hěn duō yìshù zuòpǐn
  나는 미술관에 가서 많은 예술 작품을 감상했다.

1105

意思
yì si
뜻, 의미

- 你明白我说话的意思吗? 너는 내 말 뜻을 이해했니?
  Nǐ míngbai wǒ shuōhuà de yìsi ma
- 这部电影真有意思。 이 영화는 매우 재미있다.
  Zhè bù diànyǐng zhēn yǒu yìsi

1106

医院
yī yuàn
병원

- 我看你脸色很不好，赶紧去医院看看吧。
  Wǒ kàn nǐ liǎnsè hěn bùhǎo gǎnjǐn qù yīyuàn kànkan ba
  너의 안색이 안 좋아 보이니 빨리 병원에 가서 진찰을 받아라.
- 他把病人送到医院去了。 그는 환자를 병원에 데려다 주었다.
  Tā bǎ bìngrén sòngdào yīyuàn qù le

1107

椅子
yǐ zi
의자

- 今天要去买三张椅子。 오늘 의자 세 개를 사러 가려한다.
  Jīntiān yào qù mǎi sānzhāng yǐzi
- 这里不能坐，因为椅子坏了。
  Zhè lǐ bùnéng zuò yīnwèi yǐzi huài le
  의자가 망가졌기 때문에 여기에 앉을 수 없다.

명사 名词

1108

音乐
yīnyuè
음악

- 男朋友喜欢听音乐。 남자친구는 음악을 듣는 것을 좋아한다.
  Nánpéngyou xǐhuan tīng yīnyuè
- 她演奏的古典音乐很不错。
  Tā yǎnzòu de gǔdiǎn yīnyuè hěn búcuò
  그녀가 연주하는 클래식 음악은 매우 훌륭하다.

1109

影响
yǐngxiǎng
영향

- 你今天玩的这么晚，会对明天上课有影响的。
  Nǐ jīntiān wán de zhème wǎn huì duì míngtiān shàngkè yǒu yǐngxiǎng de
  오늘 너 이렇게 늦게까지 놀아서 내일 수업에 영향이 있을 거야.
- 这件事造成很大的影响。
  Zhè jiàn shì zàochéng hěn dà de yǐngxiǎng
  이 일은 매우 큰 영향을 초래하였다.

1110

原因
yuányīn
원인

- 我没有问她说谎的原因。
  Wǒ méiyǒu wèn tā shuōhuǎng de yuányīn
  나는 그녀에게 거짓말을 하는 이유를 물어보지 않았다.
- 你今天没有去学校的原因是什么？
  Nǐ jīntiān méiyǒu qù xuéxiào de yuányīn shì shénme
  네가 오늘 학교에 가지 않은 이유는 무엇이니?

1111

右边
yòubian
오른쪽, 우측

- 他坐在我的右边。 그는 나의 오른쪽에 앉았다.
  Tā zuò zài wǒ de yòubian
- 图书馆在学校的右边。 도서관은 학교의 우측에 있다.
  Túshūguǎn zài xuéxiào de yòubian

반 左边 zuǒbian 왼쪽, 좌측

1112

优点
yōudiǎn
장점

- 每个人都有优点和缺点。
  Měi gè rén dōu yǒu yōudiǎn hé quēdiǎn
  모든 사람들은 장점과 단점을 가지고 있다.
- 这部手机有哪些优点？ 이 휴대폰은 어떠한 장점이 있나요?
  Zhè bù shǒujī yǒu nǎxiē yōudiǎn

유 长处 chángchu 장점

반 弱点 ruòdiǎn 약점
缺点 quēdiǎn 결점

1113

游戏
yóuxì

게임, 놀이

- 你不要天天玩游戏，好好学习。
  Nǐ búyào tiāntiān wán yóuxì hǎohǎo xuéxí
  너 날마다 게임하지 말고 공부 열심히 해라.
- 最近用手机玩游戏的人越来越多。
  Zuìjìn yòng shǒujī wán yóuxì de rén yuèláiyuè duō
  최근 휴대폰으로 게임을 하는 사람이 점점 늘어나고 있다.

1114

友谊
yǒuyì

우정, 우의

- 为了我们的友谊，干杯！ 우리의 우정을 위해, 건배!
  Wèi le wǒmen de yǒuyì gānbēi
- 友谊比什么都重要。 우정은 어느 것보다 중요하다.
  Yǒuyì bǐ shénme dōu zhòngyào

1115

语法
yǔfǎ

어법, 문법

- 这句话在语法上没有什么错误。
  Zhè jù huà zài yǔfǎ shàng méiyǒu shénme cuòwù
  이 문장은 어법상 어떠한 오류도 없다.
- 我觉得韩国语语法真的很难学。
  Wǒ juéde hánguóyǔ yǔfǎ zhēnde hěn nán xué
  나는 한국어 문법이 정말 배우기 어렵다고 느낀다.

1116

语言
yǔyán

언어

- 我喜欢学很多外国语言。
  Wǒ xǐhuan xué hěn duō wàiguó yǔyán
  나는 많은 외국어를 배우는 것을 좋아한다.
- 不能用语言来形容我的心情。
  Bùnéng yòng yǔyán lái xíngróng wǒ de xīnqíng
  지금 나의 심정은 말로 형용할 수 없다.

1117

原因
yuányīn

원인

- 我一直找不到根本原因。
  Wǒ yìzhí zhǎobúdào gēnběn yuányīn
  나는 계속 근본적인 원인을 찾지 못했다.
- 这件事的原因是什么？ 이 일의 원인은 무엇인가요?
  Zhè jiàn shì de yuányīn shì shénme

반 结果 jiéguǒ 결과

명사
名词

1118

约会
yuēhuì
약속

- 你今天有约会吗? 너 오늘 약속 있니?
  Nǐ jīntiān yǒu yuēhuì ma
- 今天下大雪，我取消了跟他的约会。
  Jīntiān xià dà xuě wǒ qǔxiāo le gēn tā de yuēhui
  오늘은 눈이 많이 내려서 나는 그와의 약속을 취소했다.

1119

月亮
yuèliàng
달

- 月亮代表我的心。 달빛이 나의 마음을 대신하네요.
  Yuèliàng dàibiǎo wǒ de xīn
- 今天的月亮真亮啊! 오늘 달이 참 밝구나!
  Jīntiān de yuèliàng zhēn liàng a

1120

运动
yùndòng
운동

- 我每天做运动。 나는 매일 운동을 한다.
  Wǒ měitiān zuò yùndòng
- 我的男朋友是一名运动选手。 내 남자친구는 운동선수이다.
  Wǒ de nánpéngyou shì yìmíng yùndòng xuǎnshǒu

1121

暂时
zànshí
잠깐, 잠시

- 我们暂时休息一会儿吧。 우리 잠깐 조금만 쉬자.
  Wǒmen zànshí xiūxi yíhuìr ba
- 这部手机已缺货，暂时买不到。
  Zhè bù shǒujī yǐ quēhuò zànshí mǎibúdào
  이 휴대폰은 이미 품절이라 일시적으로 살 수 없다.

1122

早上
zǎoshang
아침

- 明天早上一起去爬山，怎么样?
  Míngtiān zǎoshang yìqǐ qù páshān zěnmeyàng
  내일 아침에 우리 등산가자, 어때?
- 我每天早上八点上班。 나는 매일 아침 8시에 출근을 한다.
  Wǒ měitiān zǎoshang bā diǎn shàngbān

1123

照片
zhàopiàn
사진

- 麻烦你能给我们拍一张照片吗?
  Máfan nǐ néng gěi wǒmen yìzhāng zhàopiàn ma
  죄송하지만 저희 사진 한 장만 찍어주시겠어요?
- 我朋友拍的照片都很好看。
  Wǒ péngyou pāi de zhàopiàn dōu hěn hǎokàn
  내 친구가 찍은 사진은 모두 훌륭하다.

1124

照相机
zhàoxiàngjī
사진기, 카메라

- 我新买了数码照相机。 나는 디지털 카메라를 새로 구매했다.
  Wǒ xīn mǎi le shùmǎ zhàoxiàngjī
- 这个照相机多少钱? 이 사진기는 얼마인가요?
  Zhège zhàoxiàngjī duōshǎo qián

1125

责任
zérèn
책임

- 我来承担所有的责任。 제가 모든 책임을 지도록 하겠습니다.
  Wǒ lái chéngdān suǒyǒu de zérèn
- 你不要把责任推卸给别人。
  Nǐ búyào bǎ zérèn tuīxiè gěi biérén
  너는 책임을 다른 사람에게 돌리지 마라.

1126

职业
zhíyè
직업

- 你的职业是什么? 당신의 직업은 무엇입니까?
  Nǐ de zhíyè shì shénme
- 最近年轻人的热门职业是什么?
  Zuìjìn niánqīngrén de rèmén zhíyè shì shénme
  요즘 젊은 사람들에게 인기 있는 직업은 무엇인가요?

1127

质量
zhìliàng
품질, 질

- 这家公司的产品质量很好。 이 회사 제품은 품질이 매우 좋다.
  Zhè jiā gōngsī de chǎnpǐn zhìliàng hěn hǎo
- 这部手机的质量很差。 이 휴대폰은 품질이 매우 떨어진다.
  Zhè bù shǒujī de zhìliàng hěn chà

명사
名词

1128
中国
zhōngguó
중국

- 最近很多中国人都喜欢看韩国电视剧。
  Zuìjìn hěn duō zhōngguórén dōu xǐhuan kàn Hánguó diànshìjù
  최근 많은 중국인들은 한국 드라마 보는 것을 좋아한다.
- 韩国和中国都受到儒家文化的影响。
  Hánguó hé Zhōngguó dōu shòudào rújiā wénhuà de yǐngxiǎng
  한국과 중국은 모두 유교문화의 영향을 받았다.

1129
中文
zhōngwén
중국의 언어와 문자, 중국어

- 我的大学专业是中文。 나의 대학 전공은 중문과이다.
  Wǒ de dàxué zhuānyè shì zhōngwén
- 他开始学习中文。 그는 중국어를 배우기 시작했다.
  Tā kāishǐ xuéxí zhōngwén

1130
重点
zhòngdiǎn
중점, 중심

- 他毕业于重点大学。 그는 중점(핵심)대학을 졸업하였다.
  Tā bìyèyú zhòngdiǎn dàxué
- 我们把重点放在安全上。 우리는 안전에 중점을 두었다.
  Wǒmen bǎ zhòngdiǎn fàngzài ānquán shàng

1131
周末
zhōumò
주말

- 每到周末我去图书馆学习。
  Měidào zhōumò wǒ qù túshūguǎn xuéxí
  주말마다 나는 도서관에 가서 공부를 한다.
- 这个周末你有时间吗? 이번 주말에 너 시간 있니?
  Zhège zhōumò nǐ yǒu shíjiān ma

1132
周围
zhōuwéi
주변, 주위

- 他脾气不好，所以周围没有朋友。
  Tā píqi bù hǎo suǒyǐ zhōuwéi méiyǒu péngyou
  그는 성격이 좋지 않아서 주위에 친구가 없다.
- 我不顾周围人的反对，选择离职。
  Wǒ búgù zhōuwéi rén de fǎnduì xuǎnzé lízhí
  나는 주변 사람들의 반대에도 불구하고 이직을 선택했다.

1133

中午
zhōngwǔ
정오, 낮

- 今天中午我和姐姐吃饭。 오늘 낮에 나는 여동생과 밥을 먹는다.
  Jīntiān zhōngwǔ wǒ hé jiějie chīfàn
- 我一般中午睡一个小时的午觉。
  Wǒ yìbān zhōngwǔ shuì yígèxiǎoshí de wǔjiào
  나는 보통 낮에 한 시간 낮잠을 잔다.

1134

猪
zhū
돼지

- 中国的有些少数民族不吃猪肉。
  Zhōngguó de yǒuxiē shǎoshù mínzú bùchī zhūròu
  중국의 일부 소수민족은 돼지고기를 먹지 않는다.
- 猪的叫声很可爱。 돼지 울음소리는 정말 귀엽다.
  Zhū de jiàoshēng hěn kě'ài

1135

专业
zhuānyè
전공

- 我的大学专业是英文。 나의 대학 전공은 영문과이다.
  Wǒ de dàxué zhuānyè shì yīngwén
- 我的工作跟专业完全不对口。
  Wǒ de gōngzuò gēn zhuānyè wánquán bú duìkǒu
  나의 업무와 전공은 완전히 맞지 않는다.

1136

主意
zhǔyì
방법, 의견, 아이디어

- 这是个很好的主意。 이거 정말 좋은 생각이다!
  Zhè shì ge hěn hǎo de zhǔyì
- 他还拿不定主意。 그는 아직 생각을 결정하지 못했다.
  Tā hái nábúdìng zhǔyì

1137

准备
zhǔnbèi
준비, 계획

- 大家准备好了吗? 여러분 준비되셨나요?
  Dàjiā zhǔnbèi hǎo le ma
- 我需要做什么准备呢? 제가 어떤 준비를 할 필요가 있나요?
  Wǒ xūyào zuò shénme zhǔnbèi ne

명사
名词

1138
字
zì
글자

- 他写的字不好看。 그가 쓴 글자는 예쁘지 않다.
  Tā xiě de zi bù hǎokàn
- 这个字是我写的。 이 글자는 내가 쓴 것이다.
  Zhège zì shì wǒ xiě de

1139
自己
zì jǐ
자기, 자신, 스스로

- 他常常把自己的责任都推卸给别人。
  Tā chángcháng bǎ zìjǐ de zérèn dōu tuīxiè gěi biérén
  그는 자주 자신의 책임을 남에게 전가한다.
- 平时你好好照顾自己。 평소에 너 자신을 잘 보살펴라.
  Píngshí nǐ hǎohǎo zhàogù zìjǐ

1140
资料
zī liào
자료

- 今天我在办公室整理资料了。
  Jīntiān wǒ zài bàngōngshì zhěnglǐ zīliào le
  오늘 나는 사무실에서 자료를 정리했다.
- 他要把中文资料翻译成韩文。
  Tā yào bǎ zhōngwén zīliào fānyìchéng hánwén
  그는 중국어 자료를 한국어로 번역하려고 한다.

1141
自然
zì rán
자연

- 人类应该保护自然环境。 인간은 자연환경을 보호해야만 한다.
  Rénlèi yīnggāi bǎohù zìrán huánjìng
- 最近在世界各国都频繁发生自然灾害。
  Zuìjìn zài shìjiè gèguó dōu pínfán fāshēng zìrán zāihài
  최근 세계 각국에서 자연 재해가 빈번하게 발생하고 있다.

1142
自信
zì xìn
자신감

- 很多年轻人都缺乏自信。
  Hěn duō niánqīngrén dōu quēfá zìxìn
  많은 젊은이들은 자신감이 결여되어 있다.
- 对于这件事的成功，我充满自信。
  Duìyú zhè jiàn shì de chénggōng wǒ chōngmǎn zìxìn
  이 일의 성공에 대해서 나는 자신감이 가득 차있다.

1143

自行车
zìxíngchē
자전거

- 妹妹不会骑自行车。 여동생은 자전거를 타지 못한다.
  Mèimei búhuì qí zìxíngchē
- 他帮我修好了自行车。 그는 나를 도와 자전거를 다 고쳐주었다.
  Tā bāng wǒ xiū hǎo le zìxíngchē

1144

最近
zuì jìn
최근, 요즘

- 最近两天我去中国出差了。
  Zuìjìn liǎngtiān wǒ qù Zhōngguó chūchāi le
  최근 몇 일간 나는 중국으로 출장을 갔었다.
- 不知道为什么他最近经常迟到。
  Bùzhīdào wèishénme tā zuìjìn jīngcháng chídào
  왜 그런지 모르겠지만 그는 요즘 자주 지각을 한다.

1145

左边
zuǒbian
왼쪽, 좌측

- 在他的左边的女人是谁? 그의 왼쪽에 있는 여자는 누구니?
  Zài tā de zuǒbian de nǚrén shì shéi
- 医院在火车站的左边。 병원은 기차역의 좌측에 있다.
  Yīyuàn zài huǒchēzhàn de zuǒbian

 右边 yòubian 오른쪽, 우측

1146

作家
zuòjiā
작가

- 我是著名作家之一。 나는 유명 작가 중의 한 사람이다.
  Wǒ shì zhùmíng zuòjiā zhī yī
- 他是很多畅销书的作家。 그는 많은 베스트셀러의 작가이다.
  Tā shì hěn duō chàngxiāoshū de zuòjiā

1147

昨天
zuótiān
어제

- 昨天我做了一场噩梦。 어제 나는 악몽을 꾸었다.
  Zuótiān wǒ zuò le yìchǎng èmèng
- 今天比昨天还冷。 오늘은 어제보다 더욱 춥다.
  Jīntiān bǐ zuótiān hái lěng

 昨日 zuórì 어제

명사
名词

1148

座位
zuòwèi

좌석, 자리

- 请大家坐前面的座位。
  Qǐng dàjiā zuò qiánmian de zuòwèi
  여러분 앞쪽의 자리에 앉아주시기 바랍니다.
- 不能任意交换座位。 마음대로 자리를 바꿀 수 없다.
  Bùnéng rènyì jiāohuàn zuòwèi

1149

作业
zuòyè

숙제, 과제, 작업

- 昨天老师给我们的作业太多了。
  Zuótiān lǎoshī gěi wǒmen de zuòyè tài duō le
  어제 선생님께서 우리에게 내주신 과제는너무 많다.
- 我不想做作业，想出去玩。
  Wǒ bù xiǎng zuò zuòyè xiǎng chūqù wánr
  나는 숙제하기 싫고 나가서 놀고 싶다.

1150

作用
zuòyòng

작용, 역할, 효과

- 他对这场比赛发挥了很大的作用。
  Tā duì zhè chǎng bǐsài fāhuī le hěn dà de zuòyòng
  그는 이번 시합에서 매우 큰 역할을 했다.
- 这个办法没起什么作用。
  Zhège bànfǎ méiqǐ shénme zuòyòng
  이 방법은 어떠한 효과도 없었다.

1151

左右
zuǒyòu

가량, 안팎,
왼쪽과 오른쪽

- 他今年50岁左右。 그는 올해 50세쯤 되었다.
  Tā jīnnián wǔshí suì zuǒyòu
- 这栋楼的左右都有入口。
  Zhè dòng lóu de zuǒyòu dōu yǒu rùkǒu
  이 건물의 왼쪽과 오른쪽에 모두 입구가 있다.

PART 10
5급 단어 맛보기

爱护
àihù
- 동 소중히 하다, 잘 보살피다
- 반 损坏 sǔnhuài 손상시키다　破坏 pòhuài 파괴하다

爱心
àixīn
- 명 관심과 사랑. 사랑하는 마음

安慰
ānwèi
- 형 마음에 위로가 되다　동 위로하다, 안위하다
- 유 抚慰 fǔwèi 위로하다

安装
ānzhuāng
- 동 (기계·기자재 등을) 설치하다, 고정하다
- 반 拆卸 chāixiè 분해하다

熬夜
áoyè
- 동 밤새다, 철야하다

把握
bǎwò
- 동 파악하다, 포착하다, (꽉 움켜)쥐다
- 명 (성공에 대한)가망, 가능성

办理
bànlǐ
- 처리하다, 취급하다, (수속을) 밟다
- 유 处理 chǔlǐ 처리하다, 해결하다

保持
bǎochí
- 동 (지속적으로) 유지하다, 지키다
- 유 维持 wéichí 유지하다, 지키다

保留
bǎoliú
- 동 보존하다, 유지하다
- 유 保存 bǎocún 보존하다　반 撤销 xiāohuǐ 불태워 없애다, 소각하다

报道
bàodào
- 명 (뉴스 등의) 보도　동 (뉴스 등을) 보도하다
- 유 报导 bàodǎo 보도하다

5급 단어 맛보기

抱怨 bàoyuàn
- 동 (불만을 품고) 원망하다
- 유 埋怨 mányuàn 불평하다, 원망하다
- 반 谅解 liàngjiě 양해하다 体谅 tǐliàng 이해하다

表达 biǎodá
- 동 (자신의 사상이나 감정을) 나타내다, 표현하다

并且 bìngqiě
- 접 게다가, 나아가

病毒 bìngdú
- 명 바이러스

C

材料 cáiliào
- 명 재료, 자재, 자료, 데이터(data)

采访 cǎifǎng
- 동 탐방하다, 인터뷰하다, 취재하다

踩 cǎi
- 동 밟다, 딛다
- 유 蹈 dǎo 밟다 踏 tà 밟다

参考 cānkǎo
- 동 (다른 사람의 의견 등을) 참고하다, 참조하다

参与 cānyù
- 동 참여하다, 참가하다
- 유 参加 cānjiā 참가하다

曾经 céngjīng
- 부 일찍이, 이전에
- 유 未曾 wèicéng 한번도~하지 않다 不曾 bùcéng ~한 적이 없다

差距 chājù
- 명 격차, 차이, (거리의)차이, 거리 차

常识 chángshí
- 명 상식, 일반 지식

超过 chāoguò
- 동 초과하다, 넘다, 추월하다

吵架 chǎojià
- 동 말다툼하다, 다투다

称呼 chēnghu
- 동 ~(이)라고 부르다 명 (인간 관계상의) 호칭

称赞 chēngzàn
- 동 칭찬하다, 찬양하다
- 유 称道 chēngdào 칭찬하다

成熟 chéngshú
- 형 익다, 완숙되다, 숙련되다
- 반 幼稚 yòuzhì 미숙하다, 유치하다

承担 chéngdān
- 동 맡다, 담당하다, 책임지다

承认 chéngrèn
- 동 인정하다, 긍정하다
- 유 认可 rènkě 승낙하다   同意 tóngyì 동의하다
- 반 否认 fǒurèn 부인하다, 부정하다

答应 dāying
- 동 대답하다, 응답하다, 동의하다
- 유 应许 yīngxǔ 승낙하다   应允 yīngyǔn 허락하다
- 반 拒绝 jùjué 거절하다

达到 dádào
- 동 달성하다, 도달하다, 이르다

打工 dǎgōng
- 동 아르바이트하다, 일하다

5급 단어 맛보기

大方 dàfang
- 형 (언행이)시원시원하다, 거침없다, 인색하지 않다
  - 유 慷慨 kāngkǎi 아끼지 않다, 후하게 대하다
  - 반 吝啬 lìnsè 인색하다 小气 xiǎoqi 마음이 좁다

代表 dàibiǎo
- 명 대표, 대표자 동 대표하다, 대신하다

单位 dānwèi
- 명 직장, 기관 (한 기관·단체 내의) 부서, 부문

当心 dāngxīn
- 동 조심하다, 주의하다
  - 유 留神 liúshén 주의하다 小心 xiǎoxīn 조심스럽다

导演 dǎoyǎn
- 명 연출자, 감독 동 연출하다, 감독하다

道理 dàolǐ
- 명 도리, 이치

地道 dìdao
- 형 진짜의, 오리지널의, 정통의 형 뛰어나다, 우수하다
  - 유 纯粹 chúncuì 순수하다 纯正 chúnzhèng 순수하다, 오리지널이다

对比 duìbǐ
- 동 대비하다, 대조하다 명 비율

E

耳环 ěrhuán
- 명 귀고리

F

发表 fābiǎo
- 동 (신문·잡지 등에) 글을 게재하다, 발표하다

| 发达 fādá | 동 발전(발달)시키다 형 (사물·사업이) 발달하다
반 落后 luòhòu 낙후되다, 뒤떨어지다 |

| 反而 fǎn'ér | 부 접 반대로, 도리어, 오히려 |

| 反应 fǎnyìng | 명 (심리학, 물리, 화학, 의학 등의) 반응
유 反响 fǎnxiǎng 반향 |

| 范围 fànwéi | 명 범위 |

| 方案 fāng'àn | 명 방안, 표준 양식(격식)
유 计划 jìhuà 계획, 방안 |

| 方式 fāngshì | 명 방식, 방법, 패턴(pattern) |

| 分手 fēnshǒu | 동 헤어지다, 이별하다 |

| 复制 fùzhì | 동 (주로 문물·예술품 등을) 복제하다 |

| 改革 gǎigé | 동 개혁하다 [명)개혁
유 改造 gǎizào 개조하다, 개혁하다 |

| 改善 gǎishàn | 동 개선하다, 개량하다
유 改良 gǎiliáng 개량하다, 개선하다 |

| 干脆 gāncuì | 형 (언행이)명쾌하다, 시원스럽다, 솔직하다 부 아예, 차라리
유 索性 suǒxìng 차라리, 아예 爽快 shuǎngkuai 시원시원하다, 명쾌하다 |

5급 단어 맛보기

赶紧 gǎnjǐn
- 부 서둘러, 재빨리, 얼른

感受 gǎnshòu
- 동 (영향을) 받다, 느끼다 명 느낌, 인상

高档 gāodàng
- 형 고급의, 상등의
- 반 低档 dīdàng 저급의

格外 géwài
- 부 각별히, 유달리, 별도로, 따로

公开 gōngkāi
- 형 공개적인, 오픈된, 드러난 동 공개하다, 공개되다
- 반 秘密 mìmì 비밀의

关闭 guānbì
- 동 닫다, (기업 등이) 문을 닫다, 도산하다
- 유 倒闭 dǎobì 도산하다
- 반 启动 qǐdòng 시작하다 开放 kāifàng (출입, 통행을) 개방하다

规律 guīlǜ
- 명 규율, 법칙 형 규율에 맞다, 규칙적이다

过敏 guòmǐn
- 동 (약물이나 외부 자극에) 이상 반응을 나타내다
- 형 과민하다, 예민하다

H

行业 hángyè
- 명 직업, 직종, 업종

好处 hǎochu
- 명 이점, 장점, 좋은 점, 뛰어난 점
- 반 坏处 huàichu

好奇 hàoqí
- 형 호기심을 갖다, 궁금하게(이상하게) 생각하다

| 合理
hélǐ | 형 도리에 맞다, 합리적이다 |

| 呼吸
hūxī | 동 호흡하다, 숨을 쉬다 |

| 话题
huàtí | 명 화제, 논제, 이야기의 주제 |

| 怀念
huáiniàn | 동 회상하다, 추억하다, 생각하다
유 思念 sīniàn 그리워하다 想念 xiǎngniàn 생각하다, 그리워하다 |

J

| 激烈
jīliè | 형 치열하다, 맹렬하다
유 剧烈 jùliè 격렬하다 |

| 集中
jízhōng | 동 집중하다, 모으다 형 집중된, 집결된
반 分散 fēnsàn 분산시키다 |

| 记录
jìlù | 동 기록하다 명 (인물, 사건 등)기록
유 记载 jìzǎi 기재하다, 기록하다 |

| 记忆
jìyì | 동 기억하다 명 기억 |

| 寂寞
jìmò | 형 외롭다, 고요하다 |

| 假如
jiǎrú | 접 만약, 만일 |

| 价值
jiàzhí | 명 가치 |

5급 단어 맛보기

坚决 jiānjué
- 형 (태도, 행동 등이)단호하다, 결연하다
- 반 迟疑 chíyí 망설이다

建立 jiànlì
- 동 세우다, 구성하다, 만들다
- 유 树立 shùlì 수립하다 반 推翻 tuīfān 뒤집어엎다, 전복시키다

阶段 jiēduàn
- 명 단계, 계단

精神 jīngshén
- 명 정신, 주요 의미
- 유 意思 yìsi 의미, 뜻 반 物质 wùzhì 물질

决心 juéxīn
- 명 결심, 다짐 동 결심하다

K

开发 kāifā
- 동 개발하다
- 유 开辟 kāipì 개발하다

开放 kāifàng
- 동 개방하다 형 (생각이)개방적이다, (성격이)명랑하다
- 반 关闭 guānbì 문을 닫다 封闭 fēngbì 폐쇄하다, 밀봉하다

可怕 kěpà
- 형 두렵다, 무섭다

克服 kèfú
- 동 극복하다, 인내하다

客观 kèguān
- 형 객관적이다 명 객관
- 반 主观 zhǔguān 주관적인

扩大 kuòdà
- 동 (범위 또는 규모를)확대하다, 넓히다
- 반 缩小 suōxiǎo 줄이다 收缩 shōusuō 수축하다

劳动 láodòng
- 명 일, 노동 동 노동을 하다
- 반 休息 xiūxi 휴식하다

乐观 lèguān
- 형 낙관적이다
- 반 悲观 bēiguān 비관하다

冷淡 lěngdàn
- 형 냉담하다, 냉정하다 동 냉대하다
- 유 冷漠 lěngmò 냉담하다 淡漠 dànmò 냉담하다

理由 lǐyóu
- 명 이유, 연유

立刻 lìkè
- 부 곧, 즉시, 바로
- 유 马上 mǎshàng 곧 立即 lìjí 즉시

满足 mǎnzú
- 동 만족하다, 만족시키다

媒体 méitǐ
- 명 대중 매체

梦想 mèngxiǎng
- 명 꿈, 이상 동 간절히 바라다, 갈망하다

密切 mìqiè
- 형 밀접하다, 친근하다 부 꼼꼼하게, 빈틈없이
- 반 疏远 shūyuǎn 소원하다

面临 miànlín
- 동 (문제 또는 상황에) 직면하다

5급 단어 맛보기

明确 míngquè
- 명 명확하다, 확실하다 동 확실하게 하다
- 유 鲜明 xiānmíng 분명하다 반 模糊 móhu 모호하다

目前 mùqián
- 명 지금, 현재
- 유 当前 dāngqián 현재 眼前 yǎnqián 현재, 목전

N

难怪 nánguài
- 부 어쩐지 동 ~하는 것도 이상할 게 없다

难免 nánmiǎn
- 동 피하기 어렵다, 면하기 어렵다

脑袋 nǎodai
- 명 두뇌, 지능, 머리

能源 néngyuán
- 명 에너지

念 niàn
- 동 생각하다, 그리워하다, 소리내어 읽다
- 유 读 dú 소리내어 읽다

浓 nóng
- 형 진하다, (정도가)심하다
- 반 薄 báo 엷다 淡 dàn 엷다, 약하다

O

欧洲 ōuzhōu
- 명 유럽, 유럽 대륙
- 참고 亚洲 Yàzhōu 아시아 非洲 Fēizhōu 아프리카

偶然 ǒurán
- 부 우연히, 간혹 형 우연하다
- 유 偶尔 ǒu'ěr 때때로, 가끔
- 반 必然 bìrán 필연적이다 时常 shícháng 늘 经常 jīngcháng 언제나

P

盼望 pànwàng
- 동 간절히 바라다
- 유 渴望 kěwàng 갈망하다

培养 péiyǎng
- 동 양성하다, 육성하다, 기르다
- 유 造就 zàojiù 육성해 내다 培育 péiyù 기르다

赔偿 péicháng
- 동 보상하다, 배상하다, 물어주다
- 유 补偿 bǔcháng 보충하다, 보상하다

佩服 pèifú
- 탄복하다, 감탄하다
- 유 敬佩 jìngpèi 탄복하다

疲劳 píláo
- 형 피곤하다, 지치다
- 유 疲倦 píjuàn 피곤하다 疲乏 pífá 피로하다

平衡 pínghéng
- 형 균형이 맞다, 평형하다 명 평형
- 유 均衡 jūnhéng 균형이 잡히다 반 失调 shītiáo 평형을 잃다

平静 píngjìng
- 형 조용하다, 고요하다
- 반 动荡 dòngdàng 불안하다, 동요하다 兴奋 xīngfèn 흥분하다

破坏 pòhuài
- 동 파괴하다, 손해를 입히다, 해치다
- 유 毁坏 huǐhuài 부수다 损坏 sǔnhuài 손상시키다
- 반 维护 wéihù 유지하고 보호하다 保护 bǎohù 보호하다

Q

期待 qīdài
- 동 기대하다, 바라다
- 유 期盼 qīpàn 기대하다

启发 qǐfā
- 동 일깨우다, 계발하다 명 계발, 영감
- 유 启示 qǐshì 계시하다, 계시 启迪 qǐdí 깨우치다, 깨우침

5급 단어 맛보기

谦虚 qiānxū
- 형 겸손하다, 겸허하다
- 반 傲慢 àomàn 거만하다 骄傲 jiāo'ào 오만하다, 자랑스럽다

强调 qiángdiào
- 동 강조하다

强烈 qiángliè
- 형 강렬하다, 선명하다, 뚜렷하다
- 유 猛烈 měngliè 맹렬하다 반 轻微 qīngwēi 약하다

勤奋 qínfèn
- 형 부지런하다, 열심히하다
- 유 努力 nǔlì 노력하다 勤勉 qínmiǎn 근면하다 반 懒惰 lǎnduò 게으르다

轻视 qīngshì
- 동 무시하다, 경시하다
- 유 小看 xiǎokàn 얕보다 반 重视 zhòngshì 중시하다

趋势 qūshì
- 명 추세
- 유 趋向 qūxiàng 추세

取消 qǔxiāo
- 동 취소하다
- 유 废除 fèichú 취소하다 撤消 chèxiāo 없애다

缺乏 quēfá
- 동 결핍되다, 결여되다
- 유 缺少 quēshǎo 부족하다

确定 quèdìng
- 동 확정하다 형 확정적이다, 확고하다
- 유 肯定 kěndìng 단정하다 决定 juédìng 긍정하다 결정하다

R

燃烧 ránshāo
- 동 연소하다, 타다
- 반 熄灭 xīmiè 꺼지다

热烈 rèliè
- 형 열렬하다
- 유 猛烈 měngliè 맹렬하다

| 人才 réncái | 명 (한 방면에 뛰어난) 인재 |

| 人口 rénkǒu | 명 인구, 사람, 사람의 입 |

| 人民币 rénmínbì | 명 런민비, 인민폐 |

| 日常 rìcháng | 형 일상의, 평소의 |

| 如今 rújīn | 명 지금, 이제, 오늘날
유 现今 xiànjīn 현재 |

| 软件 ruǎnjiàn | 명 소프트웨어(software)
반 硬件 하드웨어(hardware) |

| 伤害 shānghài | 동 손상시키다, 상하게 하다, 다치게 하다
반 保护 bǎohù 보호하다 |

| 商业 shāngyè | 명 상업, 비즈니스 |

| 舍不得 shěbude | 동 헤어지기 섭섭해하다, ~하지 못하다, ~하기 아까워하다 |

| 设备 shèbèi | 명 설비, 시설 동 갖추다, 설비하다 |

| 身份 shēnfen | 명 신분, 지위, 품위 |

5급 단어 맛보기

生产 shēngchǎn
- 동 생산하다
- 반 消费 xiāofèi 소비하다

湿润 shīrùn
- 형 촉촉하다, 습윤하다
- 반 干燥 gānzào 건조하다

实现 shíxiàn
- 동 달성하다, 실현하다

始终 shǐzhōng
- 명 처음과 끝 부 줄곧, 한결같이

收获 shōuhuò
- 동 수확하다, 추수하다 명 소득, 수확

舒适 shūshì
- 형 편안하다, 쾌적하다

熟练 shúliàn
- 형 능숙하다, 숙련되어 있다
- 반 生疏 shēngshū 생소하다, 서툴다

思考 sīkǎo
- 동 사고하다, 사색하다, 깊이 생각하다

损失 sǔnshī
- 동 소모하다, 소비하다 명 손실, 손해

T

台阶 táijiē
- 명 계단, 더 높은 목표

谈判 tánpàn
- 동 회담하다, 협상하다

| 坦率 tǎnshuài | 형 솔직하다, 정직하다 |

逃避 táobì
- 동 도피하다
- 유 躲避 duǒbì 회피하다, 물러서다

淘气 táoqì
- 형 장난이 심하다, 말을 듣지 않다
- 유 调皮 tiáopí 장난스럽다

特征 tèzhēng
- 명 특징
- 유 特点 tèdiǎn 특징

提问 tíwèn
- 동 질문하다 명 질문
- 반 回答 huídá 대답하다, 대답

体会 tǐhuì
- 동 체득하다, 이해하다 명 느낌, 경험
- 유 体味 tǐwèi 직접 체득하다

调整 tiáozhěng
- 동 조정하다, 조절하다

通常 tōngcháng
- 명 보통, 평상시 형 보통이다, 일상적이다
- 유 平常 píngcháng 평소, 보통이다 반 特殊 tèshū 특수하다

痛苦 tòngkǔ
- 형 고통스럽다, 괴롭다 명 고통, 아픔
- 유 难过 nánguò 고통스럽다 반 幸福 xìngfú 행복하다 快乐 kuàilè 즐겁다

突出 tūchū
- 동 돌파하다 형 돋보이다, 뛰어나다, 뚜렷하다
- 반 平平 píngpíng 평평하다 平凡 píngfán 보통이다 평범하다

推荐 tuījiàn
- 동 추천하다, 소개하다
- 유 推举 tuījǔ 추천하다

5급 단어 맛보기

完善 wánshàn
- 형 완벽하다, 완전하다 동 완벽하게 하다

完整 wánzhěng
- 형 완전하다, 완전무결하다, 완벽하다
- 유 完全 wánquán 완전하다

威胁 wēixié
- 동 위협하다, 위험을 조성하다 명 위협

违反 wéifǎn
- 동 위반하다, 위배하다, 어기다
- 유 违背 wéibèi 위배하다 반 符合 fúhé 부합하다 遵守 zūnshǒu 준수하다

维修 wéixiū
- 동 보수하다, 손질하다, 수선하다
- 유 修理 xiūlǐ 수리하다, 수선하다

文明 wénmíng
- 형 문명화된, 교양이 있다
- 유 野蛮 yěmán 야만적이다, 미개하다

稳定 wěndìng
- 형 안정되다, 안정적이다 동 진정시키다
- 반 动荡 dòngdàng 동요하다, 불안하다

问候 wènhòu
- 동 안부를 묻다, 문안드리다
- 유 问好 wènhǎo 안부를 묻다

吸取 xīqǔ
- 동 흡수하다, (교훈 또는 경험을) 받아들이다
- 유 汲取 jíqǔ 흡수하다 吸收 xīshōu 섭취하다, 흡수하다
- 반 释放 shìfàng 방출하다

吸收 xīshōu
- 동 섭취하다, 흡수하다, 받아들이다
- 유 汲取 jíqǔ 흡수하다 吸取 xīqǔ 섭취하다 반 释放 shìfàng 방출하다

273

| 显示 xiǎnshì | 동 뚜렷하게 나타내 보이다, 과시하다, 나타내다
유 炫耀 xuànyào 자랑하다 반 隐藏 yǐncáng 숨기다 |

| 限制 xiànzhì | 동 제한하다, 구속하다, 제약하다
명 한계, 제한, 제약 |

| 相当 xiāngdāng | 부 무척, 꽤 동 상당하다, 대등하다 형 적당하다, 알맞다
유 非常 fēicháng 대단히 十分 shífēn 매우 |

| 享受 xiǎngshòu | 동 누리다, 향유하다, 즐기다 |

| 想象 xiǎngxiàng | 명 상상 동 상상하다
유 设想 shèxiǎng 상상하다 |

| 项目 xiàngmù | 명 항목, 종목, 프로젝트, 사업 |

| 象征 xiàngzhēng | 동 상징하다, 나타내다 명 상징, 심벌, 표시 |

| 消费 xiāofèi | 동 소비하다
반 生产 shēngchǎn 생산하다 |

| 形成 xíngchéng | 동 형성되다, 이루어지다 |

| 形容 xíngróng | 동 형용하다, 묘사하다 명 형상, 모양 |

| 新亏 xìngkuī | 부 다행히, 운 좋게
유 幸好 xìnghǎo 다행히 |

5급 단어 맛보기

修改 xiūgǎi
동 고치다, 수정하다, 수선하다

寻找 xúnzhǎo
동 찾다, 구하다
유 寻觅 xúnmì 찾다　找寻 zhǎoxún 찾다

延长 yáncháng
동 (거리 또는 시간 등을) 연장하다, 늘이다
반 缩短 suōduǎn 단축하다

严肃 yánsù
형 엄숙하다, 근엄하다, 진지하다
반 活泼 huópo 활발하다　幽默 yōumò 유머러스한

演讲 yǎnjiǎng
명 강연, 연설　동 강연하다, 연설하다

一辈子 yíbèizi
명 한평생, 일생　부 지금껏, 이제껏

遗憾 yíhàn
동 유감이다, 섭섭하다

疑问 yíwèn
명 의문, 의혹

意义 yìyì
명 의미, 의의, 뜻, 가치

营业 yíngyè
동 영업하다

| 应付 yìngfu | 동 대처하다, 대강대강하다, 아쉬운 대로 하다 |

| 拥抱 yōngbào | 동 포옹하다, 껴안다 |

| 优惠 yōuhuì | 형 특혜의, 우대의 |

| 优势 yōushì | 명 우세
반 劣势 lièshì 열세 |

| 犹豫 yóuyù | 형 머뭇거리다, 주저하다
유 犹疑 yóuyí 머뭇거리다 반 果断 guǒduàn 결단력이 있다 |

| 预订 yùdìng | 동 예약하다, 예매하다 |

| 愿望 yuànwàng | 명 희망, 바람, 소원
유 心愿 xīnyuàn 소원, 소망, 바람 |

Z

| 灾害 zāihài | 명 재해, 화, 재난 |

| 赞成 zànchéng | 동 (다른 사람의 주장이나 행위에) 찬성하다
유 同意 tóngyì 동의하다 赞同 zàntóng 찬성하다
반 反驳 fǎnbó 반박하다 反对 fǎnduì 반대하다 |

| 糟糕 zāogāo | 형 못 쓰게 되다, 엉망이 되다, 망치다 |

5급 단어 맛보기

造成 zàochéng
- 동 조성하다, (좋지 않은 결과를) 초래하다, 야기하다

责备 zébèi
- 동 책하다, 탓하다, 책망하다
- 유 责怪 zéguài 원망하다, 탓하다

展开 zhǎnkāi
- 동 펴다, 펼치다 동 (활동을) 전개하다

掌握 zhǎngwò
- 동 숙달하다, 파악하다, 장악하다, 통제하다

争论 zhēnglùn
- 동 변론하다, 논쟁하다
- 유 辩论 biànlùn 변론하다 争议 zhēngyì 논의하다, 논쟁하다

整齐 zhěngqí
- 형 정연하다, 단정하다 동 가지런히 하다
- 반 杂乱 záluàn 어수선하다, 뒤죽박죽이다

证据 zhèngjù
- 명 증거

制定 zhìdìng
- 동 (방침·정책·법률·제도 등을) 제정하다, 작성하다

制造 zhìzào
- 동 제조하다, 만들다, (나쁜 상황이나 분위기를) 만들다, 조장하다

主张 zhǔzhāng
- 동 주장하다 명 주장, 견해, 의견

资格 zīgé
- 명 자격

5급 단어 맛보기

组成 zǔchéng
- 동 짜다, 구성하다, 조직하다

组织 zǔzhī
- 동 조직하다, 구성하다, 결성하다 명 조직

하루 10분 HSK 중국어 단어장

하루 10분 HSK 중국어 단어장